Gerhard Hirtlreiter

Antholz · Gsies

Naturpark Rieserferner · Hochpustertal · Dolomiten

60 ausgewählte Wanderungen und Bergtouren zwischen dem Hochgall und den Drei Zinnen

ROTHER BERGVERLAG

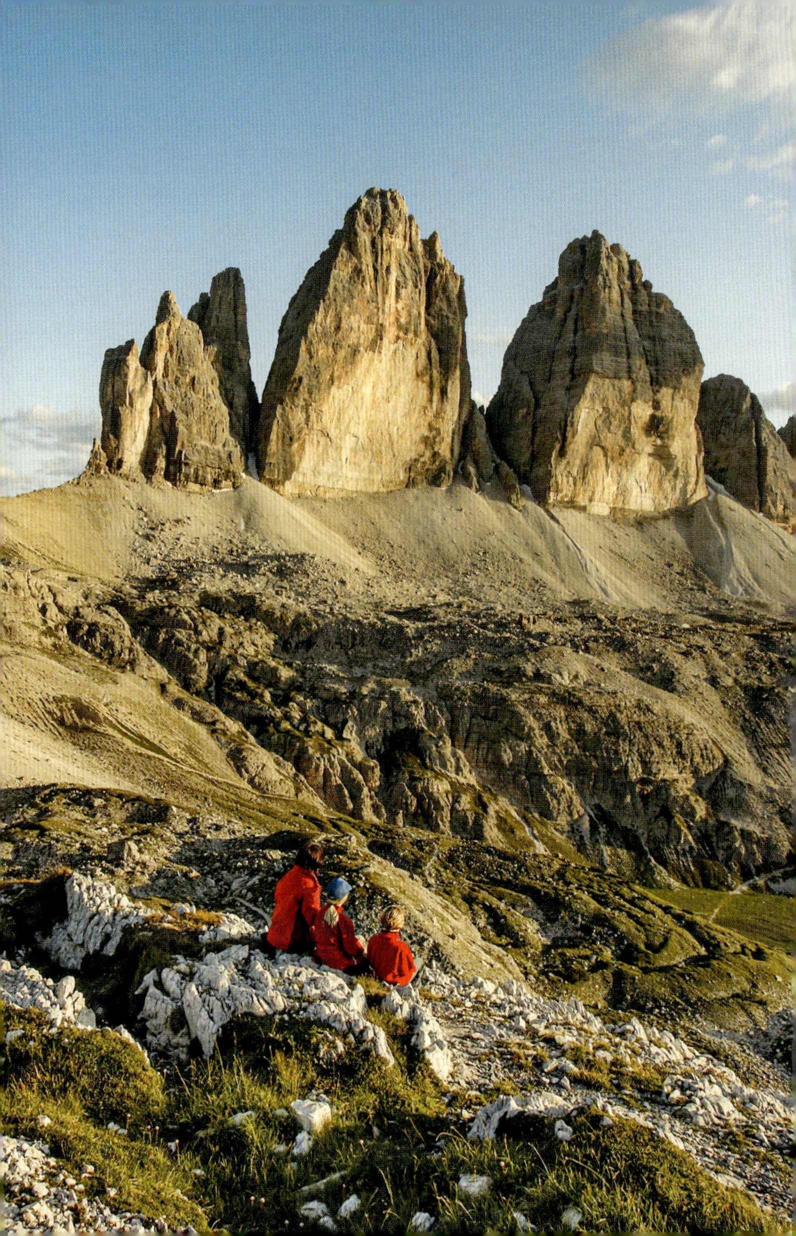

Vorwort

»Live aus Antholz« – Sportfreunde denken bei dieser Ansage an Fernsehübertragungen spannender Biathlon-Wettbewerbe. Solche werden im Rahmen des Weltcups jedes Jahr im Antholzer Tal ausgetragen. Die Berichterstattung darüber hat das Südtiroler Tal bekannter gemacht als je zuvor und transportiert Bilder einer faszinierenden Winterlandschaft in die heimischen Wohnzimmer. Diese lassen schon ahnen, dass die Gegend auch im Sommer ihre Reize haben muss. Und tatsächlich: Wer als Wanderer das Tal durchstreift und die Berge darum herum besteigt, erlebt naturbelassene Landschaft, bäuerliche Land- und Almwirtschaft sowie eine großartige Hochgebirgsszenerie. Und man findet um das Antholzer Tal sehr wohl noch die andernorts oft so vermisste Bergeinsamkeit. Besonders beschaulich ist das benachbarte Gsieser Tal, weil es bis heute wenig bekannt ist und weil das Tal von jeglichem Durchgangsverkehr verschont bleibt; die Talstraße ist nämlich eine Sackgasse. Das Antholzer und wie auch das Gsieser Tal münden ins Pustertal. Südlich davon spitzen die vielen Zinnen der Dolomiten, darunter auch die berühmten Drei Zinnen, in den Himmel. Das lockt natürlich Freunde steiler Felslandschaften, also Bergsteiger und Kletterer. Das dortige Wegenetz erschließt diese spektakuläre Szenerie aber auch gemäßigten Wanderern.
Dieser Wanderführer behandelt primär die östlichste Region Südtirols, die Grenze zu Osttirol wird aber gelegentlich überschritten. Das ist auch in der Tradition des Einheitsmottos »Tirol isch lei oans«. Südtiroler Bauern, die seit alters her auch Gebiete im österreichischen Osttirol bewirtschaften (im obersten Deferegger Tal z. B. die Jagdhausalm), erfüllen das bis heute ebenso mit Leben wie mehrere grenzüberschreitende Initiativen (z. B. die Lehrpfade des Projekts »Über die Jöcher«, die Gsies und Villgraten verbinden).
Die ausgewählten Touren decken das ganze Spektrum dessen ab, was man mit dem Begriff »Wandern« umschreiben kann: von genussvollen Promenaden auf gepflegten Spazierwegen über attraktive »Idealtouren« für normale Bergwanderer bis zu Hochgebirgstouren für erfahrene Alpin-Wanderer.
Dass Bergwandern auch mit Gefahren verbunden sein kann, ist bekannt. Daher schadet es nicht, sich unterwegs immer wieder mit Wetter, Gelände, Wegzustand und eigener Verfassung zu beschäftigen. Dies ist passionierten Bergwanderern in der Regel keine Last, es gibt ihnen vielmehr das gute Gefühl, Teil der Natur zu sein. Solches Empfinden stärkt wohl bei den meisten Menschen den Respekt vor der Großartigkeit der Natur – und damit auch das Bewusstsein für die Bedeutung umweltschonenden Verhaltens.
Viel Freude mit diesem Buch und erlebnisreiche Wanderungen wünscht Ihnen

Gerhard Hirtlreiter

Vor der Drei-Zinnen-Hütte. Die Nordwände der Zinnen im Abendlicht (Touren 51 und 52).

Inhaltsverzeichnis

Symbole

	mit Bahn/Bus erreichbar		Bus- bzw. Bahnanschluss
	Einkehrmöglichkeit unterwegs		Fahrt mit Seilbahn/Sessellift
	für Kinder geeignet		Gipfel bzw. Pass, Sattel
	Ort mit Einkehrmöglichkeit		Kirche, Kapelle, Marterl/Bildstock
	Einkehr/Übernachtung	P	Burg, Schloss, Ruine / Parkplatz
	Schutzhaus, Unterstand		Aussichts- bzw. Picknickplatz

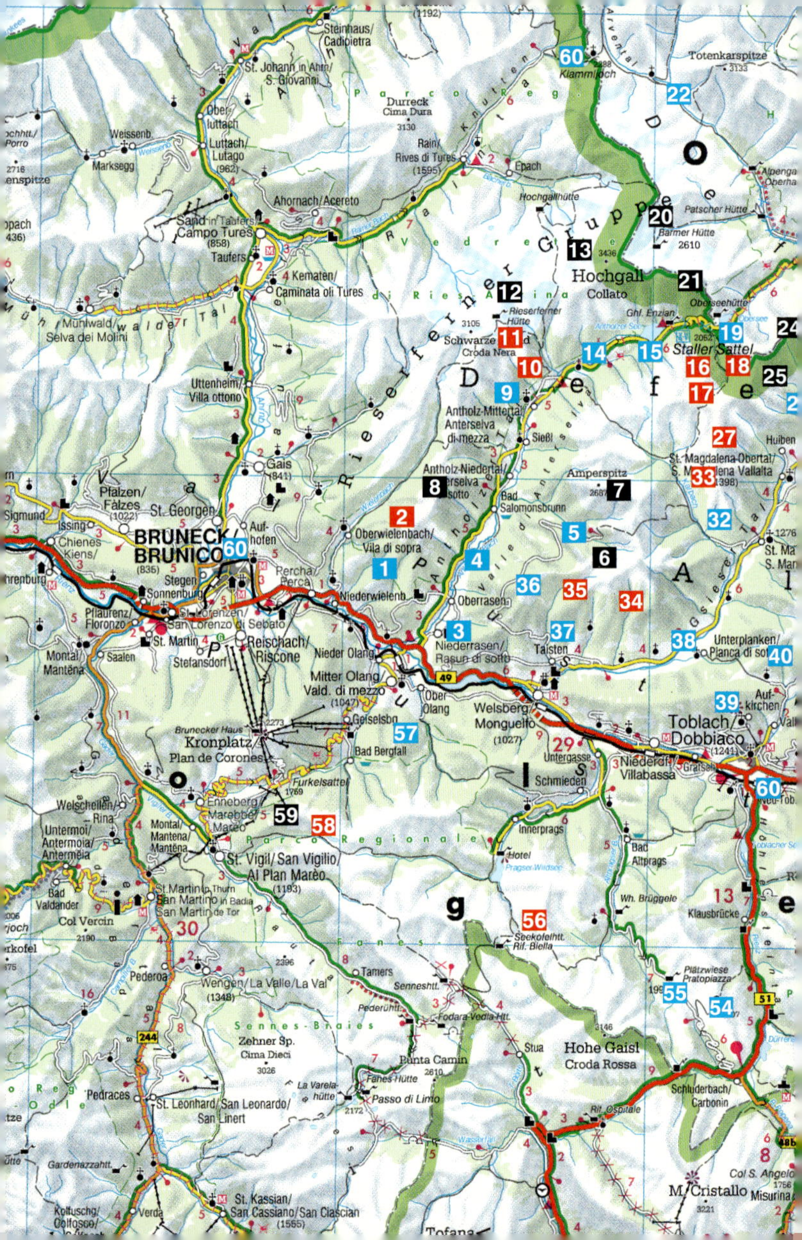

Steinhaus/
Cadipietra
St. Johann in Ahrn/
S. Giovanni
Durreck
Cima Dura
3130
Klammljoch
Totenkarspitze
3133
Ober-
luttach
Weissenb.
Marksegg
Luttach/
Lutago
(962)
Rain/
Rives di Tures
(1595)
Epach
Ahornach/Acereto
Sand in Taufers/
Campo Tures
(858)
Taufers
Hochgallhütte
Patscher Hütte
Barmer Hütte
2610
Kematen/
Caminata di Tures
Hochgall
Collato
3436
Mühlwald/
Selva dei Molini
Rieserferner
Hütte
Schwarze
Croda Nera
3105
Ghf. Enzian
Obersee
Staller Sattel
2052
Uttenheim/
Villa ottono
Antholz-Mittertal/
Anterselva
di mezzo
Sießl
Huiben
Gais
(841)
Antholz-Niedertal/
Amperspitz
2687
St. Magdalena-Obertal/
S. Maddalena Vallalta
Pfalzen/
Falzes
(1022)
St. Georgen
Bad
Salomonsbrunn
Issing
Chienes
Kiens/
BRUNECK/
BRUNICO
(835)
Auf-
hofen
Oberwielenbach/
Vila di sopra
Percha
Perca
Stegen
Sonnenburg
Niederwielenb.
Oberrasen
Pflaurenz/
Floronzo
St. Lorenzen/
San Lorenzo di Sebato
St. Martin
Stefansdorf
Reischach/
Riscone
Nieder Olang
Niederrasen/
Rasun di sotto
Taisten
Unterplanken/
Planca di sotto
Montal/
Mantena
Saalen
Mitter Olang/
Vald. di mezzo
(1047)
Ober
Olang
Welsberg/
Monguelfo
(1027)
Toblach/
Dobbiaco
(1241)
Auf-
kirchen
Brunecker Haus
Kronplatz/
Plan de Corones
2273
Geiselsbg.
Bad Bergfall
Untergasse
Niederdorf/
Villabassa
Gratsch
Schmieden
Furkelsattel
1759
Welschellen/
Rina
Enneberg/
Marebbe/
Mareo
Innerprags
Untermoi/
Antermoia/
Antermëia
Montal/
Mantena/
Mantëna
St. Vigil/San Vigilio/
Al Plan Marëo
(1193)
Hotel
Pragser Wildsee
Bad
Altprags
Bad
Valdander
St. Martin in Thurn
San Martino in Badia
San Martin de Tor
Col Vercin
2190
Wh. Brüggele
Klausbrücke
Seekofelhütt.
Rif. Biella
Pederoa
2396
Wengen/La Valle/La Val
(1348)
Tamers
Senneshtt.
Plätzwiese
Pratopiazza
Pederühtt.
Fodara-Vedla-Htt.
Zehner Sp.
Cima Dieci
3026
Stua
Hohe Gaisl
Croda Rossa
3146
Punta Camin
2610
Fanes-Hütte
La Varela-
hütte
Passo di Limo
2172
Pedraces
St. Leonhard/San Leonardo/
San Linert
Schluderbach/
Carbonin
Rif. Ospitale
Gardenazzahtt.
St. Kassian/
San Cassiano/San Ciascian
(1565)
Col S. Angelo
1756
M. Cristallo
3221
Misurina
Verda
Tofana
49
51
244

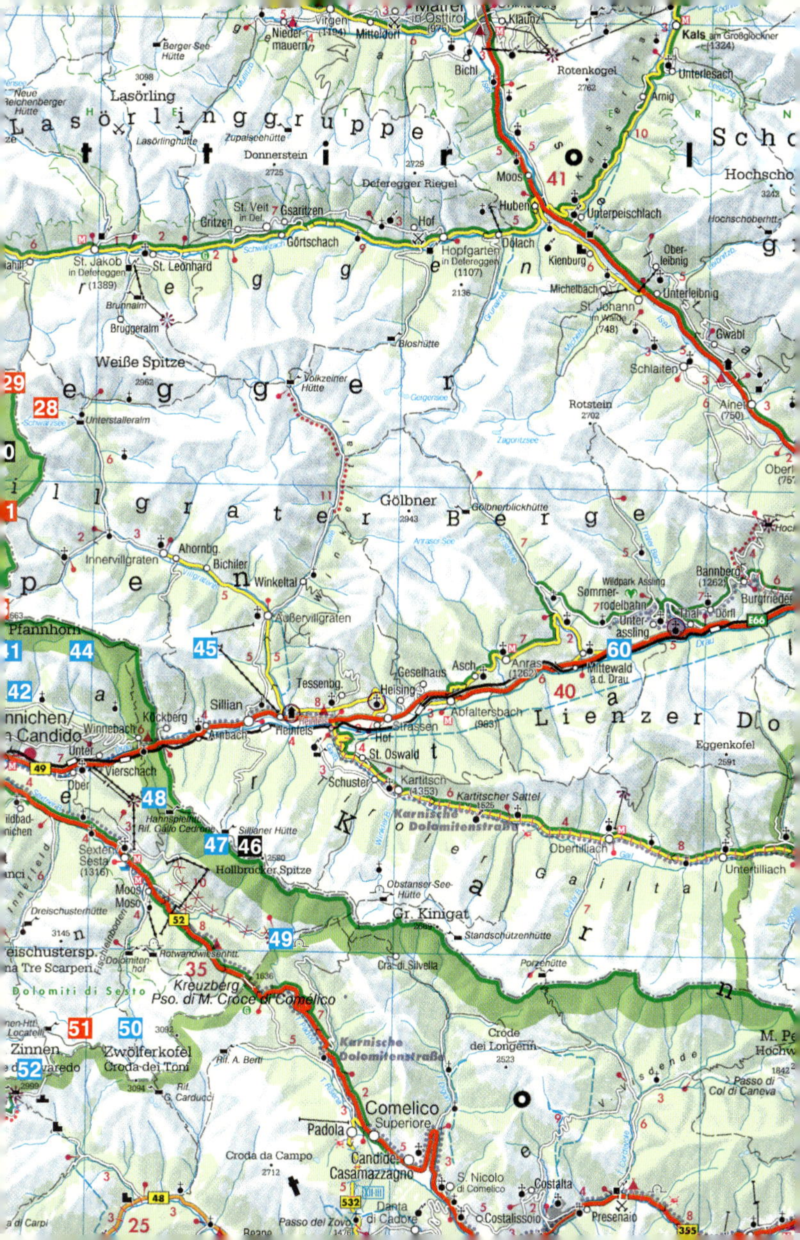

Virgen
Mitteldorf
Matrei in Osttirol
Klaunz
Kals am Großglockner
Nieder-mauern
Berger-See Hütte
Bichl
Rotenkogel
2762
Unterlesach
Lasörling
3098
Neue Reichenberger Hütte
Lasörlinggruppe
Lasörlinghütte
Zupalseehütte
Arnig
Schobergruppe
Donnerstein
2725
Defereggen Riegel
2729
Moos
Hochschober
3242
Huben
Unterpeischlach
St. Veit in Def.
Gsaritzen
Gritzen
Hof
Görtschach
St. Jakob in Defereggen
(1389)
St. Leonhard
Hopfgarten in Defereggen
(1107)
Dölach
Kienburg
Oberleibnig
Unterleibnig
Michelbach
St. Johann im Walde
(748)
Hochschoberhütte
Brunnalm
Bruggeralm
Bloshütte
Gwabl
Schlaiten
Weiße Spitze
2962
Volkzeiner Hütte
Unterstalleralm
Rotstein
2702
Ainet
(750)
Villgrater Berge
Gölbner
2943
Gölbnerblickhütte
Innervillgraten
Ahornbg.
Bichler
Winkeltal
Außervillgraten
Bannberg
(1262)
Wildpark Assling
Sommer-rodelbahn
Unter-assling
Thal
Dörfl
Burgfrieden
Pfannhorn
Tessenbg.
Geselhaus
Heising
Asch
Anras
(1262)
Mittewald a.d. Drau
Sillian
Heinfels
Strassen
Abfaltersbach
(983)
Lienzer Dolomiten
Innichen/San Candido
Winnebach
Kockberg
Arnbach
Hof
St. Oswald
Eggenkofel
2591
Vierschach
Schuster
Kartitsch
(1353)
Kartitscher Sattel
1525
Karnische Dolomitenstraße
Sexten Sesto
(1316)
Hahnspielhütte Rif. Gallo Cedrone
Sillianer Hütte
Obertilliach
Untertilliach
Moos Moso
Hollbrucker Spitze
2580
Gailtal
Dreischusterhütte
Obstanser-See-Hütte
Gr. Kinigat
2689
Standschützenhütte
Dreischusterspitze
Rotwandwiesenhütte
Porzehütte
Cima Tre Scarperi
Cra. di Silvella
Dolomiti di Sesto
Kreuzberg Pso. di M. Croce di Comelico
Fischleinboden
Dolomitenhof
Crode dei Longerin
2523
Zwölferkofel Croda dei Toni
3094
Rif. A. Berti
Rif. G. Carducci
Zinnen
M. Peralba Hochweißstein
Passo di Col di Caneva
1842
Comelico Superiore
Padola
Candide
Casamazzagno
Croda da Campo
2712
S. Nicolo di Comelico
Costalta
Danta di Cadore
Passo del Zovo
1476
Costalissoio
Presenaio

Allgemeine Hinweise

Tourenauswahl und -planung

Alle in diesem Buch vorgestellten Touren sind auf ihre jeweils eigene Art attraktiv – allerdings nicht für jeden und nicht unter allen Umständen. Eine wichtige Voraussetzung, um eine Tour angenehm und reizvoll erleben zu können ist, die gerade »richtige« Tour auszuwählen: eine Tour, die passt – zu einem selbst und den Tourenpartnern (Erfahrung, Kondition, Können?), zur Jahres- und Tageszeit (Exposition zur Sonne?), zum Wetter (Gewittergefahr am Nachmittag?) und zu den aktuellen Wegverhältnissen (Nässe, Altschnee, Eis?).
Dazu sind jeder Tour wichtige Informationen vorangestellt. Einige davon werden hier genauer erläutert:

Ausgangspunkt: Wo sinnvoll, wird eine Zieladresse angegeben, die man ins Navi eingeben kann. Da in den Navis die Postadressen abgelegener Regionen und kleiner Orte Südtirols oft nicht hinterlegt sind, werden durchgängig die geographischen Koordinaten angegeben – in jenem Format, das die Navis der meisten Autos zur Eingabe vorsehen. Soweit sinnvoll, gibt es auch Informationen zur Erreichbarkeit mit öffentlichen Verkehrsmitteln.

Gehzeit: Reine Gehzeit für die gesamte Tour, bei Bergtouren also für Auf- und Abstieg. Für Pausen und einen Sicherheitspuffer ist auf jeden Fall zusätzliche Zeit einzuplanen. Je nach Trainingszustand, Tagesform, Alter, Wetter- und Geländebedingungen sowie Gruppengröße kann es sein, dass man kürzer oder länger unterwegs ist als angegeben. Die Angabe der Gehzeit kann also nur ein grober Anhaltspunkt für die tatsächliche Dauer einer Tour sein.

Höhenunterschied: Angegeben wird der akkumulierte Höhenunterschied. Bei Touren ohne jegliche Zwischenab-/aufstiege ist der Wert identisch mit der Höhendifferenz zwischen Ausgangspunkt und höchstem Punkt. Bei den meisten Touren geht es aber beim Anstieg zwischendrin auch mal bergab – und beim Abstieg bergauf; dann übersteigt der angebene Wert die reine Höhendifferenz mehr oder minder deutlich.

Einkehr/Übernachtung: Genannt werden Gasthäuser, Alpenvereinshütten, Jausenstationen und bewirtschaftete Almen am Weg oder am Ausgangs-/Endpunkt; soweit eine Übernachtung möglich und im Tourenverlauf nötig, sinnvoll oder besonders attraktiv ist, werden zusätzlich Telefonnummern bzw. Internetadressen angegeben.

Anforderungen: Der Wegcharakter bzw. die Voraussetzungen, die man mitbringen sollte (hinsichtlich Kondition, Trittsicherheit, Schwindelfreiheit, Orientierungsvermögen) werden hier kurz erläutert. Für die Bewertung können naturgemäß nur weitgehend unveränderliche Größen berücksichtigt werden: Gelände, Höhenlage sowie Art, Qualität und ggf. Ausgesetztheit des Weges. Zu den Anforderungen, denen man unterwegs dann tatsächlich gewachsen sein sollte, können aber zusätzlich auch variable Größen beitragen: Wetter, Nässe, Schneelage,

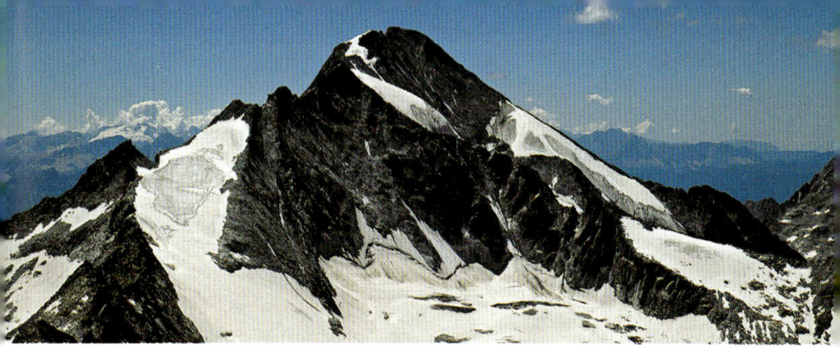

Der 3436 m hohe Hochgall wird bei der dreitägigen Tour 13 umrundet.

Vereisung, Zustand des Weges (nach Gewittern mit Starkregen kann ein Weg auch ganz unterbrochen sein). Deshalb können die technischen Schwierigkeiten und konditionellen Anforderungen auf einer Tour ggf. höher sein als angegeben.

Die Summe der Anforderungen, die eine Tour unter normalen Bedingungen stellt, drückt sich in der Farbe der Tourennummer aus; drei Stufen werden unterschieden:

Leicht Wanderungen und leichte Bergwanderungen auf gebahnten Wegen und angelegten Pfaden. An Passagen mit glatten Steinen und Wurzeln können bei feuchten Verhältnissen griffige, stabile Schuhe von Vorteil sein.

Mittel Bergwanderungen und leichtere Bergtouren auf Wegen, Steigen und Pfaden, die streckenweise steil, schmal und rau sein können. Stellenweise ist Trittsicherheit erforderlich. Der Gebrauch der Hände kann an einzelnen Passagen zur Unterstützung des Gleichgewichts nötig sein (auch an kurzen gesicherten Stellen). Etwas Orientierungssinn kann auf einigen schlecht markierten Abschnitten oder undeutlichen Pfaden hilfreich sein.

Anspruchsvoll Bergtouren in oft hochalpinem Gelände, das streckenweise weglos und unmarkiert sein kann. Auf den hohen Zielen dieser Kategorie kann in manchen Jahren dauerhaft Schnee bzw. Firn liegen, der in gefrorenem Zustand (vormittags, an schattigen Hängen auch ganztags) den gekonnten Einsatz von Stöcken und Grödel (ggf. auch Steigeisen) erforderlich machen kann. Im Felsgelände sind leichte Kletterstellen (im Schwierigkeitsgrad I, vereinzelt auch knapp II) möglich. Neben Trittsicherheit, Schwindelfreiheit und gutem Orientierungssinn ist alpine Erfahrung gefordert.

Bitte beachten: Die meisten »schwarzen« Touren eignen sich bei Beschränkung auf leichte talnahe Etappen auch für gemäßigte Wanderer.

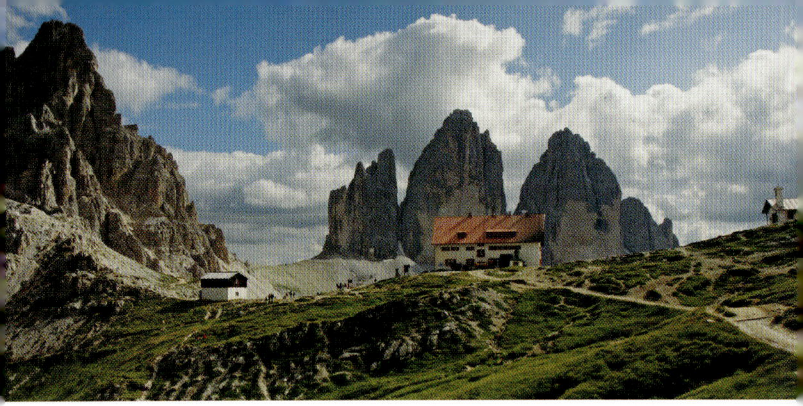

Die Drei Zinnen. Davor die gleichnamige Hütte, Etappenpunkt bei den Touren 51 und 52.

Ausrüstung

Auf den meisten Touren der roten und schwarzen Kategorie ist man mit Trekkingschuhen gut gerüstet, wenn sie die Knöchel umschließen und eine griffige Profilsohle aufweisen. Für talnahe Wanderungen der blauen Kategorie reichen sogar Leichttrekking- oder Geländelaufschuhe (»Trailrunner«). Für die Touren in die Dreitausenderzone des Naturparks Rieserferner sind steigeisenfeste Bergschuhe mit einer Tex-Membran erste Wahl.

Für Touren mit größeren Höhenunterschieden, insbesondere wenn man mit einem gut gefüllten Rucksack unterwegs ist, sind Tourenstöcke sinnvoll, um die Knie zu entlasten und rhythmisches Gehen zu unterstützen. Bei schwierigeren Touren gilt das aber nur, wenn man im Umgang damit routiniert ist und die Stöcke zusammengeschoben am Rucksack befestigen kann, um die Hände für das Greifen von Fels oder Stahlseil frei zu haben.

Im Rucksack sollte man als Mindestausstattung dabeihaben:

- Alu-Rettungsdecke
- kleine Rucksackapotheke
- Nässe- und Windschutz
- Kälteschutz (Fleece/Softshell)
- lange Berg- bzw. Wanderhose (bei angezogener kurzer Hose)
- Ersatz-Funktionsunterwäsche
- verschließbare, mit Mineralwasser, Saftschorle oder Tee gefüllte Trinkflasche
- einige Müsliriegel, bei längeren Touren auch eine Brotzeit
- Trillerpfeife und Minitaschenlampe/Stirnlampe
- aufgeladenes Mobiltelefon

Darüber hinaus ist je nach Art und Länge der Tour natürlich ein erweiterter Rucksackinhalt gefragt. Auf ausgedehnten Touren ist es wichtig, komplexe Kohlenhydrate, z. B. in Form von belegten Vollkornbroten, dabei zu haben.

Gefahren

In Gebirgslandschaften lauern vielfältige Gefahren, an die alpin unerfahrene Menschen oft gar nicht denken. Wenn man Gefahren erkennt, mit denen man nicht mehr verantwortungsvoll umgehen kann, muss man auch umkehren können – für manche das Schwierigste.

- Die offensichtlichste Gefahr ist die Absturzgefahr im Steilgelände. Um nicht an der falschen Stelle zu stolpern, sollte man ohne Hektik gehen. Wer mit Kindern unterwegs ist oder zu Höhenschwindel neigt, muss auch bei einigen leichten Wegen die Absturzgefahr ernst nehmen, wenn sie oberhalb von steilen Flanken verlaufen.
- Die am meisten unterschätzte Gefahr geht von harten Schneefeldern aus (die häufigste Ursache tödlicher Wanderunfälle). Schon bei mäßiger Hangneigung droht enorme Beschleunigung. Bei einem Ausrutscher sofort ein Bein in die Luft schleudern und mit dem damit erzielten Schwung in die bremsende Liegestützhaltung!
- Steile und nasse Grashänge sind ähnlich gefährlich!
- Verirren kann man sich leichter, als viele glauben! Markierungen und Wegspuren stets im Auge behalten. Wenn man den Weg verloren hat, gleich zum letzten markierten bzw. bekannten Punkt zurückgehen!
- Gewitter sind nicht nur wegen möglicher Blitzschläge gefährlich, sondern auch wegen Steinschlag und Murabgängen in Folge von Starkregen. Durch gute Zeitplanung und Wetterbeobachtung sollte man versuchen, vor einem Gewitter das Tal oder eine Hütte zu erreichen.
- Erschöpfungszustände vermeiden! Sich und andere nicht überfordern und viel trinken – am besten mineralreiche Getränke (z. B. Mineralwasser), bei kühler Witterung warmen Tee!

Notfall/Bergrettung: Notruf 112, auf der österreichischen Seite der Grenze auch 140

Wenn etwas passiert ist: Ruhe bewahren und überlegt handeln! Wer allein ist, versucht Hilfe herbeizurufen, anstatt sich verletzt weiterzubewegen. Leisten Sie Erste Hilfe nach Ihren Möglichkeiten! Sorgen Sie für Kälteschutz (Alu-Rettungsdecke)! Dem Verletzten gut zusprechen und ihn möglichst nicht alleine lassen! Melden Sie den Vorfall dem Rettungsdienst nach dem sogenannten »W-Schema«:

- **Wer** meldet? Angabe des eigenen Namens mit Telefonnummer.
- **Was** geschah? Beschreibung des Unfalls.
- **Wo** geschah es? Präzise (!) Angabe des Unfallortes.
- **Wie viele** Verletzte? Angabe der Zahl der Verletzten.
- **Welche** Verletzungen? Lebensbedrohliche Zustände?

Bei möglicher Hubschrauberbergung zusätzlich angeben:

- Wie sind die Wetter-, v. a. Sicht- und Windverhältnisse am Unfallort?
- Wo ist ein Landeplatz für den Hubschrauber (25 x 25 m)?

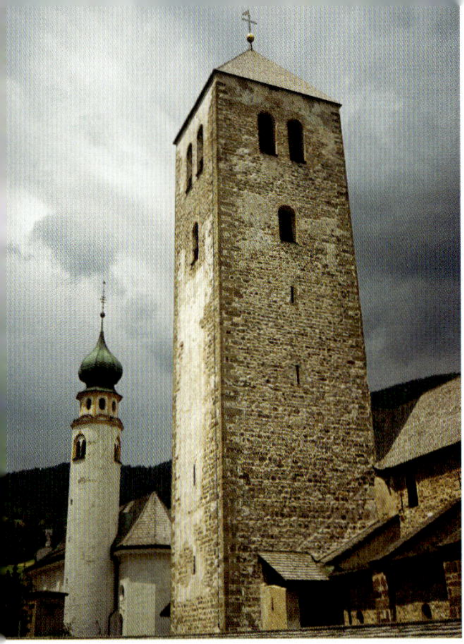

Besteht keine Möglichkeit für eine Telefonverbindung, verwenden Sie das **alpine Notsignal**, um auf sich aufmerksam zu machen. Es besteht aus einem hör- oder sichtbaren Zeichen – z. B. Rufen, (Triller-)Pfeifen, Blinken –, das innerhalb einer Minute sechsmal abgegeben wird. Wiederholen Sie das Signal jeweils nach ca. einer Minute Pause. Erhalten Sie darauf ein dreimaliges Zeichen innerhalb einer Minute, ist Ihr Notruf angekommen und die Bergrettung wurde/wird verständigt.

Innichen: Der romanische Turm der Stiftskirche, dahinter die ursprünglich ebenfalls romanische, später aber barockisierte Kirche St. Michael.

Top-Touren zwischen Hochgall und Drei Zinnen

Plattener Erdpyramiden

Leichte, kurze Wanderung zu einem faszinierenden Geotop (Tour 1, 1.25 Std.).

Fernerköpfl

Gletscherfreier Steig auf einen großartigen Dreitausender in der Welt des ewigen Schnees (Tour 12, 10.30 Std./2 Tage).

Rund um den Hochgall

Anspruchsvolle, hochalpine Bergtour rund um den höchsten Berg der Rieserfernergruppe (Tour 13, 17.00 Std./3 Tage).

Jagdhausalmen

Talwanderung zu einer urigen Alm im Nationalpark Hohe Tauern (Tour 22, 4.10 Std.).

Hochkreuzspitze

Ausgewachsene Bergwanderung mit reizvoller Einkehr beim Abstieg (Tour 29, 6.30 Std.).

Hochgruben

Mit Seilbahnunterstützung auf einen aussichtsreichen Grenzberg über der Sillianer Hütte (Tour 47, 5.00 Std.).

Oberbachernspitze

Dolomitenrunde zum schaurigsten Tiefblick für Wanderer in den Ostalpen (Tour 51, 8.00 Std.).

Rund um die Drei Zinnen

Beliebte Hütten mit spektakulären Blicken auf das weltberühmte Dolomitenwahrzeichen (Tour 52, 8.15 Std./2 Tage).

Piz da Peres

Felsige Route auf den Olanger Charakterberg (Tour 59, 4.00 Std.).

Radwanderung übers Klammljoch

Auf dem Drauradweg nach Lienz, durch den Nationalpark Hohe Tauern zurück nach Südtirol (Tour 60, 2 Tage).

Die Wanderregion Hochpustertal

Das Land

Die vorgestellte Urlaubsregion ist Teil Südtirols, das politisch als »Autonome Provinz Bozen – Südtirol« firmiert und zusammen mit dem Trentino die »Autonome Region Trentino – Südtirol« der Republik Italien bildet. Mit einigen Touren reicht das Wandergebiet auch ins österreichische Osttirol.

Die Geschichte

Bald nachdem die Eiszeitvergletscherung vor etwa 10.000 Jahren abgeklungen war, wurde das Gebiet besiedelt. Kurz vor der Zeitenwende erlangten die Römer die Macht über die ansässigen Räter. Nach dem Ende des Römischen Reiches siedelten sich Ostgoten und Langobarden in Südtirol an. Im Pustertal drangen von Osten her Slawen vor. Ab dem Ende des 6. Jh. wanderten v. a. Bajuwaren in Südtirol ein. Das im Jahr 769 gegründete Benediktinerkloster Innichen, das zum Stift Freising gehörte, war maßgeblich an der bajuwarischen Siedlungs- und Kulturentwicklung des Pustertals beteiligt. Damit hat sich auch die bairische Sprache weitgehend durchgesetzt. In Form Tiroler Dialekte hat sie bis heute Bestand. Lange gehörte das Gebiet zum Frankenreich und zum Herzogtum Bayern. Im 12. Jh. entstand die Grafschaft Tirol, die 1363 durch Margarethe von Tirol (»die Maultasch«) an die Habsburger ging. Dieses Geschlecht hatte fortan das Sagen in ganz Tirol, das damit Teil des neu entstandenen Österreichs wurde.
Den Angriffen der napoleonischen Truppen Anfang des 19. Jahrhunderts erwehrte sich Tirol mit großem Einsatz, zuletzt unter Führung des Passeiers Andreas Hofer – heute Symbolfigur für den Tiroler Freiheitswillen. Nach dem 1. Weltkrieg wurde Südtirol im Jahr 1919 Italien zugesprochen. Nachdem 1922 in Rom die Faschisten an die Macht gekommen waren, begann eine harte Zeit, in der z. B. in den Schulen die Verwendung der angestammten Sprache verboten war. 1939 mussten sich die Bewohner entscheiden (»optieren«), ob sie Italiener werden oder als Deutsche »ins Reich« umgesiedelt werden wollten. Zur Realisierung der Umsiedlungen kam es nur noch teilweise. Nach dem 2. Weltkrieg bekam Südtirol in den Pariser Verträgen wieder Selbstbestimmungsrechte zugestanden, die von Rom allerdings teilweise umgangen wurden. In der Folge kam es zu Protesten, in den 1950er- und 1960er-Jahren auch zu Sprengstoffanschlägen (v. a. auf Strommasten und Symbole des Faschismus), aber auch zu Übergriffen italienischer Sicherheitskräfte. Im Jahr 1972 trat schließlich ein Autonomiestatut – das sogenannte »Südtirol-Paket« – in Kraft, das heute in vieler Hinsicht als vorbildlich gilt.

Die Bevölkerung und ihre Sprache(n)

Die 535.000 Einwohner Südtirols setzen sich aus mehreren Sprachgruppen zusammen (deutsch 62,3 %, italienisch 23,4 %, ladinisch (4,1 %), andere

10,2 %). Die deutsche Sprachgruppe spricht eine Tiroler Mundart, die regional variiert. Die italienische Sprachgruppe konzentriert sich auf Bozen (wo sie die Mehrheit bildet), ist aber auch in Toblach (mit 15,6 %) und Innichen (mit 14,6 %) relativ stark vertreten. Bei den Ladinern im Grödner- und Gadertal (westlich des Wandergebiets) ist noch eine sehr alte rätoromanische Sprache lebendig.

Geologie und Landschaft

Die Alpen verdanken ihre Existenz der Kollision der Europäischen mit der Afrikanischen Kontinentalplatte (bzw. deren »Rammsporn«, der Adriatischen Platte). Durch die Raumverengung wurden die Gesteinspakete verschoben, gefaltet oder als »tektonische Decken« von ihrem ursprünglichen Untergrund abgeschert und über andere Decken geschoben. Manche Gesteinspakete wurden in die Tiefe gedrückt und aufgeschmolzen oder metamorphisiert – also durch Druck und hohe Temperaturen verändert. Aus solchen Metamorphiten mit parallel eingeregelten Minerallagen, v. a. Gneisen und Glimmerschiefern, bestehen die sanft geformten Bergregionen um das Antholzer und das Gsieser Tal. Die schroffen Dreitausender der Rieserfernergruppe nordwestlich davon bestehen im Kern aus einem Pluton, einer in der Tiefe erstarrten Gesteinsmasse (Tonalit). Die markantesten Landschaftsformen bilden die in einem Meer entstandenen Kalk- und Dolomitgesteine der Dolomiten – senkrechte Wände sind dort keine Seltenheit. In den Südosten des Gebiets reichen die Ausläufer des Karnischen Hauptkamms, der aus besonders alten Schiefer- und Kalkgesteinen besteht.
Das Haupttal des Gebiets, das Pustertal, folgt der längsten tektonischen Störungslinie der Alpen: der »Periadriatischen Naht«, der Grenze zwischen der afrikanischen und der eurasischen Kontinentalplatte.

Gletscher und Klima

Die Ausgestaltung der Landschaft übernahmen vor allem die Gletscher: Während der Eiszeitphasen (die vor 2,5 Millionen Jahren einsetzten) flossen riesige Eisströme durchs Pustertal. Letztmals war das in der Würmeiszeit vor rund 18.000 Jahren der Fall. Vor 10.000 Jahren begann mit der Nacheiszeit eine Phase mit geringen Klimaveränderungen (±1°), in der sich die Menschheit so richtig entwickeln konnte. Kalte und niederschlagsreiche Phasen der Nacheiszeit bewirkten Gletschervorstöße, die immer wieder Dimensionen wie zuletzt um 1850 erreichten. Dabei wurden die mächtigen Moränenwälle abgelagert, die man jetzt – mit noch kaum bewachsenen Innenseiten – oft kilometerweit vor den Gletscherzungen findet, besonders eindrucksvoll z. B. vor dem Rieserferner unter dem Hochgall (Tour 13). In den letzten 5000 Jahren hatten die Gletscher bessere (also kühlere) Bedingungen als heutzutage. So lag die Gletschermumie »Ötzi« 5300 Jahre lang ortsfest in einer Felsrinne immer von Eis bedeckt (und somit konserviert), bevor 1991 erstmals das Eis über ihr abschmolz. Und seit 1991 ist es weiter wärmer geworden.

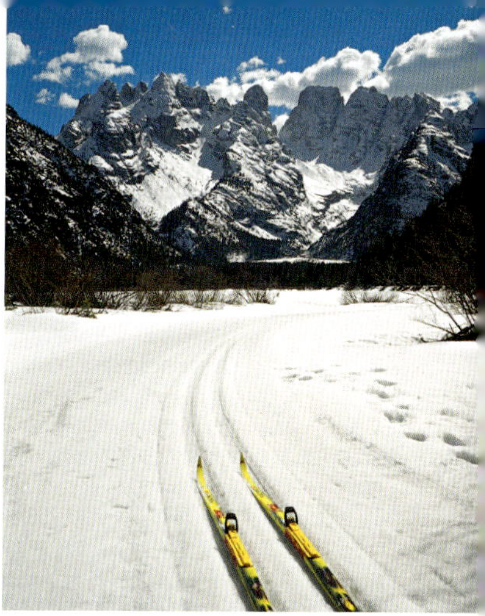

Im Höhlensteintal bei Toblach. Die Region bietet ein riesiges Loipennetz.

Weil die Region »geschützt« inmitten der Alpen – also eigentlich immer im Regenschatten – liegt, egal woher die niederschlagsbringenden Fronten auf die Alpen treffen, ist es für alpine Verhältnisse ziemlich trocken: Der mittlere Jahresniederschlag beträgt z. B. in Toblach rund 730 mm/Jahr.

Natur und Schutzgebiete

Die Pflanzen- und Tierwelt ist wegen der verschiedenartigen Lebensbedingungen ungewöhnlich vielfältig. Dagegen konzentriert sich die allgemeine Aufmerksamkeit oft auf wenige Arten – so bei den Pflanzen Edelweiß und Enzian. Bei den Tieren sind das die Giftschlangen (v. a. Kreuzottern), die sich bei Bedrohung durchaus mit einem Biss wehren können.

Besonders gut geschützt und gleichzeitig für die Besucher verständlich vermittelt (in Form von Lehrtafeln und -pfaden) werden die Ökosyteme in den Naturparken, die jeweils auch eigene Naturmuseen unterhalten:

- **Naturpark Rieserferner – Ahrn,** Naturparkhaus, Rathausplatz 9, 39032 Sand in Taufers, Tel. +39 0474 677546.
- **Naturpark Drei Zinnen,** Naturparkhaus im Kulturzentrum Grand Hotel Toblach, Dolomitenstr. 1, 39034 Toblach, Tel. +39 0474 973017.
- **Naturpark Fanes – Sennes – Prags,** Naturparkhaus, Katharina Lanz Str. 96, 39030 St. Vigil in Enneberg, Tel. +39 0474 506120.

GPS-Tracks und Koordinaten der Ausgangspunkte

Zu diesem Wanderführer stehen auf www.rother.de GPS-Tracks und Koordinaten der Ausgangspunkte zum kostenlosen Download bereit.
3. Auflage, Passwort: **432503kyp**
Trotz gewissenhafter Prüfung der GPS-Daten durch Verlag und Autor können Fehler oder Abweichungen nicht ausgeschlossen werden, außerdem können sich die Gegebenheiten vor Ort zwischenzeitlich verändert haben. Man sollte sich für die Orientierung niemals ausschließlich auf GPS-Gerät und -Daten verlassen. An steilen Flanken, in engen Tälern und in der Nähe von Felswänden kann das GPS-Signal besonders ungenau sein. Insbesondere in solchem Gelände im Zweifel nicht dem Track, sondern dem gebahnten Weg folgen!

Der Umwelt zuliebe ...

Auch beim Wandern hinterlassen wir einen ökologischen Fußabdruck, aber im Einklang mit der Natur unterwegs zu sein, ist gar nicht so schwer!

VORBEREITUNG UND ANFAHRT

- Sich vorab informieren, worauf in Bezug auf Natur und Umwelt in der jeweiligen Wanderregion besonders zu achten ist.
- Soweit möglich mit Bahn und Bus anreisen, Wander- und Rufbusse nutzen.
- Ist eine Anfahrt mit dem Auto nötig, Fahrgemeinschaften bilden.
- Bei weiten Anfahrten Mehrtagestouren planen oder von einem Quartier vor Ort aus mehrere Touren absolvieren.
- Flugreisen möglichst reduzieren und durch Beiträge zu Klimaschutzprojekten kompensieren.

KLEIDUNG UND AUSRÜSTUNG

- Beim Kauf von Outdoor-Kleidung auf umweltfreundliche und faire Herstellung achten und Kleidungsstücke möglichst viele Jahre nutzen.
- Ausrüstung kann man eventuell auch gebraucht kaufen oder ausleihen.
- Reparieren statt neu kaufen.

VERPFLEGUNG

- Beim Einkauf Bio-Ware, regionale und saisonale Erzeugnisse bevorzugen.
- Hütten und Gasthäuser auswählen, die regionale Produkte verwenden.
- Auf Einwegflaschen und Plastikverpackungen verzichten, stattdessen wiederverwendbare Trinkflaschen und Brotzeitboxen benutzen.

ÜBERNACHTUNG

- Bei lokalen Anbietern buchen, damit Menschen vor Ort profitieren.
- Auf Hütten und in anderen Unterkünften Strom und Wasser sparen.

UNTERWEGS

- Wege benutzen und Abkürzer vermeiden.
- Sperrungen von Wegen und Schutzgebieten respektieren.
- Keine Blumen pflücken und keine Pflanzen entnehmen.
- Waldbrandgefahr beachten.
- Müll wieder mit nach Hause nehmen und dort entsorgen.
- Toilettengänge in freier Natur möglichst vermeiden.
- Lärm vermeiden.
- Hunde an die Leine nehmen.

ROTHER
BERGVERLAG

Touristische Informationen

Beste Jahreszeit

Für Wanderungen in tiefen und mittleren Lagen sind die Übergangsjahreszeiten am attraktivsten: Im Frühjahr begeistert eine vielfältige Blütenpracht das Auge, im Herbst fasziniert die überwältigende Fernsicht in klarer Luft oft ebenso wie die »brennenden« Lärchenwälder. Für Hochgebirgstouren bleibt wegen der Schneelage nur die Sommerzeit; dementsprechend sind die hoch gelegenen Hütten oft nur von Ende Juni bis Mitte September geöffnet.

Anreise/Verkehrsinfrastruktur

- Mit dem **Auto** kommt man von Nordwesten über den Brenner ins Gebiet. Von Nordosten fährt man auf der Felbertauernroute bis Huben und von dort durchs Defereggental via Staller Sattel ins Antholzer Tal. Vom Süden Österreichs reist man an der Drau über Lienz ins Pustertal.
- Gute **Zugverbindungen** bietet die Pustertalbahn, die von Franzensfeste an der Brennerbahn nach Innichen führt (mit Haltestellen u. a. in Bruneck, Olang, Welsberg und Toblach, Infos: www.sad.it/de) sowie die Drautalbahn von Villach über Lienz nach Innichen (Infos: www.oebb.at).
- Infos zu **öffentlichen Verkehrsmitteln** aller Art: Verkehrsverbund Südtirol: www.suedtirolmobil.info/de, Tel. +39 0471 220880 (Fahrpläne und Tarife: Auswahl 1). Tages- und Mehrtageskarten: www.mobilcard.info.

Telefonieren

- Nach Italien: Ländervorwahl 0039, dann Gebietsvorwahl mit der »0«.
- In Italien: die Gebietsvorwahl immer mitwählen, auch bei Ortsgesprächen.

Alpenverein/Bergführer

- Alpenverein Südtirol (AVS), Giottostraße 3, 39100 Bozen, Tel. +39 0471 978141, www.alpenverein.it.
- Verband der Südtiroler Berg- und Skiführer, Tel. +39 0471 976357, www.bergfuehrer-suedtirol.it.

Tourismusverbände (TVB) und -vereine (TV)

- **TV Bruneck – Kronplatz**, Rathausplatz 7, I-39031 Bruneck, Tel. +39 0474 555722, www.kronplatz.com (mit **TV Antholzertal**, Niederrasner Straße 35 F, I-39030 Rasen, Tel. +39 0474 496269, sowie **TV Gsieser Tal**, St. Martin 10 A, I-39030 Gsieser Tal, Tel. +39 0474 978436).
- **Drei Zinnen Marketing (Hochpustertal Südtirol)**, Dolomitenstraße 29, 39034 Toblach, Tel. +39 0474 913156, www.drei-zinnen.info.
- **Tourismusinformation Sillian (Hochpustertal Osttirol)**, A-9920 Sillian, Gemeindehaus 86, Tel. +43 50 212300, www.hochpustertal.com.

Urlaub auf dem Bauernhof

- Südtiroler Bauernbund, K.-M.-Gamper-Str. 5, I-39100 Bozen, Tel. +39 0471 999325, www.roterhahn.it.

Mal nicht wandern ...

- Radeln auf der Pustertaler Radroute oder Mountainbiken auf den zahlreichen Alm-, Forst- und Ex-Militärstraßen; umfassende Infos zu den Verleihstationen, den Strecken und den genialen Kombinationsmöglichkeiten mit der der Bahn (Tipp: Bikemobil Card) auf www.suedtirol-rad.com.
- Beheiztes Freibad Olang, Niederolang, Tel. +39 0474 496277.
- Erlebnisbad Acquafun, H. Hueber Str. 2, 39038 Innichen, Tel. +39 0474 916200, www.acquafun.com.
- Dolomitenarena mit Kletterhalle, Freibad, Tennis- und Minigolfanlage, Waldheimweg 23, 39030 Sexten, Tel. +39 0474 710688, www.sportsexten.it.

Für leuchtende Kinderaugen

- Abenteuerpark Toblach, Hochseil-Parcours, auch für Kinder, www.abenteuerpark.it/toblach, Tel. +39 333 2491500.
- Wichtlpark, Abenteuerpark (u. a. mit Hochseilgarten) am südlichen Ortsrand von Sillian (Osttirol), Tel. +43 50 212300.

Museen, Ausstellungen und Sehenswürdigkeiten

- MMM Ripa auf Schloss Bruneck (Hauptthema: Bergvölker der Welt), www.messner-mountain-museum.it/ripa, Tel.+39 0474 410220.
- Biathlonzentrum Antholz, Führung (mit Schießen), Tel. +39 0474 492390.
- Innichen mit sehenswerten Kirchen und Kapellen, dem Stiftsmuseum (Tel. +39 0474 913278) und dem Dolomiten-Museum »Dolomythos« (Villa Wachtler, P.-P.-Rainer-Straße 11, Tel. +39 0474 913462, www.dolomythos.com).
- Schaukäserei Drei Zinnen, Pustertaler Str. 3c, 39034 Toblach, Tel. +39 0474 971300, www.3zinnen.com.

Wanderführer und -bücher

Weitere Wanderungen in Randgebieten der Region bieten die Rother Wanderführer Dolomiten 1–8, Tauferer Ahrntal, Osttirol Nord und Osttirol Süd sowie die Rother Wanderbücher (»grüne Reihe«) Dolomiten und Südtirol Ost.

Karten

Bei den meisten Routen reichen die im Buch abgedruckten Kartenausschnitte (von Freytag & Berndt) im Maßstab 1:50.000 aus. Wer auch die Berge der näheren Umgebung bestimmen und erkunden will, kauft sich trotzdem besser ganze Kartenblätter von Freytag & Berndt, nämlich die Blätter WKS 3 und WKS 10. Im besonders genauen Maßstab 1:25.000 empfehlen sich Tabacco-Karten – für die Region die Blätter 010, 031 und 032.

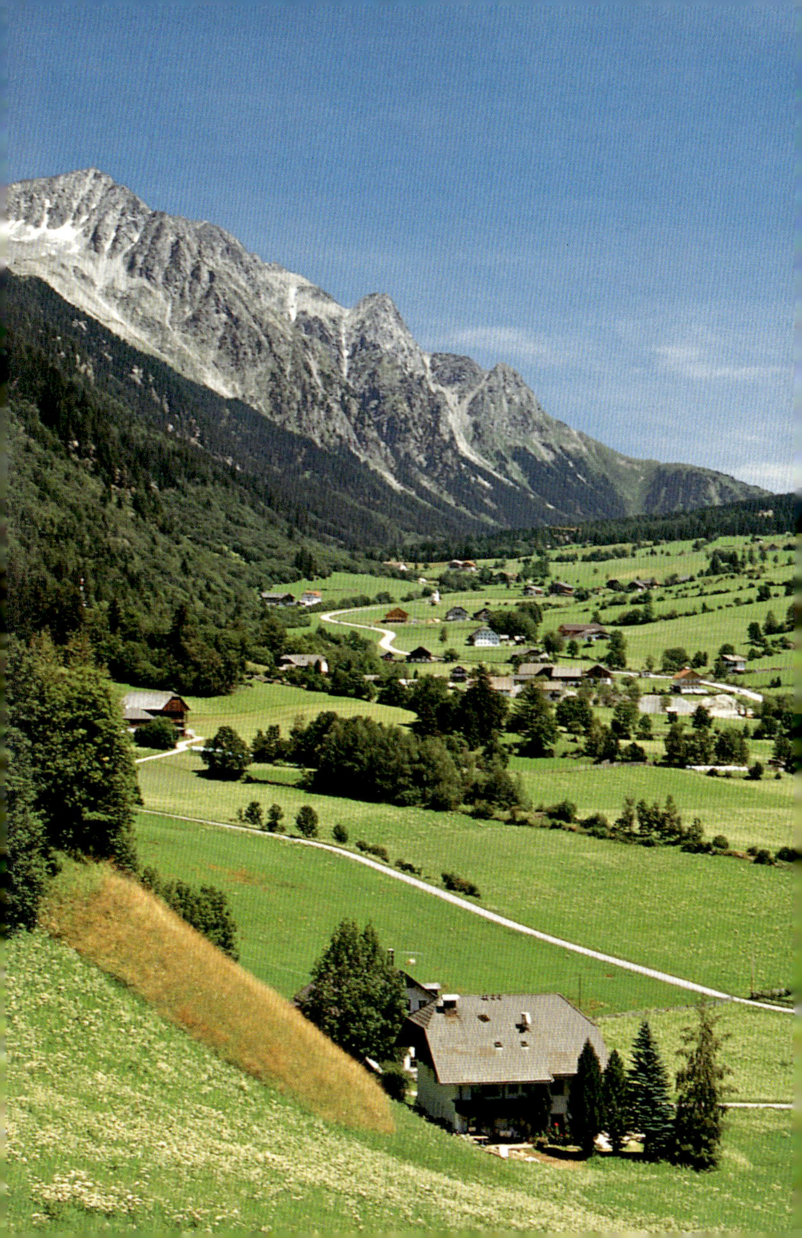

TOP **1**

Plattener Erdpyramiden

1.25 Std.

Zu einem seltenen Naturphänomen

Man schrieb das Jahr 1882, als ein schweres Unwetter mit extremem Starkregen den – schon bei einem früheren Gewitter unterbrochenen – Karrenweg zwischen dem Thalerhof und Aschbach vollends wegriss. Und nicht nur das: Es bildete sich eine riesige Kerbe in den mächtigen Moränenablagerungen, die eiszeitliche Gletscher vor 20.000 Jahren in den Lahngraben am Hochnall gepresst hatten. Das Geschiebe dieser Gletscher besteht aus sehr unterschiedlich großen Steinen, darunter auch große Blöcke aus Tonalit, einem Tiefengestein, das Teile der Rieserfernergruppe bildet. Wo diese widerstandsfähigen Felsbrocken das darunter lagernde feinere Material vor den prasselnden Regentropfen schützten, blieben Säulen aus Moränenmaterial stehen, während die unmittelbare Umgebung tiefgreifend ausgeschwemmt wurde. Dieser Prozess ist nicht abgeschlossen, zumal manche der Decksteine arge Wackelkandidaten sind …

Ausgangspunkt: Oberwielenbach, zweiter Parkplatz, 1440 m (beim Schild »P1 Pyramiden«; Navi: I-39030 Percha, Via Plata; 46° 48' 45.1'' N, 12° 0' 20,9'' O), an der Straße, die von Oberwielenbach Richtung Platten führt. Zufahrt mit Pkw oder Bus 432 von Percha (zwischen Olang und Bruneck).

Säulen aus dicht gepacktem Moränenmaterial: mal dick, mal dünn – mal mit, mal ohne »Hut«.

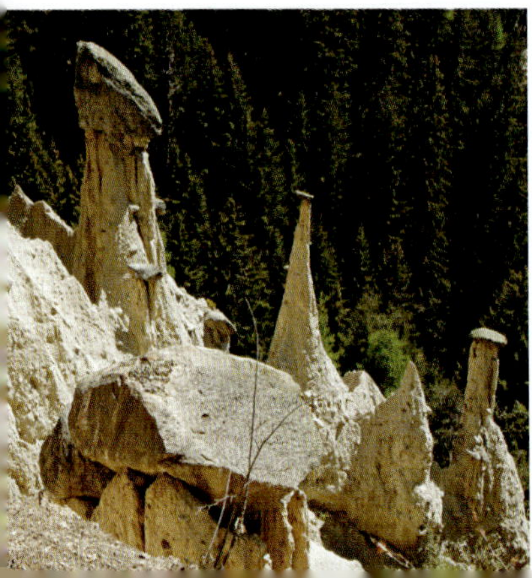

Höhenunterschied: 150 m.

Anforderungen: Bequeme Kurzwanderung. Die Variante verlangt dagegen Trittsicherheit in teils abschüssigem Steilgelände (Tendenz zu »schwarz«).

Einkehr: Direkt am Weg keine, Gasthäuser im nahen Weiler Platten und im Ausgangsort Oberwielenbach.

Variante: Von der unteren Aussichtsplattform an den Erdpyramiden können trittsichere Bergwanderer auf dem sehr steilen, ungesicherten Waldpfad absteigen, der Richtung Aschbach ausgeschildert ist. An einer abschüssigen Flanke verzweigt sich der Pfad (links hinunter ginge es nach Aschbach weiter) – wir nehmen den geradeaus führenden Weg, der bald wieder an Höhe gewinnt. Kurz nach der Querung eines steilen Waldhangs wenden wir uns bei einem Zaun nach rechts, bei einem Überstieg dann nach links. Nach einer Wiese kommt eine weitere Verzweigung, wo wir nach rechts gehen und damit zu dem Asphaltsträßchen hinaufkommen, das wir beim Anstieg für ein kurzes Stück benutzt haben.

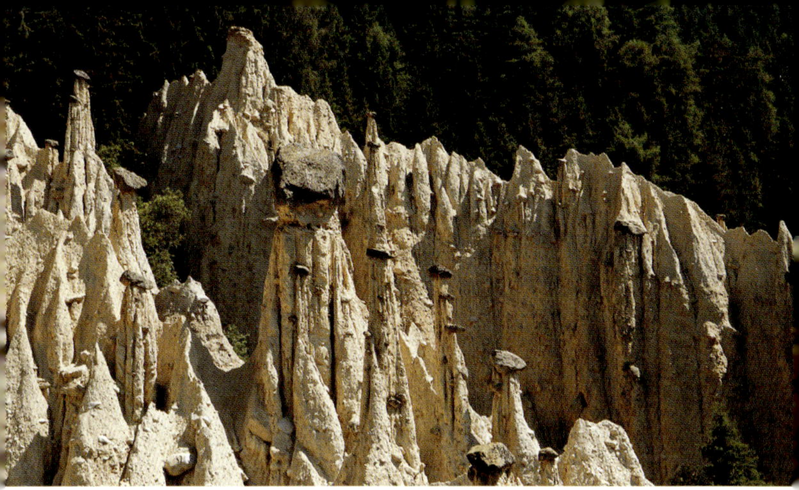

Große und kleine »Wackelkandidaten« schützen die Erdsäulen darunter vor dem Regen.

Gegenüber dem **Parkplatz (1)**, 1440 m, beginnt ein zu den Erdpyramiden ausgeschilderter Wanderweg, der im Wald gleich mal zügig an Höhe gewinnt. Bald nach Überquerung des **Kammerer Baches (2)** ignorieren wir den links abzweigenden Weg zur Gönner Alm und gehen auf dem Weg P1 geradeaus. Wo wir auf ein Asphaltsträßchen treffen, folgen wir dem nach links, um es bei der nächsten **Kehre (3)** gleich wieder nach rechts zu verlassen. So kommen wir zur **oberen Aussichtsplattform (4)**, 1560 m, an den Erdpyramiden. Ein mit Holzgeländern gesicherter Weg führt zu einer **tiefer gelegenen Plattform (5)**, die neue Perspektiven auf die Erdpyramiden – die überwiegend eigentlich Erdsäulen sind – eröffnet.

Für den Rückweg steigen wir wieder zur oberen Plattform an und kehren auf bekanntem Weg zurück.

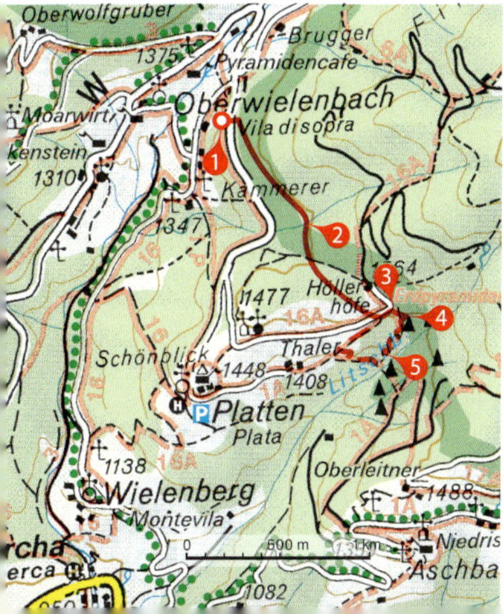

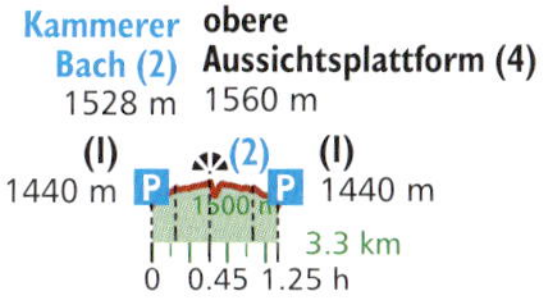

2 Hochnall, 2337 m

5.30 Std.

Über die Gönner Alm auf einen aussichtsreichen Rücken

Im Süden der Rieserfernergruppe endet der Bergkamm zwischen dem Antholzer Tal und dem Wielenbachtal in einem grandiosen Aussichts-»Balkon« am Hochnall. Botanisch Interessierte erfreut diese Landschaft mit reizvoller Heidevegetation und »Fern-Seher« mit einem tollen Blick auf die Dolomiten. Und wer die Aussicht mit viel Muße, aber ohne Trubel genießen will, findet auf den weiten Flächen rund um den höchsten Punkt genug einsame Fleckerl, um sich gemütlich nieder- und die Seele baumeln zu lassen.

Ausgangspunkt: Oberwielenbach, zweiter Parkplatz, 1440 m (beim Schild »P1 Pyramiden«; Navi: I-39030 Percha, Via Plata; 46° 48' 45.1'' N, 12° 0' 20,9'' O), an der Straße, die von Oberwielenbach Richtung Platten führt (Variante: erster Parkplatz nach Oberwielenbach). Zufahrt mit Pkw oder Bus 432 von Percha, östlich von Bruneck.

Höhenunterschied: 940 m.

Anforderungen: Unproblematische Bergwanderung. Wichtig sind aber ein wacher Blick für den richtigen Weg an den Verzweigungen; im teils weglosen Gipfelbereich sind auch Orientierungssinn (nicht bei Nebel gehen!) sowie etwas Trittsicherheit von Vorteil.

Einkehr: Gönner Alm, 1975 m; Gasthäuser in Platten und Oberwielenbach.

Varianten: 1) Vom ersten Parkplatz nach der Brücke von Oberwielenbach auf beschildertem Weg in etwa gleicher Zeit zur Gönner Alm. 2) Wenn man bei der Lochlacke die Anstiegsgrundrichtung beibehält, gelangt man auf einem schrofigeren Pfad auf den Rammelstein, 2483 m, und kann dort eine noch umfassendere Aussicht genießen. 3) Wer orientierungsmäßig auf Nummer sicher gehen will (z. B. bei Nebeleinfall), wählt für den Gipfelabstieg den Anstiegsweg über die Lochlacke.

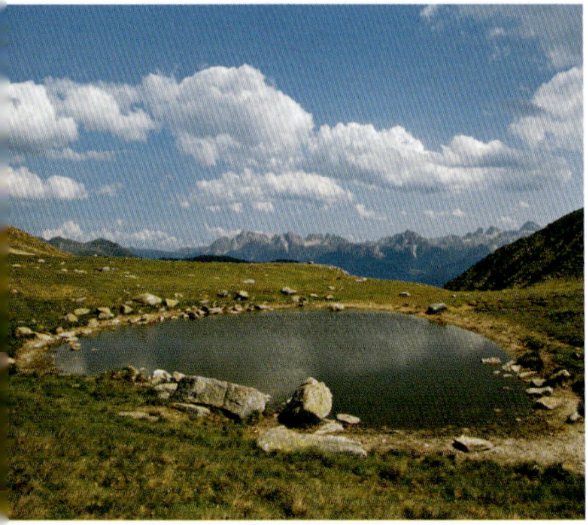

Die Lochlacke am Sattel nördlich des Hochnall. Dort zweigt die Variante 2 zum Rammelstein ab.

Wie bei Tour 1 wandern wir vom **Parkplatz (1)**, 1440 m, durch Wald bis zur Wegverzweigung auf 1525 m. Dort folgen wir dem Wegweiser »Gönner Alm« nach links. Zweimal treffen wir auf eine Forststraße und folgen jeweils den Fußweg-Fortsetzungen. Der nächsten Forststraße folgen wir kurz nach links, um sie an der gleich folgenden Kehre wieder zu verlassen: Wir gehen auf einem wieder schmalen Bergpfad geradeaus weiter. Vorbei an einer gefassten Quelle, gelangen wir stellenweise steil wieder auf eine Forststraße, auf der wir zunächst ohne nennenswerte Richtungsänderung weiterwandern. Die gleich anschließende Abzweigung nach unten ignorieren wir. Zur Gönner Alm geht es dann entweder auf der weit ausholenden Forststraße oder auf einem nach rechts hinauf abkürzenden Pfad. Wo sich die Almfläche öffnet, könnte man die Almhütte ignorieren und auf einem Pfad direkt Richtung Rammelstein weitergehen – aber wer kann und will jetzt einer gemütlichen Einkehrmöglichkeit widerstehen? Nach einer Stärkung auf der **Gönner Alm (2)**, 1975 m, nimmt man den Weg, der direkt zum Hauptweg nach Norden quert; diesen erreicht man nahe einer kleinen Hütte, wo wir uns der Markierung 6 nach rechts anschließen. Die Bäume werden weniger und schließlich durchquert man eine faszinierende Bergheide mit herrlichen Ausblicken. Wenn man die nach rechts abzweigenden Steigspuren ignoriert, kommt man etwas unterhalb des Bergrückens querend zur kleinen **Lochlacke (3)**, 2283 m, hier setzt die Variante 2 an. Wir wenden uns nun nach rechts und folgen teils schwachen Spuren auf den **Hochnall (4)**, 2337 m, bzw. zum etwas tiefer gelegenen Kreuz.

Den Rückweg treten wir an, indem wir nach Nordwesten zum Anstiegsweg hinabsteigen. Dabei sollte man möglichst Steigspuren bzw. steinige Stellen nutzen und nicht direkt durch die Almrosen gehen.

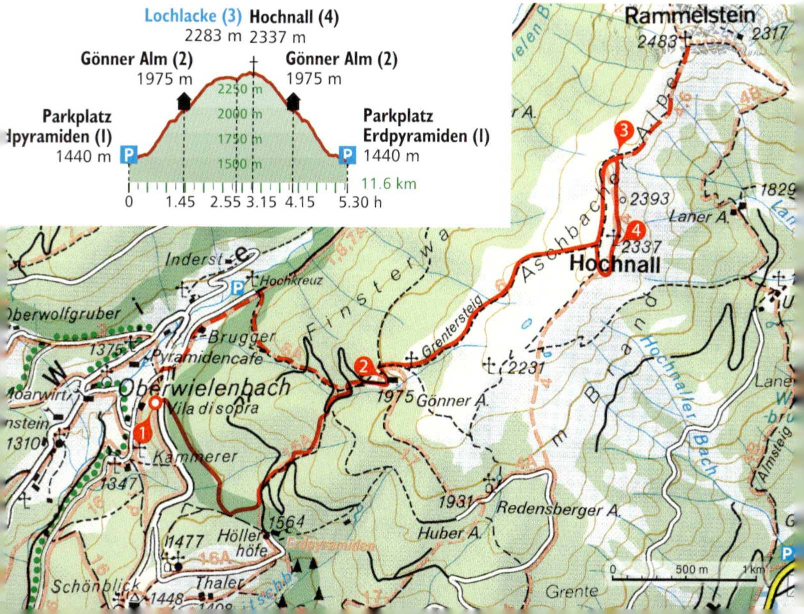

3 Burgruine Altrasen, 1190 m

1.00 Std.

Kurze Wanderung zu mittelalterlichen Gemäuern

Die Herren von Rasen residierten einst in der mächtigen Burg Altrasen oberhalb der weiten Schwemmebene – recht treffend Rasen genannt – an der Mündung des Antholzer Tals. Die erste urkundliche Erwähnung dieser Burg datiert auf das Jahr 1182. Die große Bedeutung, die ihr im Mittelalter zukam, war aber nicht von Dauer: Vom 16. Jahrhundert an war sie dem Verfall preisgegeben, bis das noch erhaltene Gemäuer von 1990–93 gefühlvoll gesichert wurde. Die verbliebene Ruine lässt der Phantasie aber auch heute noch genug Raum, wenn man sich mittelalterliches Burgleben an Ort und Stelle vorstellen will.

Ausgangspunkt: Niederrasen im Mündungsbereich des Antholzer Tals, Hst. Bus 431 Bruneck – Antholzer See. Parkplatz beim Friedhof, 1043 m (Navi: I-39030 Rasen-Antholz, Botenplatz; 46° 46' 41.4" N, 12° 3' 4.8" O); Zufahrt: beim Kreisverkehr Richtung Ortszentrum, zweimal rechts, am Hotel Autantis vorbei und gleich nach der Kirche halbrechts.
Höhenunterschied: 160 m.
Anforderungen: Leichte Wanderung, teils auf hangquerendem Bergpfad.

Einkehr: Am Weg keine, im Ort z.B. Hotel Autantis, Pizzeria Willy, Brunnerhof.
Variante: Wenn man von der Burgruine zur wenig oberhalb gelegenen Verzweigung zurückgekommen ist, kann man nach rechts noch weiter ansteigen. So lässt sich die Wanderung zu einer Runde verlängern, die bis auf rund 1425 m ansteigt und zum aussichtsreichen Weiler Obergoste, 1323 m, führt; dort bei der Kapelle rechts und zum Ausgangspunkt zurück (insgesamt 2¼ Std.).

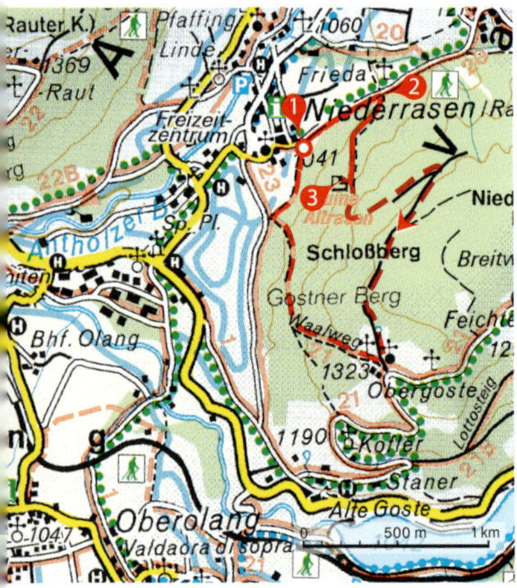

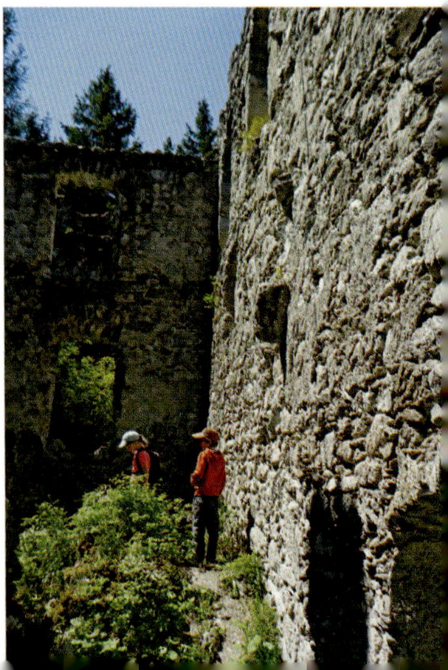

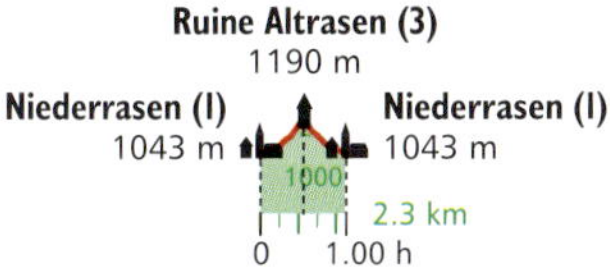

Von **Niederrasen (1)** führt ein beschildertes, sanft ansteigendes Sträßchen hinauf zum Waldrand. Dort, bei einem **Rastplatz (2)** mit Tisch und Bänken, zweigen wir rechts ab und folgen einem reizvollen Waldweg. Dieser quert durch einen stellenweise beachtlich steilen Hang hinauf zu einer Verzweigung. Dort weist ein Schild den Weg zu unserem Ziel. Den Rest eines Turmes umgeht man rechts und gelangt so zum Hauptteil der **Burgruine (3)**, 1190 m. Den besten Überblick hat man vom Schild mit den Erklärungen. Wer die Burg genauer erkunden will, steigt über eine teils grasige, teils erdige Rinne im rechten Teil der Anlage hinab zu den Zimmern und zu einem Durchgang durch die talseitige Außenmauer.
Auf dem Hinweg kehren wir zurück zum Ausgangspunkt.

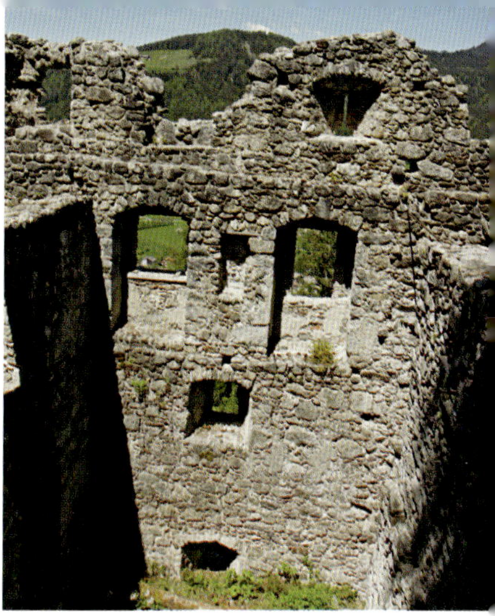

Das Mauerwerk der Ruine wurde Anfang der 1990er-Jahre gesichert.

Links: Spannende Erkundungen in mittelalterlichen Gemäuern.
Unten: Am Ausgangspunkt in Niederrasen. Blick über das Olanger Becken auf die Dreifingerspitze (Tour 58), den Piz da Peres (Tour 59) und die runde Waldkuppe Kronplatz (von links).

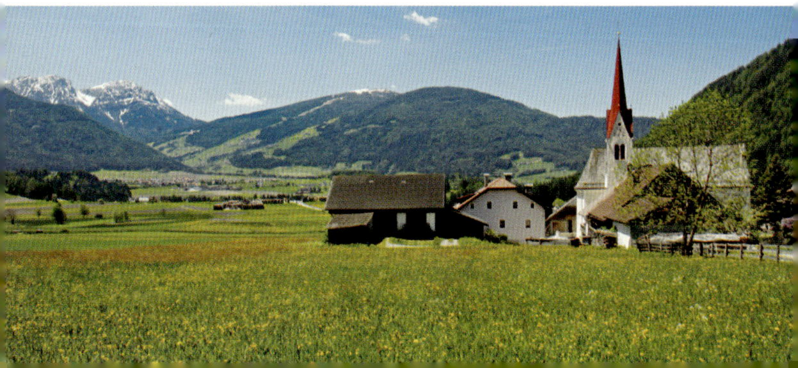

4 Biotop Rasner Möser

1.15 Std.

Ebener Naturerlebnispfad durch ein wunderschönes Feuchtgebiet

Das untere Antholzer Tal wird durch eine grüne Ebene geprägt (daher der Name »Rasen«). An ihrem östlichen Rand ist ein sehenswertes Feuchtbiotop erhalten geblieben, das 1973 unter Schutz gestellt wurde. Das 23 Hektar große Naturidyll lässt sich im Rahmen einer kurzen, aber auch kurzweiligen Wanderung ohne Höhenunterschiede bequem erleben. Eine der botanischen Besonderheiten dieses Biotops ist der fleischfressende Sonnentau.

Ausgangspunkt: Oberrasen, 1087 m, Hst. Bus 431 Bruneck – Antholzer See, Parkplatz, 1080 m, am Waldrand nordöstlich davon, beim alten Steinbruch (Navi: I-39030 Rasen-Antholz, Via del Biotopo; 46° 47' 48.2'' N, 2° 4' 0.6'' O). Zufahrt von der Talhauptstraße Richtung »Ortsmitte« abbiegen. Nach einer Gefällestrecke wird der Schmalzlhof (rechts der Straße gelegen) passiert; gleich danach zweigen wir nach links in die Biotopstraße ab, auf der wir das Dorf verlassen. Auf schmaler Asphaltstraße bis zum kleinen (!) Parkplatz am Ende der Teerdecke.

Höhenunterschied: Nicht nennenswert.

Anforderungen: Bequemer Spaziergang.

Einkehr: Am Weg keine, in Oberrasen mehrere Gasthäuser.

Variante: Bei größerem Andrang in der Hauptsaison besser. Parken beim Kulturhaus (Lackenweg 1, Abzweigung dorthin zwischen Brücke und Haus Brüggeler). Am Bach talein spazieren, dann der Beschilderung folgend nach rechts zum Biotop (hin und zurück ¾ Std. zusätzlich).

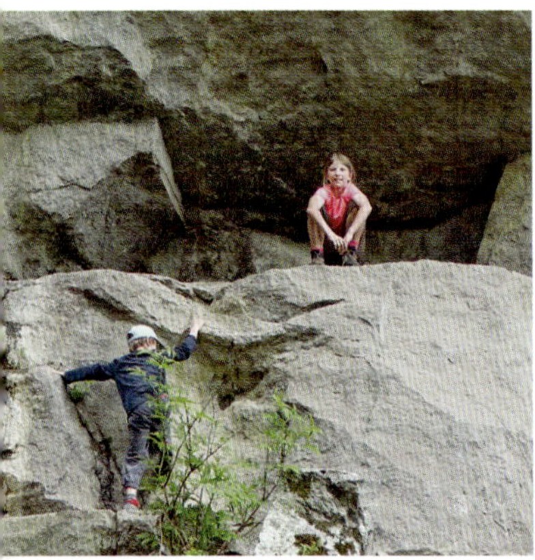

Beim Parkplatz: Boulder- und Klettergarten in einem alten Steinbruch.

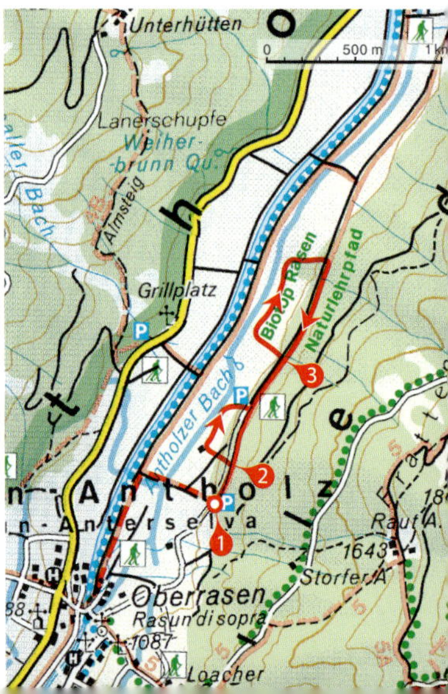

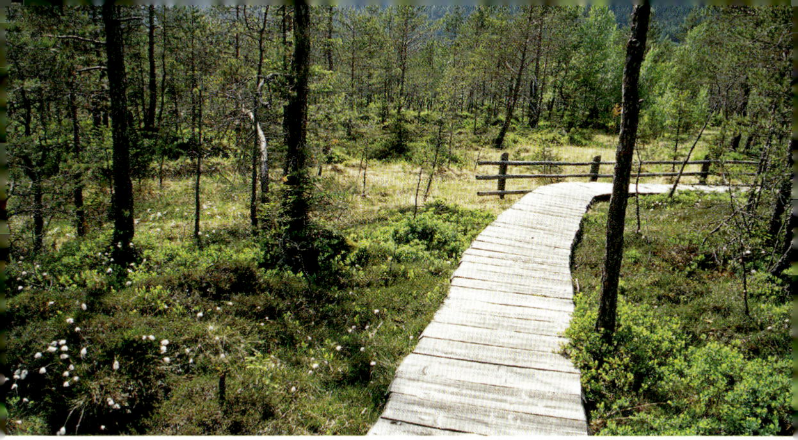

Auf dem Holzweg: trockenen Fußes durch ein romantisches Feuchtgebiet.

Vom **Parkplatz (1)** wandern wir auf dem talein führenden Kiessträßchen am bewaldeten Hangfuß entlang. Nach rund 10 Minuten kommt man zu zwei einladenden Bänken an einem kleinen **See (2)**. Direkt davor steht der Wegweiser zum Naturerlebnispfad, dem wir nach links folgen. Ein Holzbretterweg führt nun in einem Bogen durch reizvolle Wollgraswiesen. Zurück auf dem Fahrweg, folgen wir diesem nach links, also weiter talein, bis uns eine **zweite Linksabzweigung (3)** in die Natur führt (»Naturerlebnispfad«) nach links weist. Auf schmalem Waldpfad ignorieren wir einen links abzweigenden Weg zum Antholzer Bach. Bald darauf geht es wieder auf Holzbrettern weiter – durch einen lichten Birkenbestand mit schönem Blick auf die Rieserfernergruppe mit den mächtigen Dreitausendern Magerstein und Hochgall.

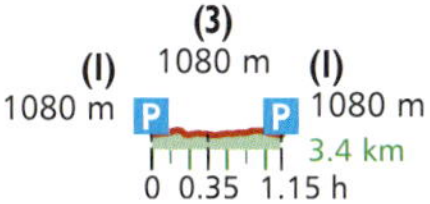

Wieder auf dem Fahrweg, folgen wir ihm nach rechts und schlendern darauf zurück zum **Parkplatz (1)**. Dort kann man zum Schluss noch den oberhalb gelegenen ehemaligen **Steinbruch** besuchen, der nun als Klettergarten dient. Richtiges Klettern in den höheren Wandbereichen ist dort aber nur für wirklich gute Climber ein Thema, ansonsten ist Zuschauen und Staunen angesagt – oder Bouldern am Fuß der Wand.

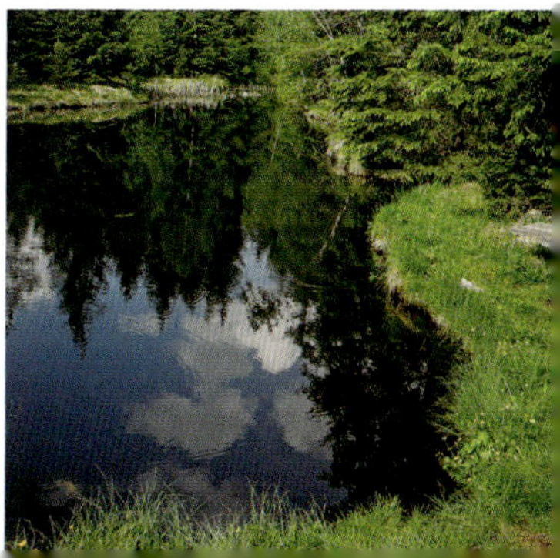

Am Naturlehrpfad – stille Wasser ...

5 Million, 2438 m

6.45 Std.

Wer wird Millionär?

Die Frage nach dem einsamen Grasgipfel mit dem »reichen« Namen wäre doch mal was für das gleichnamige Fernsehquiz ... Wer aus dem Antholzer Tal heraufwandert und (Konditions-)Millionär werden will, braucht einen langen Atem für viele Forststraßen(höhen)meter, wird dafür aber belohnt mit einem stillen und aussichtsreichen Gipfel in einer romantischen Almlandschaft.

Ausgangspunkt: Rauterhöfe, Parkmöglichkeit bei Verzweigung am Waldrand, 1280 m (Navi: I-39030 Rasen-Antholz, Rauterweg; 46° 49' 39.1'' N, 12° 5' 45.1 O). Schmale Asphaltstraße von Antholz-Niedertal, 1124 m (Hst. der Buslinie 431); im Ort von Süden kommend vor dem Antholzerhof, dann nach der Pension Gruber jeweils rechts ab und nach der Brücke links; nach einem Rechtsbogen aufwärts und bald darauf in den Wald (zu Fuß ½ Std. zusätzlich ab der Brücke).

Höhenunterschied: 1250 m.

Anforderungen: Gute Kondition, im grasigen Gipfelbereich ist ein stabiler Tritt von Vorteil, bei Nebel Orientierungssinn.

Einkehr: Keine.

Tipp: Siehe Tour 6.

Wir starten auf dem Forstweg, der von den **Rauterhöfen (1)** nach Norden hinaufführt. Wir können dann den beschilderten, recht steilen Abkürzungspfaden folgen oder auf dem durchaus auch zügig ansteigenden Forstweg bleiben, darauf

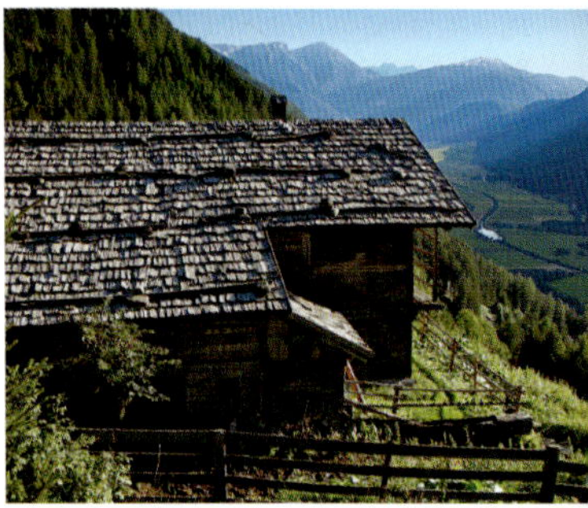

Die Neuhütte über dem Antholzer Tal.

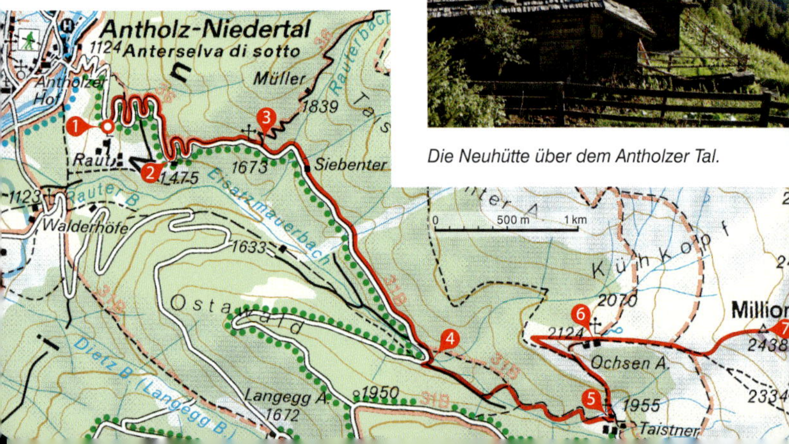

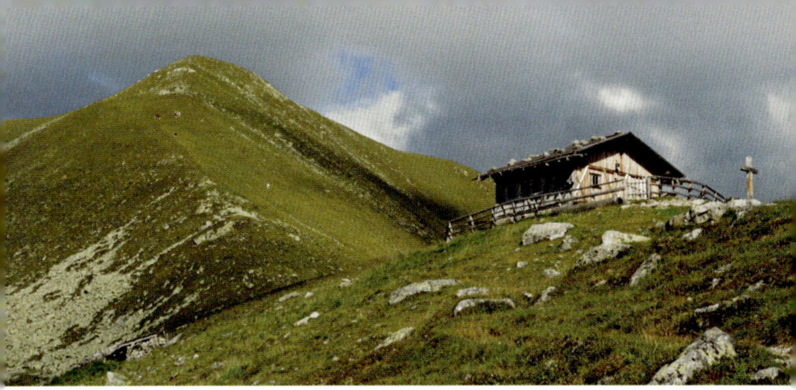

Über der Waldgrenze: die Ochsenhütte und der Million-Westrücken.

bald eine Rechtskehre beschreiben und bei der nächsten Verzweigung auf der nach links hinaufführenden Fahrwegtrasse weitergehen. Im Wald gewinnen wir zügig an Höhe. Gleich nach der **Neuhütte (2)**, 1475 m (Ausblick), vollzieht unser Weg eine Linkskurve. Nach knapp 1½ Std. Anstieg erreichen wir auf gut 1700 m eine große **Verzweigung (3)**, bei der nach links die Route übers Ampertörl auf den Amperspitz (Tour 7) abzweigt. Wir gehen hier geradeaus weiter. Der Fahrweg quert nun zwei Bachgräben und verliert zum **Eisatzmauerbach (4)** hin etwas an Höhe.
Nach Überquerung des Baches wenden wir uns gleich nach links und wandern damit weiter talein. Nach einem zweiten Wechsel der Bachseite windet sich der Fahrweg bald zur **Taistner Hinteralm (5)**, 1955 m, hinauf.
Bei den Almgebäuden schlagen wir den linken Weg ein und folgen dem Fußpfad, der zum Wald und dann schräg hinauf zu einem Geländerücken führt. Oben angekommen, wendet sich der Pfad scharf nach rechts und leitet zur kleinen **Ochsenhütte (6)**, 2252 m (laut F&B-Karte 2124 m). Von dort steigen wir einem Geländerücken Richtung Osten folgend auf den grünen Gipfel namens **Million (7)**, 2438 m. Abstieg am Anstiegsweg.

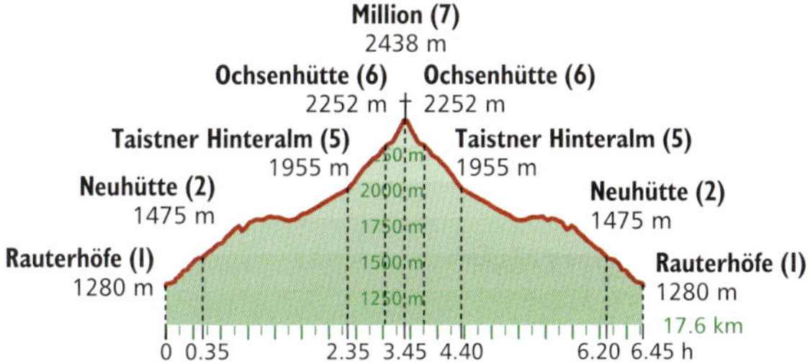

6 Eisatz, 2493 m

8.15 Std.

Hohe Kammtour mit langen Zustieg

Wer eher kürzere Touren mit Einkehrmöglichkeiten mag, kann gleich weiterblättern. Wer sich aber ganz gern fordert und lieber die Brotzeit aus dem Rucksack an selbstgewählten Plätzen genießt, ist hier richtig: Die Eisatz-Überschreitung vom Antholzer Tal aus bietet eine Runde durch alpines Gelände weit weg vom Tal. Und sie ist garantiert konditionsfördernd.

Ausgangspunkt: Rauterhöfe, Parkmöglichkeit bei der Verzweigung am Waldrand, 1280 m (Navi: I-39030 Rasen-Antholz, Rauterweg; 46° 49' 39.1'' N, 12° 5' 45.1 O). Schmale Asphaltstraße von Antholz-Niedertal, 1124 m (Hst. der Buslinie 431); im Ort von Süden kommend vor dem Antholzerhof, dann nach der Pension Gruber jeweils rechts ab und nach der Brücke links; nach einem Rechtsbogen aufwärts und bald darauf in den Wald (zu Fuß ½ Std. zusätzlich ab der Brücke).

Höhenunterschied: 1400 m.

Anforderungen: Gute Kondition, Trittsicherheit und Orientierungssinn für teils wegloses Matten- und Schrofengelände; nicht bei schlechter Sicht gehen!

Einkehr: Keine.

Tipp: Angesichts des langen Anmarschwegs bietet es sich an, bis zur Taistner Hinteralm mit dem Mountainbike zu fahren. Der steile Abschnitt oberhalb der Rauthöfe erfordert jedoch sehr gute Kondition und eine ausgereifte Fahrtechnik, auch mit einem E-MTB.

Zunächst wandern wir wie bei Tour 5 auf Fahrwegen zur **Taistner Hinteralm (5)**, 1955 m, und dann auf dem Bergpfad hinauf zur **Ochsenhütte (6)**. Anschließend weichen wir von der bisherigen Grundrichtung leicht nach rechts ab und queren dann auf schwachen Steigspuren bergan zu einem **Sattel (7)**, 2334 m, im Rücken südlich des Million. Wir schlagen dann eine südliche Grundrichtung ein, passieren Inner- wie Außerriedl und besteigen schließlich den **Eisatz (8)**, 2493 m.

Die Fortsetzung des Steiges folgt in westsüdwestlicher Richtung weiter der Kammlinie bzw. bleibt knapp daneben. Nach einer weiteren Graterhebung,

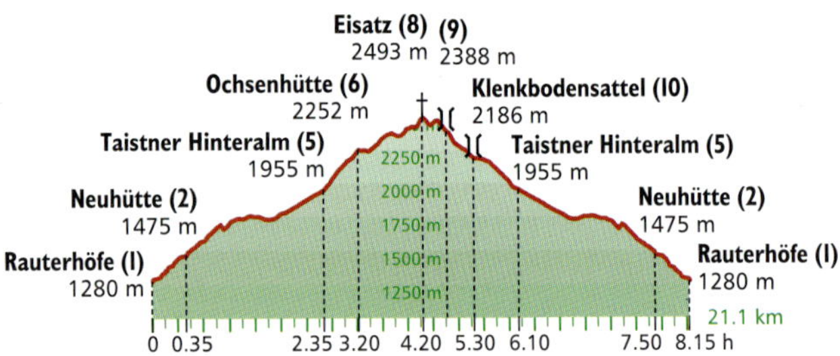

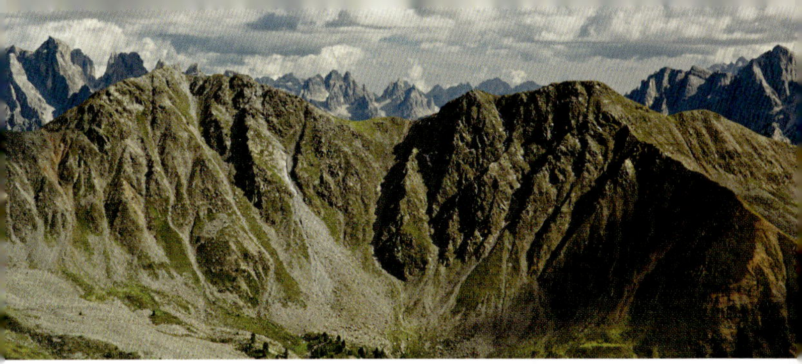

Der Eisatzkamm, dessen Überschreitung hier von links nach rechts beschrieben wird.

2477 m, gelangt man, noch vor dem Rudlhorn, in eine **Scharte (9)**, 2388 m. Von dort leiten Steigspuren nach rechts hinab – zunächst steil, dann immer flacher, aber auch undeutlicher. Das stört nicht weiter, denn im Bereich des **Klenkbodensattels (10)**, 2186 m, treffen wir sowieso auf den querenden Almweg, dem wir nach rechts folgen. Bei der nächsten Verzweigung links, geht es auf dem Weg 37 zur **Taistner Hinteralm (5)** und auf bekanntem Weg zurück.

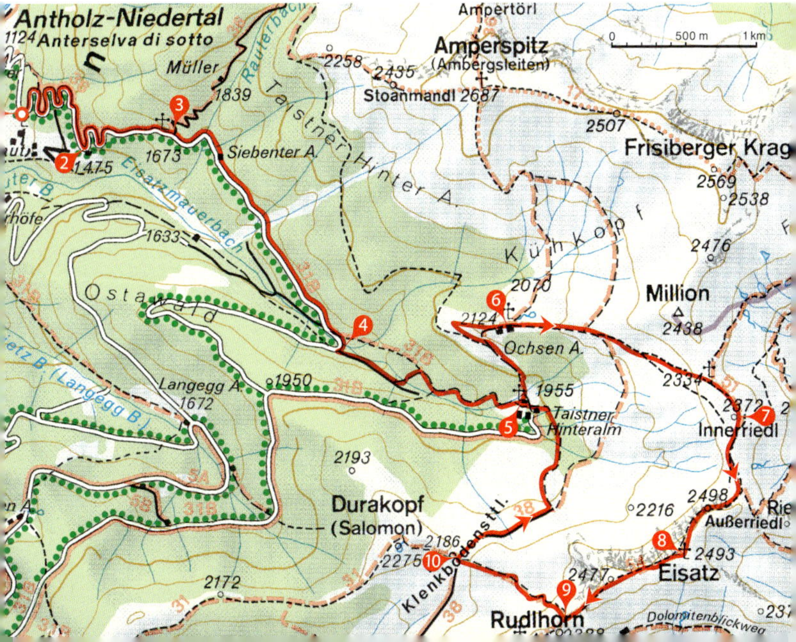

7 Amper(spitz), 2687 m

7.45 Std.

Einsamer Gipfelklassiker zwischen Antholz und Gsies

Der Amper – verschriftdeutscht: »die Amperspitz(e)« – ist der höchste Gipfel im Bergkamm zwischen dem Antholzer Tal im Westen und dem Karbachtal (das ins Gsiesertal mündet) im Osten. Dementsprechend umfassend ist der Ausblick von diesem Gipfel. Trotzdem braucht man keinen Trubel am Gipfelkreuz fürchten, da alle Wege dort hinauf lang sind. Die wenigen echten Bergfreunde, die dennoch hinaufsteigen, lassen bei der Gipfelrast dann eher Ruhe walten.

Ausgangspunkt: Rauterhöfe, Parkmöglichkeit bei der Verzweigung am Waldrand, 1280 m (Navi: I-39030 Rasen-Antholz, Rauterweg; 46° 49' 39.1'' N, 12° 5' 45.1 O). Schmale Asphaltstraße von Antholz-Niedertal, 1124 m (Hst. der Buslinie 431); im Ort von Süden kommend vor dem Antholzerhof, dann nach der Pension Gruber jeweils rechts ab und nach der Brücke links; nach einem Rechtsbogen aufwärts und bald darauf in den Wald (zu Fuß ½ Std. zusätzlich ab der Brücke).

Höhenunterschied: 1480 m.

Anforderungen: Sehr gute Kondition wegen der Tourenlänge und des beachtlichen Höhenunterschieds, Trittsicherheit und eine Spur Felsgewandtheit für den Nordgrat, vor allem ausgeprägten Orientierungssinn für den beschriebenen Gipfelabstieg zur Ochsenhütte (bei Nebel abzuraten, dann besser am Anstiegsweg zurückkehren).

Einkehr: Keine.

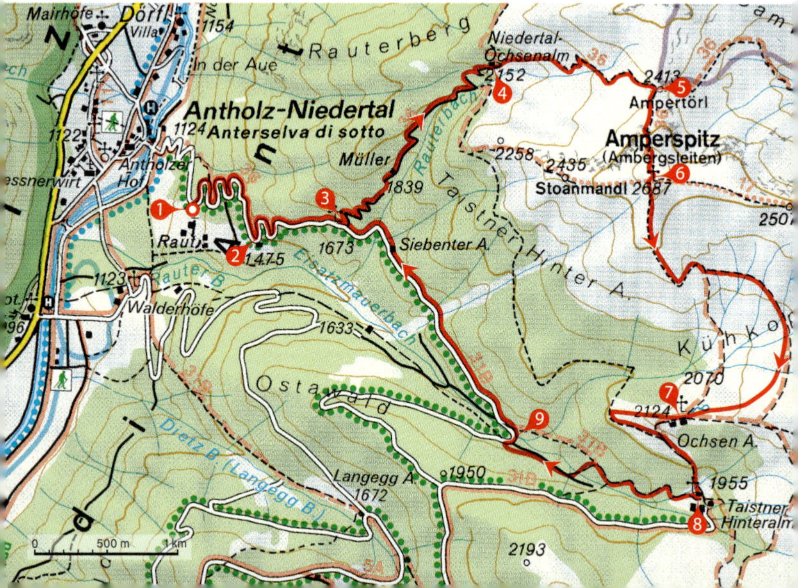

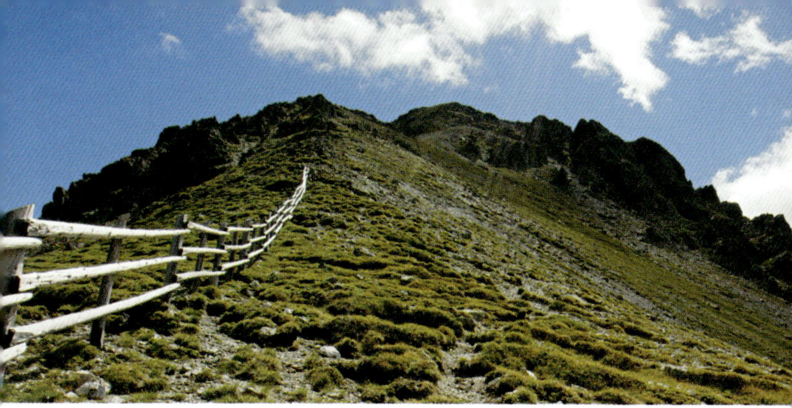

Hier geht's hinauf: vom Ampertörl über den Nordrücken.

Unten: das Gipfelkreuz.

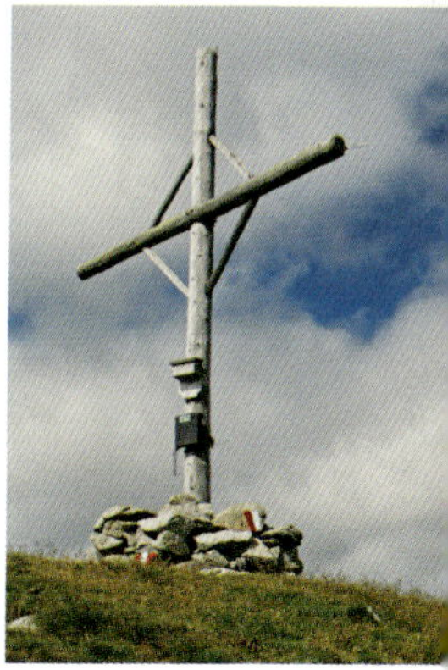

Wie bei Tour 5 gelangt man zur großen **Forststraßenverzweigung (3)** auf gut 1700 m Höhe. Wir gehen hier nun nach links weiter. Immer auf der Forststraße bleibend passieren wir auf knapp 2100 m eine Almhütte mit Brunnen (gutes Wasser!) und erreichen bald darauf – schon oberhalb der Waldgrenze – die **Niedertaler Ochsenalm (4)**, 2152 m. Dort nicht dem nach links hinaufführenden Pfad folgen, sondern den vorübergehend undeutlicheren Wegspuren, die geradeaus an der Almhütte vorbei Richtung Osten, also zum **Ampertörl (5)**, 2413 m, führen. Sobald wir diesen Sattel erreicht haben, steigen wir nach rechts hinauf – zunächst entlang einem Weidezaun, dann auf einem Steig durch Schrofengelände. Nach einer ansteigenden Que-

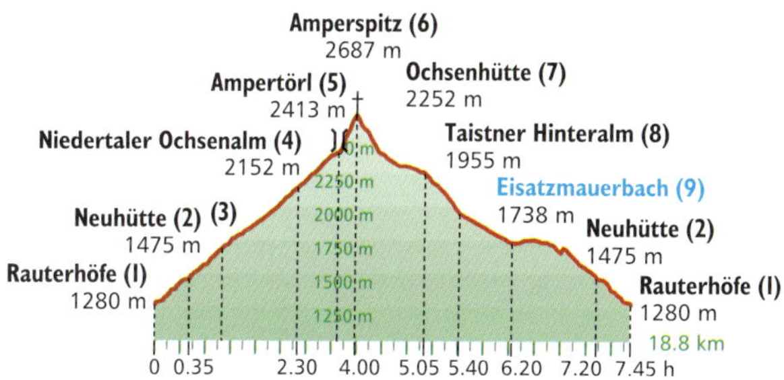

rung durch einen stellenweise etwas abschüssigen Hang windet sich die nicht immer deutliche Route über einige Felsen hinweg hinauf zum Gipfel des **Amperspitz (6)**, 2687 m.

Mit Verlassen des Gipfelkreuzes heißt es aufpassen: Wir steigen kurz Richtung Südwesten ab, ignorieren die rechts abzweigenden Steigspuren über den Westkamm ebenso wie gleich darauf die links abzweigende, durch abschüssige Schrofen querende Trasse Richtung Ostkamm. So lassen wir uns vom **Südkamm** leiten, solange dieser ausgeprägt ist und geradewegs verläuft. Wo die Kammlinie sanfter wird und etwas nach rechts schwenkt, gehen wir über den runden Südrücken geradeaus hinab. Das Gelände wird bald wieder unruhiger und wir halten uns etwas nach links, um einen markanten Felsblock anzusteuern, in dessen Nähe unser Pfad über eine Geländeschwelle hinabführt. Danach quert er in weitem Bogen ohne große Höhenunterschiede durch ein großes grünes Kar. Nach einem kurzen Anstieg erreichen wir die **Ochsenhütte (7)**, 2252 m (lt. F&B-Karte 2124 m). Sie liegt auf einem Geländerücken, dem wir dann mit mäßigem Gefälle nach Westen folgen. Bei einer Verflachung beschreibt der Pfad eine markante Linkskurve und leitet dann steil hinab zur **Taistner Hinteralm (8)**, 1955 m. Nun geht es auf einem Almsträßchen bergab. 400 Meter nachdem es den **Eisatzmauerbach (9)** überquert hat, verzweigt es sich; wir gehen dort scharf rechts und wieder über den Bach zu einer Almhütte. Nun steigt das Sträßchen vorübergehend etwas an und quert zwei Bachgräben, bevor es auf den Anstiegsweg trifft.

Anhängliche Ziegen im Weidegebiet zwischen Amperspitz und Ochsenhütte.

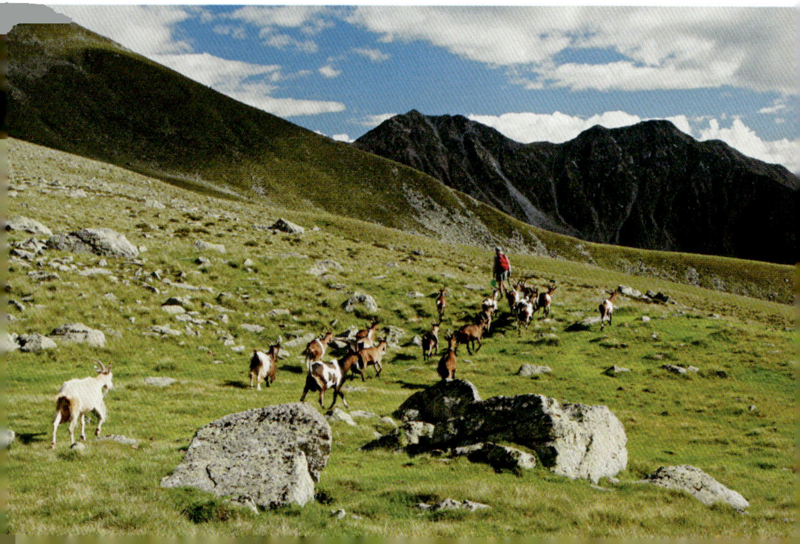

5.30 Std.

Rammelstein, 2483 m

8

Über die Grentealm auf einen rassigen Aussichtsklassiker

Wie dieser Gipfel zu seinem kuriosen Namen kam, ist nicht ganz klar. Dass manche Einheimische »Romisa« zu ihm sagen, lässt jedenfalls rätoromanische Wurzeln vermuten. Dass dieser Berg schon sehr lange einen Namen hat, erscheint angesichts seiner exponierten Lage über dem Antholzer Tal und dem Pustertal schlüssig. Diese Lage verleiht dem Gipfel auch eine Aussicht, die instruktive Blicke über den ganzen Osten Südtirols ermöglicht.

Ausgangspunkt: Parkplatz, 1450 m, oberhalb vom Waldrasthof, nahe dem oberen Ende des Riepenlifts (Skilift). Zufahrt: Im südlichen Ortsteil von Antholz-Mittertal, 1241 m, zwischen dem Sägewerk und einer Bushaltestelle (der Linie 431) nach Westen hinauf, bald der Wegweisung folgend zum Waldrasthof (Navi: I-39030 Antholz-Mittertal, Ammerer Str. 20), weiter aufwärts mit der Wegweisung zur »Grentealm«; bei einer größeren Verzweigung im Wald dann nach rechts auf den schmalen Fahrweg zum Parkplatz.

Höhenunterschied: 1050 m.

Anforderungen: Trittsicherheit ist schon für einige raue und steile Abschnitte des Bergpfads zur Grente vorteilhaft, am felsigen, teils gesicherten Rammelstein-Nordgrat dann aber Voraussetzung; dort schadet auch Felsgewandtheit nicht.

Einkehr: Grentealm, 2002 m.

Variante: Beim Rückweg von der Grentealm kann man im oberen Bereich den direkt nach Osten hinabführenden Weg Nr. 6 wählen; darauf die erste Forststraße überqueren, dann aber dem Pfad nicht ganz ins Tal folgen, sondern auf der Kiesstraße nach Norden zum Ausgangspunkt zurück.

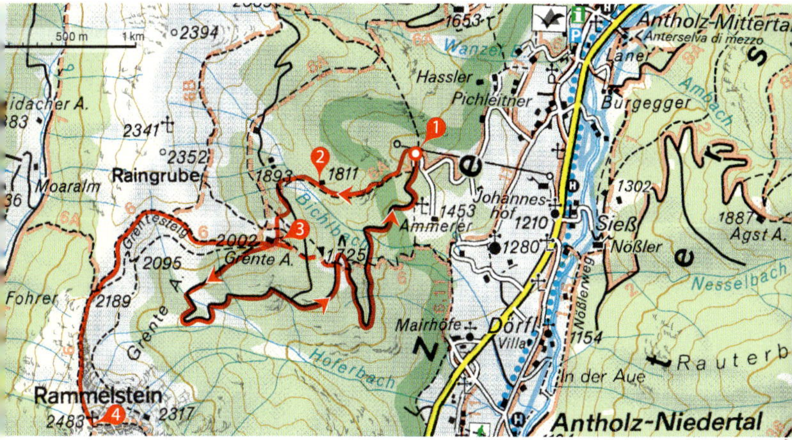

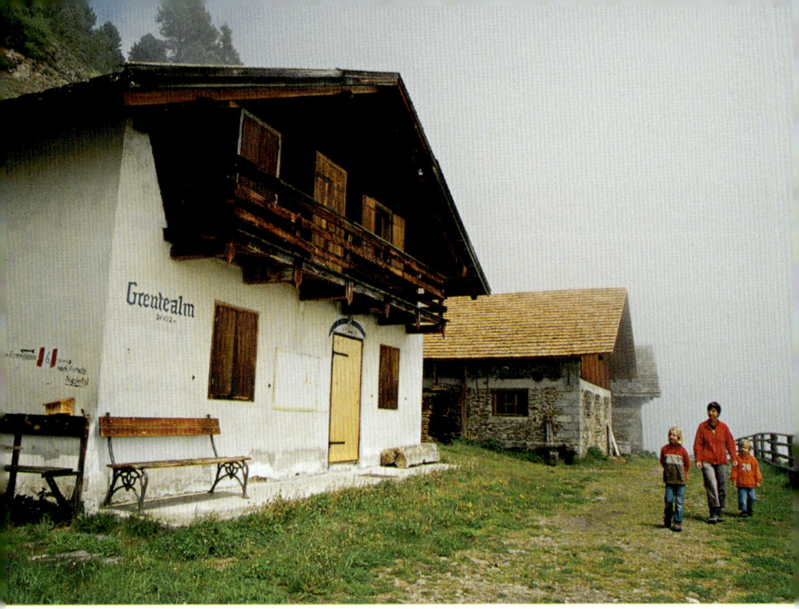

Die Hütten der Grentealm – für sich schon ein lohnendes Ziel.

Die Wegweisung beim **Parkplatz (1)** bietet zwei Wegmöglichkeiten an: Wir bevorzugen die rechte und steigen zunächst parallel zum Skilift an. Aber nur kurz: Auf anfangs unscheinbarem Pfad geht es nämlich nach links in den Wald. Bald wird der Weg dann eindeutig und richtig steil – und gewinnt somit recht zügig an Höhe. Dank dem schattigen Bergwald ist das auch im Sommer ganz gut zu bewältigen. Wo sich der Wald nach längerer Strecke erstmals lichtet, erreichen wir bei einer **Almhütte (2)** einen Fahrweg. Diesem folgen wir nach links, verlassen ihn aber bald wieder bei einem Wegweiser nach rechts hinauf. Ein zügig ansteigender Pfad führt nun zur **Grentealm (3)**, 2002 m, hinauf.

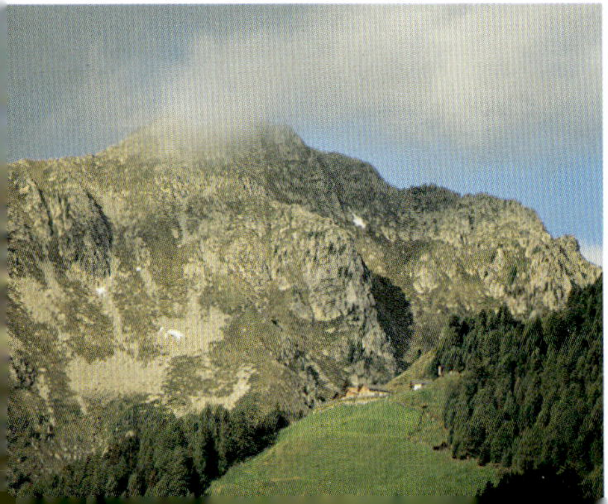

An der steilen Wiese die Grentealm. Darüber der Rammelstein, rechts der Nordgrat.

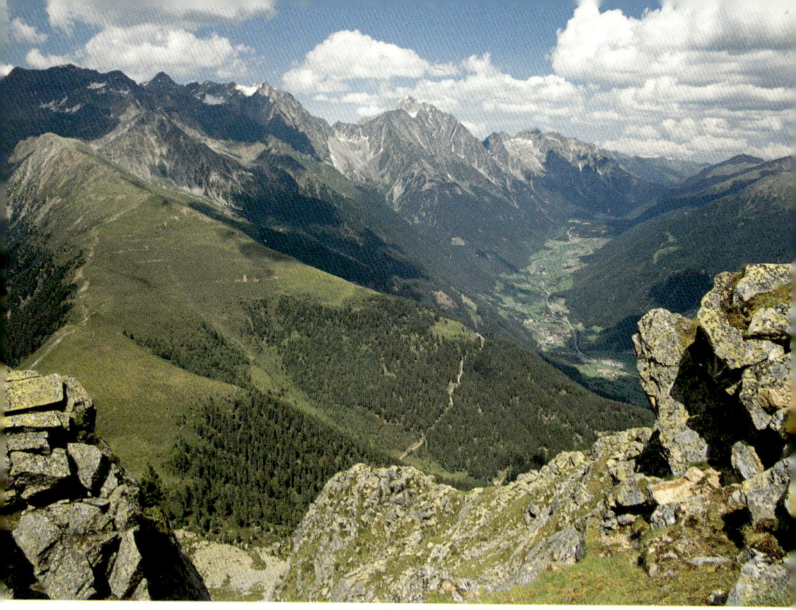

Am Gipfel. Blick auf den Kern des Naturparks Rieserferner und das Antholzer Tal.

Nach einer Stärkung in der urigen Alm wandern wir auf dem Weg Nr. 6 zum Grentekreuz, 2174 m, und queren hinüber zur Kammlinie zwischen Antholzer Tal und Wielental. Nun steigen und kraxeln wir über das gegliederte, teils blockige, teils felsige Gelände des Nordgrats (Stellen gesichert) hinauf zum Gipfelkreuz am **Rammelstein (4)**, 2483 m.

Nach ausgiebigem Genuss der überragenden Gipfelaussicht geht es auf der Anstiegsroute – oben besonders vorsichtig – zurück zur **Grentealm (3)**, 2002 m. Dort ist es so schön, dass man auch ein zweites Mal einkehren kann. Für den Abstieg ins Tal können wir gleich das gekieste Zufahrtssträßchen wählen oder im oberen Bereich den direkt nach Osten hinabführenden Weg Nr. 6. Darauf überqueren wir die erste Forststraße. Im weiteren Verlauf dann aber dem Pfad nicht ganz ins Tal folgen, sondern auf der Kiesstraße direkt zu unserem **Parkplatz (1)** zurückwandern.

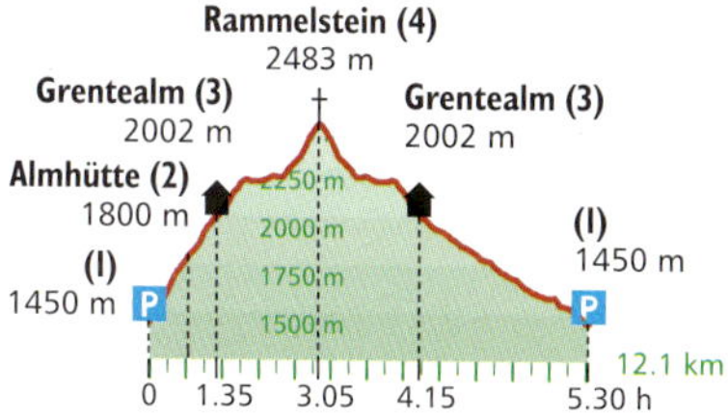

9 Kumpfler Alm, 1653 m

2.20 Std.

Urige Almeinkehr hoch über dem Talboden

Die Höhe, die in der Überschrift genannt wird, ist nur eine von mehreren Werten, die man an verschiedenen Stellen und Quellen für unser reizvolles Hüttenziel finden kann (1630 m am Haus, 1640 m beim Hüttenstempel) – aber wen kümmert's, ob man nun einige Meter mehr oder weniger hoch über dem Meeresspiegel sitzt. Zum Meer kann man von der Alm aus ohnehin nicht schauen, umso imposanter ist der Blick ins Antholzer Tal und auf die umliegenden Berge.

Ausgangspunkt: Wanderparkplatz, 1258 m (Navi: I-39030 Rasen-Antholz, Wieserstraße 163; 46° 51' 48.1'' N, 12° 6' 11.3'' O), beim Beginn der Straße zu den Eggerhöfen, am nördlichen Ortsrand von Antholz-Mittertal, 1241 m. Zufahrt vom Ortskern (dort Hst. der Buslinie 431 Bruneck – Antholzer See) auf schmaler Straße taleinwärts, bei der Verzweigung neben dem Sport- und Freizeitgelände halblinks.
Höhenunterschied: 400 m.
Anforderungen: Keine.
Einkehr: Eggerhöfe, 1348 m; Kumpfler Alm, 1653 m; an der Variante: Bergeralm, 1623 m.
Varianten: 1) Von der Brücke, 1350, neben den Eggerhöfen kann man nach rechts in einer ½ Std. (einfach) zum sehenswerten Klammbach-Wasserfall wandern; von der Aussichtskanzel, 1525 m, über dem tosenden Wasser – bei der ersten Wegkehre – lohnt es sich noch, eine Viertelstunde dranzuhängen, um bei der Bergeralm, 1623 m, einzukehren. Am Weg zurück kann man über einen beschilderten Waldpfad abkürzen. 2) Wenig oberhalb der Bergeralm trifft man auf den MIttertaler Höhenweg (Kombinationsmöglichkeiten mit Tour 10).

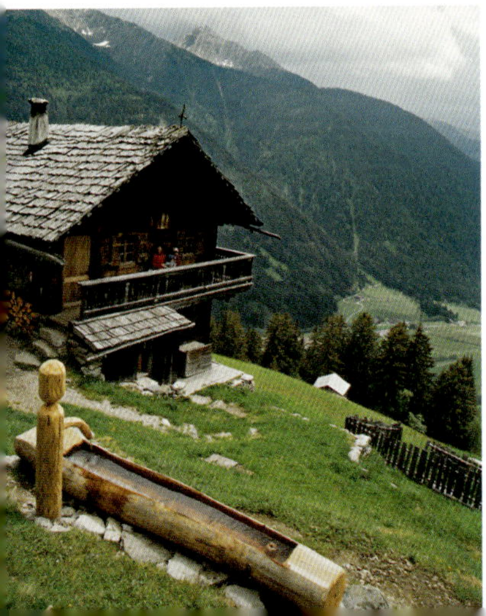

Vom **Parkplatz Mittertal (1)** folgen wir zunächst der aufwärts führenden Asphaltstraße: Vor einer Brücke folgen wir dem Wegweiser »Abkürzung Nr. 3, 4« nach links hinauf. Wo wir wieder auf einen Fahrweg kommen, gehen wir darauf nach rechts und an einer kleinen Parkfläche vorbei. Vor der folgenden Brücke (über die man zu den **Eggerhöfen (2)** gehen oder die Variante zum Wasserfall in Angriff nehmen kann), geht es dann nach links hinauf.
Wo das Teersträßchen eine Rechtskehre beschreibt, gehen wir nach

Die Kumpfler Alm über dem Antholzer Tal.

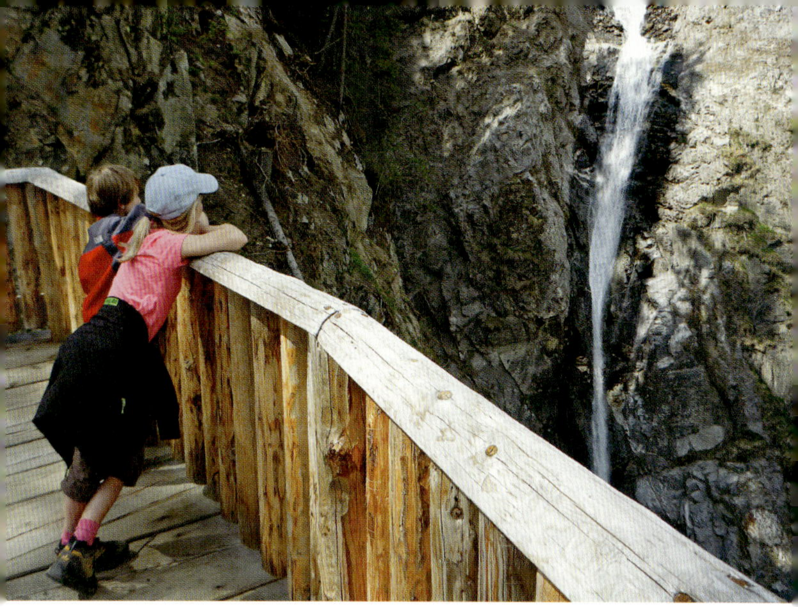

An der Variante: Blick von der Aussichtskanzel auf den Klammbachwasserfall.

links, an einer Schranke vorbei und mit der Wegweisung »Kumpfler Alm 5« auf geschottertem Güterweg weiter bergan. In einer Linkskehre ignorieren wir den rechts abzweigenden Mittertaler Höhenweg (außer man will auf einem kurzen Abstecher ein eindrucksvolles Blockmeer, die Graumauer, sehen) und erreichen bald darauf die kleine rustikale Holzhütte der **Kumpfler Alm (3)**, 1653 m. Zurück auf dem Anstiegsweg.

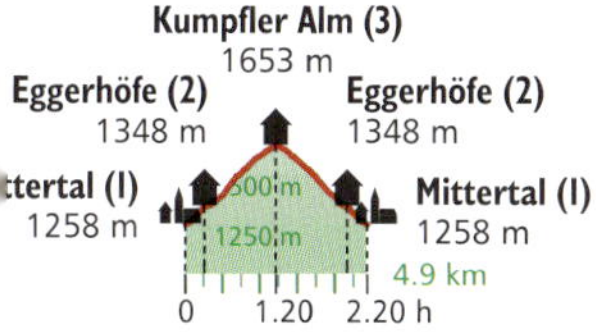

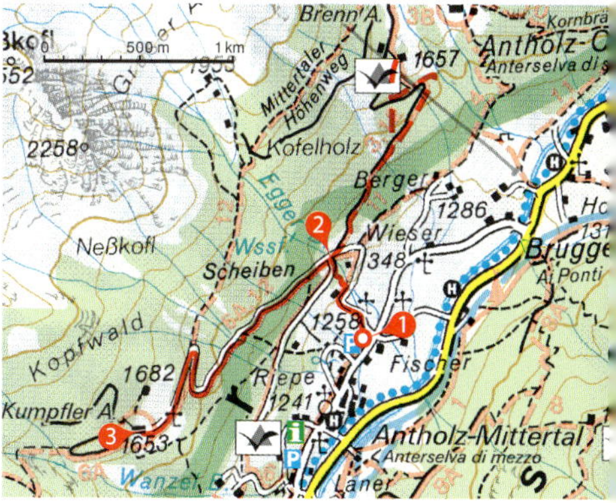

10 Mittertaler Höhenweg, bis 1825 m

3.30 Std.

Abwechslungsreiche Rundwanderung über die Schwörzalm

In der Mitte des Antholzer Tals führt der Mittertaler Höhenweg durch die Abhänge der Rieserfernergruppe. Genau zum richtigen Zeitpunkt der Tour, nämlich am Ende des einzigen längeren und steileren, durchaus schweißtreibenden Anstiegs, erwartet uns eine Brotzeitstation: die Schwörzalm. Sie bietet neben g'schmackiger Stärkung auch eine hervorragende Aussicht über das Antholzer Tal.

Ausgangspunkt: Wanderparkplatz, 1258 m (Navi: I-39030 Rasen-Antholz, Wieserstraße 163; 46° 51' 48.1'' N, 12° 6' 11.3'' O), beim Beginn der Straße zu den Eggerhöfen, am nördlichen Ortsrand von Antholz-Mittertal (Hst. Bus 431 von Bruneck). Zufahrt aus dem Ort auf der St.-Georg-Straße nach Norden, bei der Verzweigung neben dem Sport- und Freizeitgelände halblinks.
Höhenunterschied: 620 m.
Anforderungen: Bergwanderung auf teilweise rauen und steilen Wegen; etwas Trittsicherheit schadet nicht; Tendenz zu »blau«.
Einkehr: Jausenstation Schwörzalm, 1661 m; Eggerhöfe, 1348 m.

Vom **Parkplatz (1)** folgen wir zunächst der aufwärts führenden Asphaltstraße. Mit dem Wegweiser »11 zum See« gehen wir über eine Brücke. Wo das Sträßchen eine Linkskehre beschreibt, verlassen wir es nach rechts und folgen dem Fußpfad, der geradeaus durch saftige Wiesen quert.
Beim **Bergerhof (2)** wandern wir halblinks an einem Stadel vorbei. Mit der Markierung 11 geht es dann mäßig ansteigend an einem Zaun entlang bergauf, auch nach einem Linksknick wandern wir noch ein Stück bergan. 30 m unterhalb der Naturparkschildes geht es nach rechts durch den Zaun (Wegweiser »11 Franzosensteig«). Am Rand eines Murkegels (in der heutigen Form im Sommer 2005 entstanden) geht es kurz bergab. Wo der Weg ins Freie tritt,

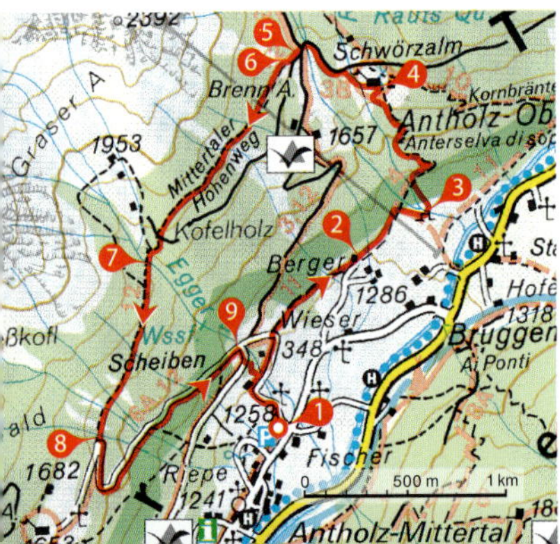

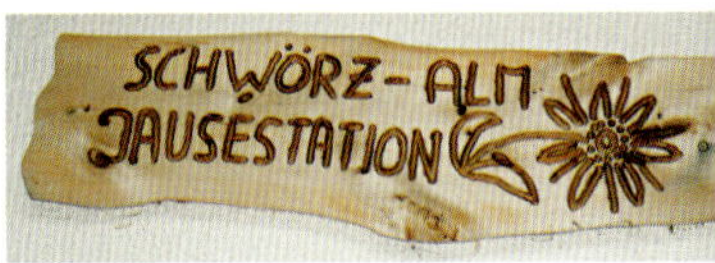

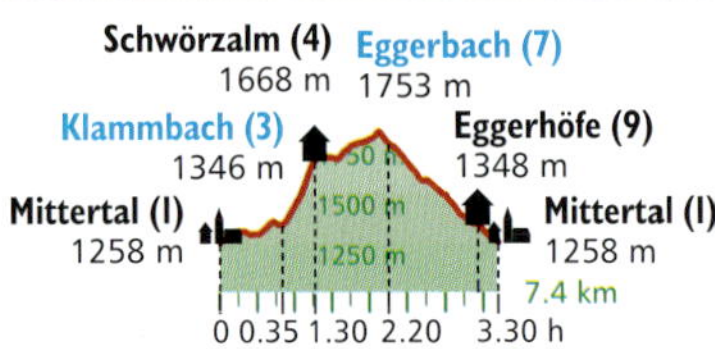

folgen wir nicht mehr der Wegweisung Franzosensteig, sondern gehen scharf nach links auf einem Schotterweg bergan und überqueren auf einer Holzbrücke den **Klammbach (3)**. Nach einer zweiten Brücke über den kleineren Rautsbach geht es dann zügig bergan über einen einigermaßen steilen, licht mit Erlen bestandenen Hang. Links hört man den steilen Bach rauschen. Unter einem kleinen Hütterl kommen wir auf eine Bergwiese, an deren oberen Ende die Jausenstation **Schwörzalm (4)**, 1668 m, mit ihren Köstlichkeiten lockt. Bei der Alm folgen wir dem nach links querendem Fahrweg und überschreiten den **Rautsbach**.

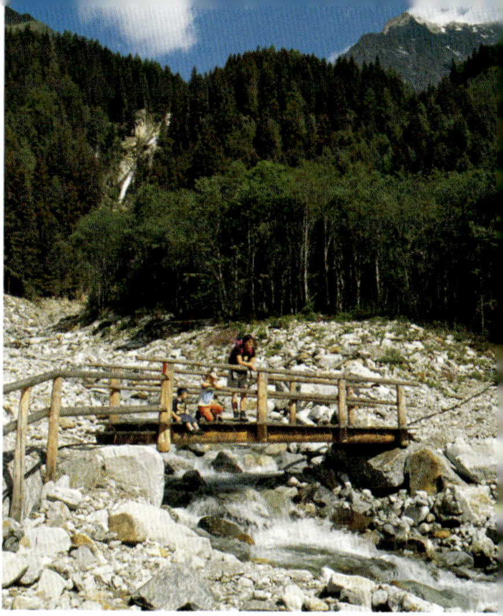

Auf der Brücke über den Klammbach.

Gleich darauf ignorieren wir den rechts abzweigenden Weg Richtung Rieserfernerhütte und Antholzer Scharte. Nach dem Bachbett des **Klammbachs** gehen wir dann kurz etwas bergauf. Bei den folgenden Wegweisern zweigt nach rechts zurück ein Feldweg ab, den wir ignorieren. 50 Meter weiter folgen wir bei einer **Wegverzweigung (5)** der rechts berganführenden Kiesstraße (Wegweiser »Mittertaler Höhenweg Nr. 12«). Ein gleichlautender Wegweiser schickt uns kurz darauf nach rechts auf einen schmalen, nur anfangs unscheinbaren **Pfad (6)**. Der führt erst mal einige Meter direkt bergan, um dann – wieder klar ausgeprägt – nach links zu queren. Sanft steigend wandern wir nun durch einen reizvollen Bergwald. Wo wir auf die Kehre einer Forststraße treffen, folgen wir dieser bergab. Nach einer Linkskehre und einer Rechtskurve zweigt der Mittertaler Höhenweg – nun wieder als Pfad – nach rechts ab. Nach einem steilen und stellenweise auch etwas abschüssigen Abstieg überqueren wir auf einer Holzbrücke den **Eggerbach (7)**. Ein weiterer Graben wird auf einem Wehr überquert. Nach einem Blockmeer namens **Graumauer (8)** treffen wir die Kehre eines Güterwegs. Darauf bergab, gelangen wir nach einer Schranke zu einem Höfesträßchen, dem wir bergab folgen. Bei einer Brücke lockt ein ganz kurzer Abstecher zu einer weiteren Einkehrmöglichkeit, den **Eggerhöfen (9)**, 1348 m. Für den Abstieg folgen wir dem vor der Brücke rechts hinabführenden Sträßchen. Nach einer kleinen Parkfläche weist das Schild »Parkplatz« den direkten Pfad ins Tal. Die allerletzten Meter der Tour zurück zum **Parkplatz (1)** legen wir schließlich am Anstiegsweg zurück.

11 Starkspitze, 2877 m

8.30 Std.

Der Hausberg der hochgelegenen Rieserfernerhütte

Am Rand der weiten Verebnungen ums Gemsbichljoch (in manchen Karten auch »Gänsebichljoch«) ragt eine Erhebung auf, die von der Rieserfernerhütte aus gesehen kaum als starke Spitze wahrgenommen wird. Einen starken Eindruck hinterlässt dieser Punkt – die Starkspitze – jedoch, wenn man von dort aus den gewaltigen Tiefblick ins eineinhalb Kilometer tiefer gelegene Antholzer Tal auf sich wirken lässt. Der Blick nach Westen schweift über eine weite Passlandschaft, die still und einsam wirkt. Umso bemerkenswerter ist es, dass hier schon in vorchristlicher Zeit Menschen zu Gange waren: Der Wirt der Rieserfernerhütte fand 1992 nahe seiner Hütte Kleidungsreste (darunter einen Schuh), die Wissenschaftler mit der Radiokohlenstoff-(C14-)Methode ins 6.–8. Jahrhundert vor Christus datierten.

Ausgangspunkt: Wanderparkplatz, 1258 m (Navi: I-39030 Rasen-Antholz, Wieserstraße 163; 46° 51' 48.1'' N, 12° 6' 11.3'' O), beim Beginn der Straße zu den Eggerhöfen, am nördlichen Ortsrand von Antholz-Mittertal (Hst. Bus 431 von Bruneck). Zufahrt aus dem Ort auf der St.-Georg-Straße nach Norden, bei der Verzweigung neben dem Sport- und Freizeitgelände halblinks.
Anforderungen: Mäßig anspruchsvolle Bergtour mit alpinem Touch (Tendenz zu »Schwarz«); nötig sind Ausdauer (!) und Trittsicherheit, für den Weg zum Gipfel auch etwas Pfadfindergeist; in dem übersichtlichen, mäßig geneigten Gelände kommt man (bei guter Sicht) aber fast überall weiter, bei Nebel besser auf Gipfelabstecher verzichten.
Einkehr: Rieserfernerhütte, 2791 m, AVS, www.rieserfernerhuette.it, Tel. +39 0474 492125; Bergeralm, 1623 m; Eggerhöfe, 1348 m.

Am Gemsbichljoch: Wasser in verschiedenen Aggregatzuständen und Farben.

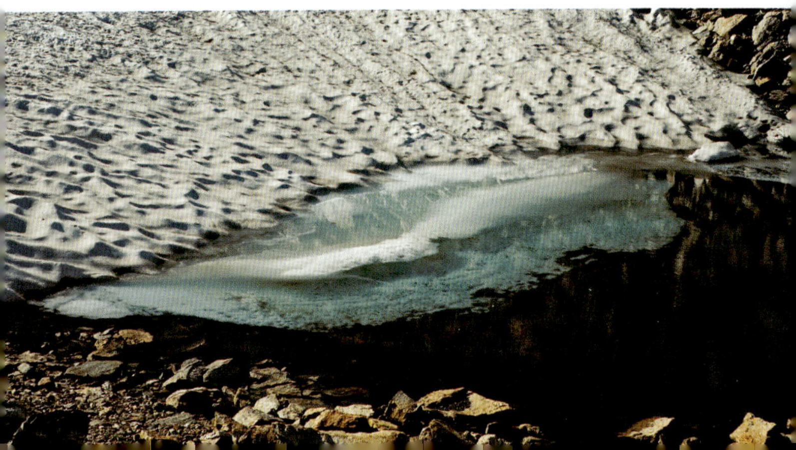

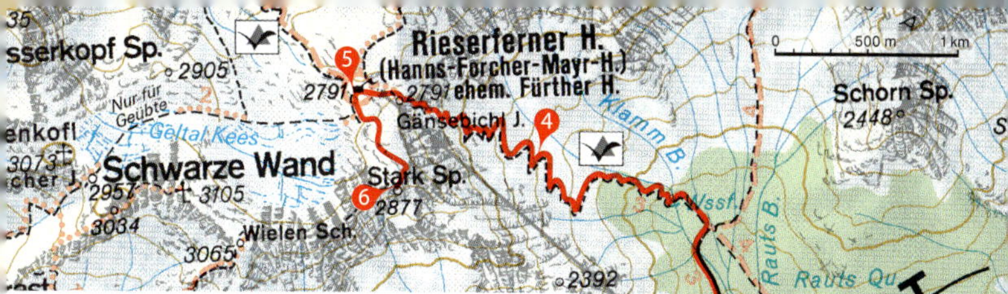

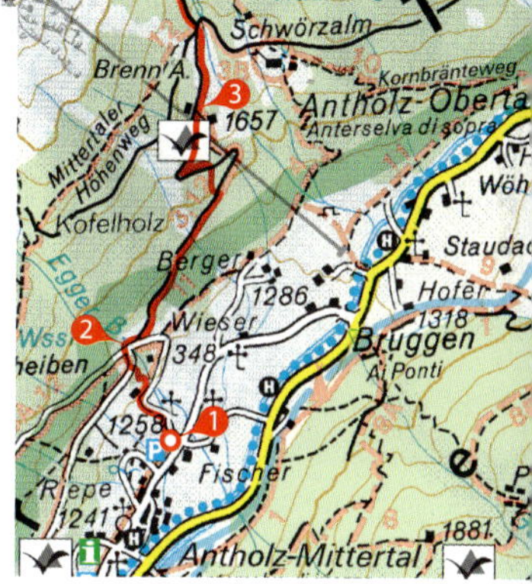

Vom **Parkplatz (1)** folgen wir zunächst der aufwärts führenden Teerstraße. Vor einer Brücke wandern wir mit dem Wegweiser »Abkürzung Nr. 3, 4« nach links hinauf. Wo wir wieder auf einen Fahrweg kommen, gehen wir darauf nach rechts und nach einer letzten inoffiziellen Parkmöglichkeit wiederum nach rechts über eine Brücke. Dahinter auf den aufwärtsführenden Fahrweg oberhalb der **Eggerhöfe (2)**, 1348 m, vorbei. Nach einem Gatter zweigen wir scharf nach links auf einen schmalen Bergpfad ab. Bald darauf überqueren wir eine Forststraße und passieren die **Bergeralm (3)**, 1623 m. Etwas oberhalb treffen wir wieder auf eine Kiesstraße; der folgen wir nach rechts. Mit einer Linkskehre zweigt der Mittertaler Höhenweg (Mark. 12) ab. Wir bleiben weiter der Markierung 3 treu. Wo der Weg 4 zur Kasseler Hütte rechts abzweigt, nehmen den linken Weg Nr. 3, passieren bald darauf eine Quelle und gewinnen zügig an Höhe. Im weiteren Verlauf wendet sich der Weg über ein glattgeschliffenes Bachbett nach links und leitet zu einem steil eingekerbten Graben. An dessen Rand geht es erst noch kurz aufwärts, bevor er durchquert wird. Auf der anderen Seite holt der Weg weit nach links aus, bevor er am **Pauls Brünnl (4)**,

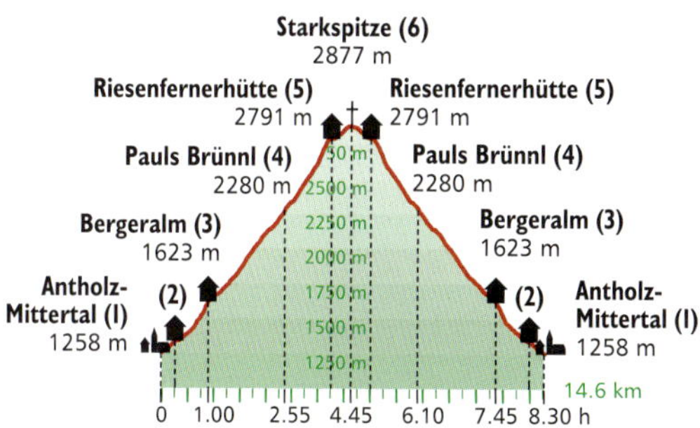

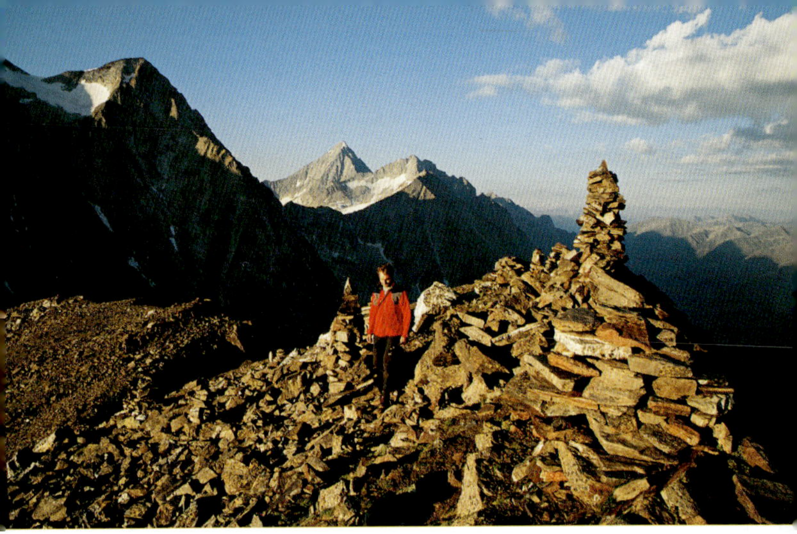

Abend auf der Starkspitze. Das Antholzer Tal rechts unten liegt schon tief im Schatten.

2280 m, vorbei an den Auslauf der zentralen Rinne am oberen Rand des großen Geländekessels führt. Nun folgt ein gut befestigter und gesicherter Steig über die Felszone in Aufstiegsrichtung rechts der Rinne. Am **Gemsbichljoch**, 2776 m, mit seinem kleinen See wird das Gelände flacher und die **Rieserfernerhütte (5)**, 2791 m, kommt ins Blickfeld.

Nach verdienter Stärkung gehen wir ein Stück zurück, dann aber nach rechts und streben am kleinen See vorbei auf die Stütze der Materialseilbahn zu. Vor der Geländekante weichen wir nach rechts aus und steuern – schwierigere Felspartien umgehend – die Gipfelkuppe der **Starkspitze (6)**, 2877 m, an, die von einer ganzen Reihe kunstvoll aufgerichteter Steingebilde geziert wird. Der Anstieg von der Hütte zum Gipfel ist nicht sehr steil, umso imposanter ist aber der Geländeabbruch zum Antholzer Tal hinunter.

Der **Abstieg** erfolgt auf dem Anstiegsweg.

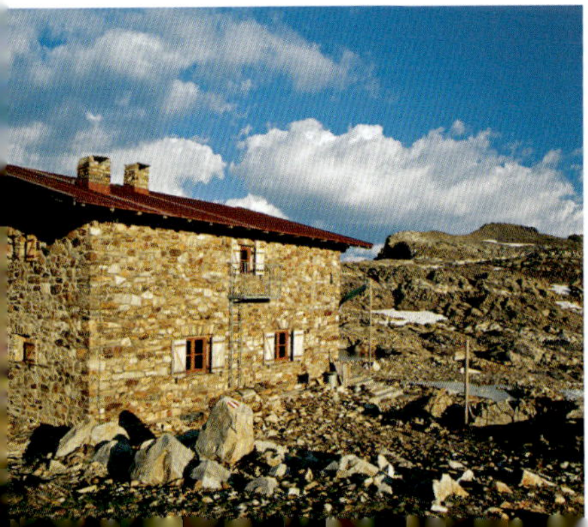

Die Rieserfernerhütte am Gemsbichljoch. Die flache Steinkuppe im Hintergrund ist die Starkspitze.

2 Tage

Fernerköpfl, 3241 m

12 TOP

Aussichtsreicher Felsgipfel über einem großen Gletscher

Sein Name lässt es nicht vermuten: Das niedlich klingende »Köpfl« ist ein ausgewachsener Dreitausender mitten in einer hochalpinen, ja geradezu arktisch anmutenden Welt. Der hier vorgeschlagene Aufstieg über die Rieserfernerhütte zählt zu den wenigen Möglichkeiten, ohne Gletscherbegehung und ohne echte Kletterei die Dreitausendmeter-Marke mal deutlich zu überschreiten. Mit möglicherweise gefrorenen Schneefeldern muss man aber trotzdem rechnen und an einigen Felsen muss man gelegentlich auch die Hände aus der Hosentasche nehmen.

Ausgangspunkt: Wanderparkplatz, 1258 m (Navi: I-39030 Rasen-Antholz, Wieserstraße 163; 46° 51' 48.1" N, 12° 6' 11.3" O), beim Beginn der Straße zu den Eggerhöfen, am nördlichen Ortsrand von Antholz-Mittertal (Hst. Bus 431 von Bruneck). Zufahrt aus dem Ort auf der St.-Georg-Straße nach Norden, bei der Verzweigung neben dem Sport- und Freizeitgelände halblinks.

Höhenunterschied: 2000 m.

Anforderungen: Im Verhältnis zum hochalpinen Ambiente relativ unschwierige Bergtour; trotzdem braucht man Ausdauer (dünne Luft!), Trittsicherheit und fürs letzte Stück etwas Felsgewandtheit.

Einkehr/Übernachtung: Bergeralm, 1623 m; Rieserfernerhütte, 2791 m, AVS, www.rieserfernerhuette.it, Tel. +39 0474 492125.

Blick von Fernerköpfl auf die Hütte (rechts), das Antholzer Tal (links) und die Dolomiten.

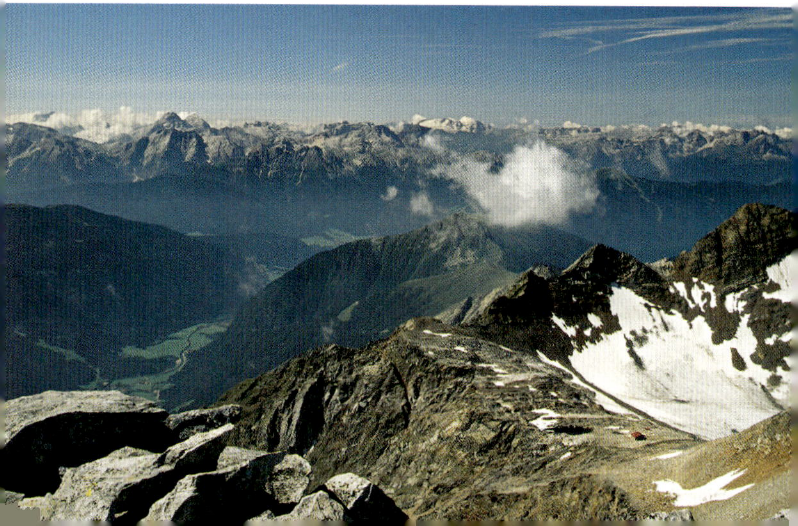

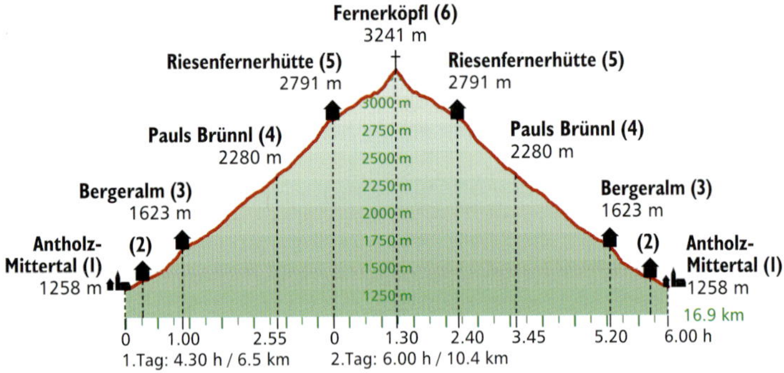

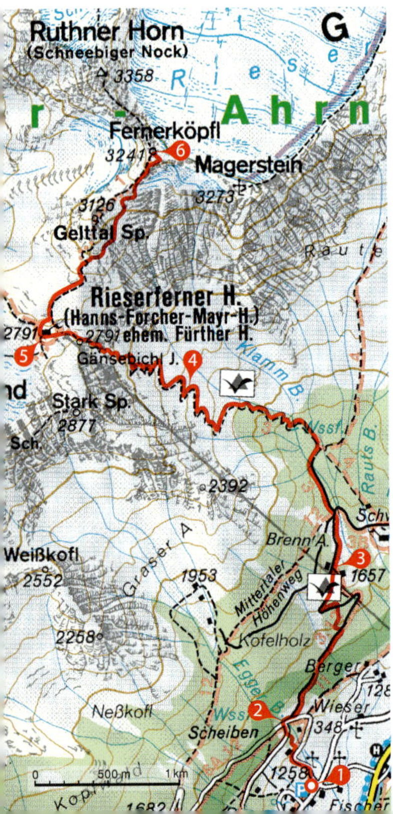

1. Tag (↑1540 Hm): Wie bei Tour 11 zur **Rieserfernerhütte (5)**, 2791 m.

2. Tag (↑460 / ↓2000 Hm): Diese verlassen wir auf deutlichem Pfad nach Norden hinauf. Bald geht es zwischen zwei auffälligen Steinmandln durch und über eine Wasserleitung hinweg. Eine Trasse nach links ignorierend, folgen wir dem schmäleren, aber markierten Weg. Der führt zunächst auf die Gelttalspitze zu, quert aber bald durch deren Ostflanke (im Frühsommer Schneehänge – wenn sie gefroren sind, evtl. Grödel anlegen). Noch unter dem kleinen Sattel zwischen Gelttalspitze und Fernerköpfl wendet sich der Steig erst nach rechts und windet sich dann auf dem hellen Tonalit des Rieserferner-Plutons durch die Südwestflanke unseres Gipfelziels empor. Auf den letzten Metern unter der Kammlinie ist die Route nicht mehr eindeutig vorgegeben – was aber kein Problem ist, wenn man in leichter Blockkraxelei direkt nach oben steigt. Am **Südostrücken** unseres Berges wenden wir uns nach links und erreichen kurz darauf den Gipfel des **Fernerköpfls (6)**, 3241 m.

Abstieg auf dem Anstiegsweg.

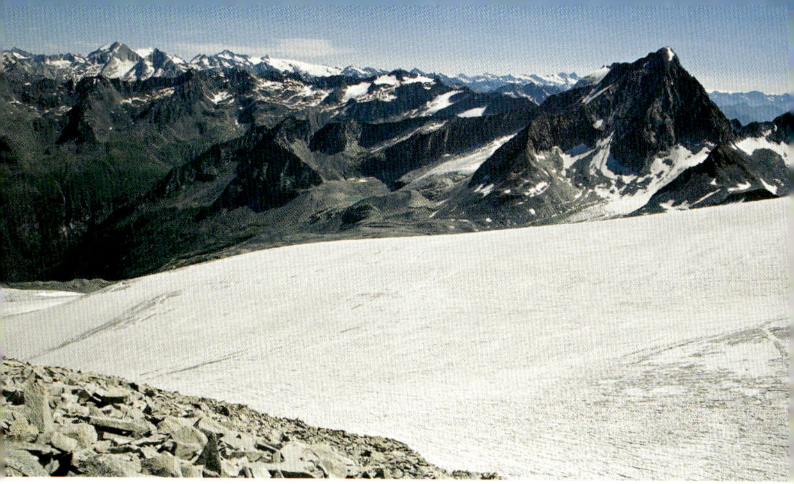

Blick vom Fernerköpfl über das Tristenkees auf den Hochgall (rechts). Links dahinter erkennt man am Horizont den Großglockner, links der Bildmitte den Großvenediger.

Kleiner See am Gemsbichljoch. In Bildmitte der Magerstein, 3273 m.

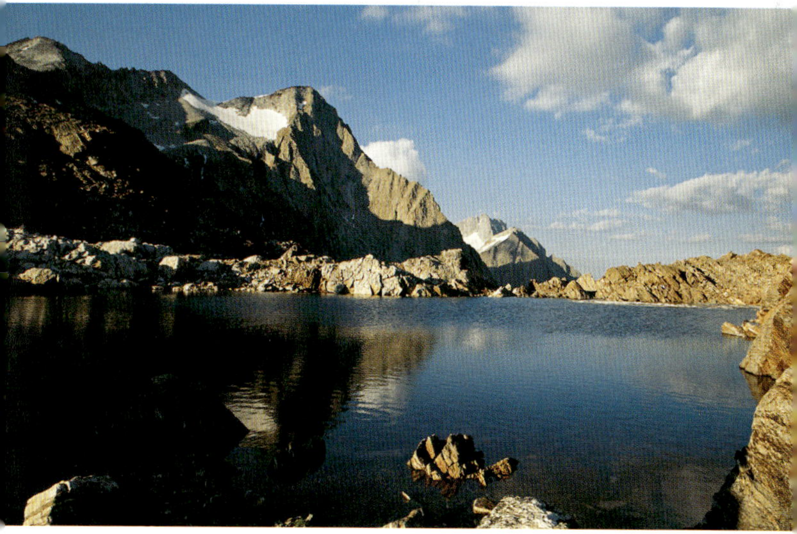

TOP

13 *Rund um den Hochgall, bis 3171 m*

3 Tage

Großartige Runde durch die hochalpine Rieserfernergruppe

Der Hochgall zählt unbestritten zu den eindrucksvollsten Berggestalten der Ostalpen. Das gilt vor allem für seine vergletscherte Nordseite, die wir vom Hartdegenweg aus bewundern können. Aus dem Antholzer Tal ragt er mit noch größerem Höhenunterschied auf – den sieht man ihm allerdings wegen seiner verhältnismäßig ungegliederten, unvergletscherten Südflanke gar nicht so recht an. Die Gipfelbesteigung muss man sich auch als noch so engagierter Bergwanderer verkneifen; die bleibt nämlich klettererfahrenen Hochalpinisten vorbehalten. Die hier vorgestellte Umrundung dieses wuchtigen Berges bietet aber ein ähnliches Bergerlebnis und ist auch für felsgewandte und schwindelfreie Alpinwanderer gerade noch im Bereich des Möglichen. Wer keine ausreichende Hochgebirgserfahrung mitbringt, steigt von der Kasseler Hütte durchs Bachertal nach Rein ab und fährt per Bus zum Ausgangspunkt zurück oder geht aus dem Reintal übers Gemsbichljoch (mit weiterer Übernachtung auf der Rieserfernerhütte) zurück zum Ausgangspunkt.

Ausgangspunkt: Wanderparkplatz, 1258 m (Navi: I-39030 Rasen-Antholz, Wieserstraße 163; 46° 51' 48.1'' N, 12° 6' 11.3'' O), beim Beginn der Straße zu den Eggerhöfen, am nördlichen Ortsrand von Antholz-Mittertal, 1241 m (Hst. Bus 431 von Bruneck). Zufahrt aus dem Ort auf auf der St.-Georg-Straße nach Norden, bei der Verzweigung neben dem Sport- und Freizeitgelände halblinks.

Höhenunterschied: 3000 m.

Anforderungen: Sehr gute Ausdauer sowie Trittsicherheit auf Schrofen und im Firn; guter Orientierungssinn in teils weglosem Gelände und ein wacher Blick für Steinmandln und schwache Markierungen (v. a. beim Abstieg von der Antholzer Scharte); der Steig über den Lenksteinkamm verlangt darüber hinaus Schwindelfreiheit und etwas Kletterfertigkeit (I). Handschuhe nicht vergessen (wegen der Höhe und der alten Stahlseile unter der Roßhornscharte). Ernsthafte Unternehmung mit Hochtourencharakter, nur für wirklich erfahrene Bergsteiger!

Einkehr/Übernachtung: Bergeralm, 1623 m; Kasseler Hütte (Hochgallhütte), 2276 m, Land/CAI, www.kasseler-huette.com, Tel. +39 0474 672550 oder +39 333 7238426, bew. Mitte Juni bis Mitte Oktober; Barmer Hütte, 2610 m, DAV, www.barmerhuette.at, Reservierung nur telefonisch: +43 664 9489413 oder +39 346 9868673; zurück im Tal, kann man bei der Tiroler Hütte, am Biathlonstadion oder (mit kurzem Abstecher) bei der Huberalm einkehren.

Varianten am zweiten Tag: 1) Vom Steinmann am unteren Ende des obersten Firnfeldes, rund 3100 m, am Lenkstein führen Steigspuren nach links über den unangenehm brüchigen Südwestgrat (I) auf den Gipfel. 2) Etwas weiter, aber attraktiver ist es, bei besagtem Steinmann erstmal noch dem Hartdegenweg noch bis knapp an den Wegweiser an der Kammlinie (Bild S. 52 unten) zu folgen. Von dort kann man nach links über den oberen Rand des Firnfelds und dann über den festeren (aber exponierten!) Ostgrat auf den Lenkstein steigen; der Ostgrat bietet sich dann in jedem Fall für die Abstieg vom Gipfel zur Hauptroute an. 3) Ein sehr viel leichterer

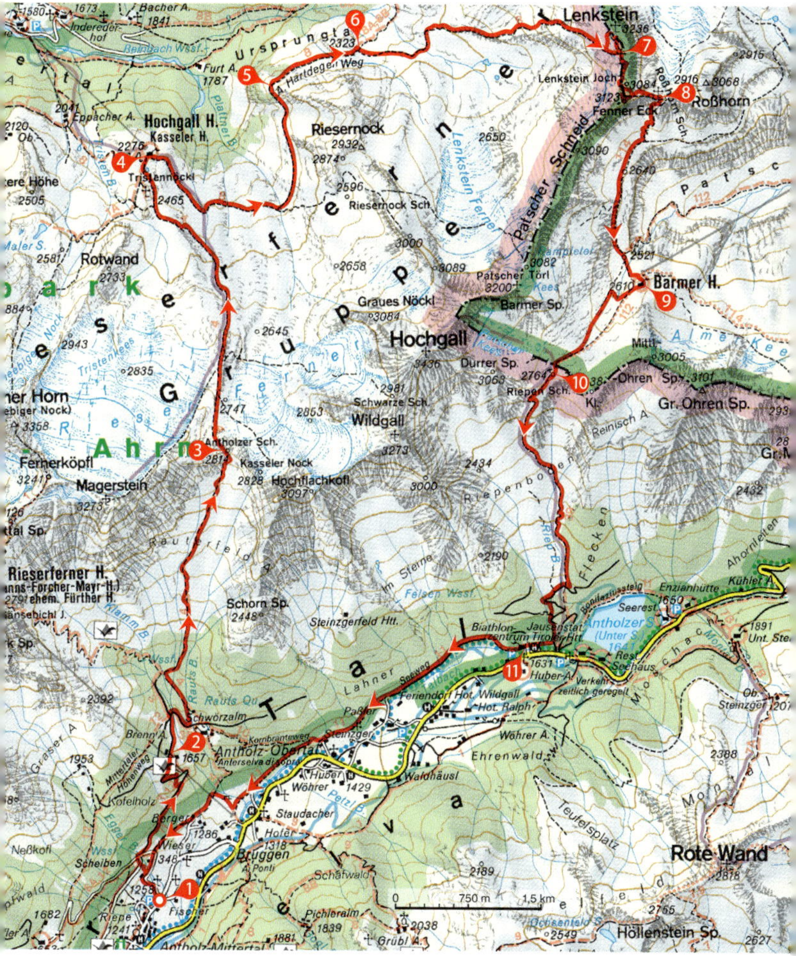

Dreitausender am Weg, der mit nur geringem zusätzlichem Zeitaufwand (rund 10 Min.) »mitgenommen« werden kann, ist das Fenner Eck, 3123 m, das vom Lenksteinjoch, 3084 m über einen steinigen Hang angegangen werden kann. Vom Gipfel kann man dann auf schwachen Pfadspuren direkt nach Osten absteigen und trifft bald wieder auf den Hauptweg.

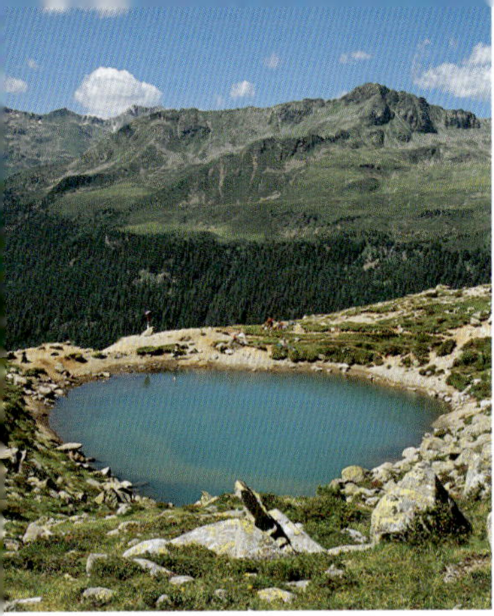

Ein Schmuckstück: der kleine See unter dem Tristennöckl. Am Horizont die Dreieckspitze.

1. Tag (↑1580 / ↓560 Hm): Wie bei Tour 11 gehen wir zu der Stelle, bei der sich die Wege 3 und 4 verzweigen. Dort halten wir uns rechts und machen uns an den langen Aufstieg, der durch zunehmend steiniges und schließlich auch steiles Gelände (Sicherungen) hinauf zur **Antholzer Scharte (3)**, 2814 m, zieht. Auf der anderen Seite geht es in der linken Seite des Kars durch weiterhin raues Felsgelände zu den Ausläufern des Magerstein-Nordgrats. Dort treffen wir auf gut 2700 m Höhe auf schwache Steigspuren, die vom Mager-

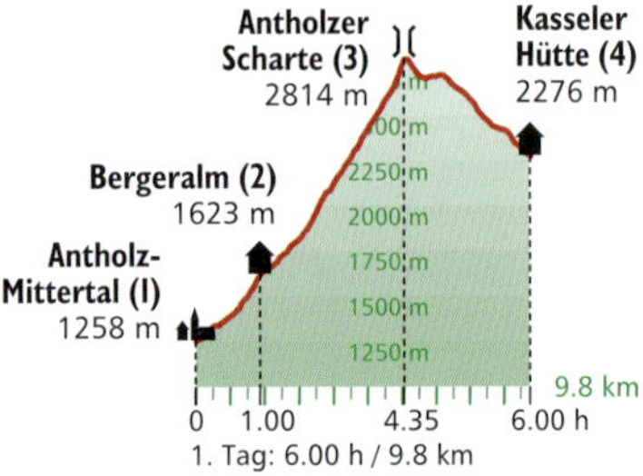

Hier verbringen wir die erste Nacht: Die Kasseler Hütte alias Hochgallhütte alias Rif. Roma. Im Hintergrund die Durreckgruppe, in der Tiefe der Talkessel von Rein.

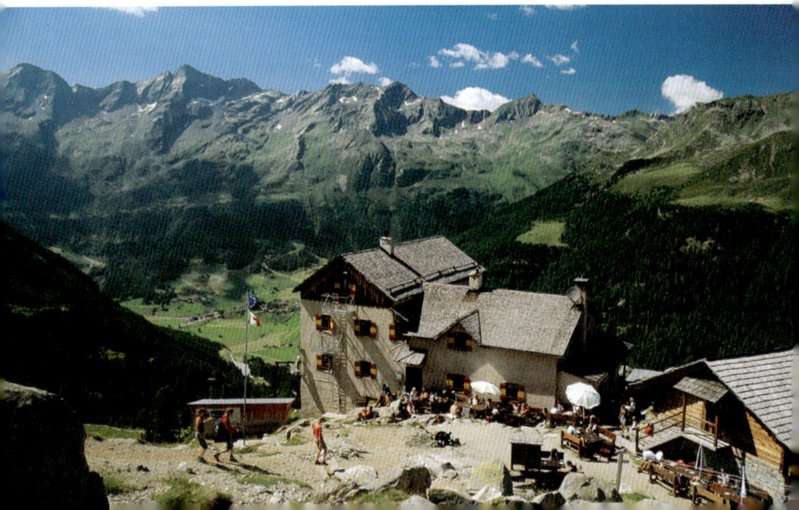

stein herabziehen und folgen ihnen durch eine chaotische wirkende Felsbuckellandschaft aufmerksam bergab. Der Weg wird nun endlich deutlicher und wendet sich nach links unter das reizvolle Gletschervorfeld des Tristenkees. Vor dem steil aufragenden, mit den höchsten Bäumen (es sind Zirben) der Ostalpen bewachsenen Tristennöckl geht es nach rechts hinab zu einem schnuckeligen See; knapp darunter wartet das Nachtlager auf der **Kasseler Hütte (4)**, 2276 m.

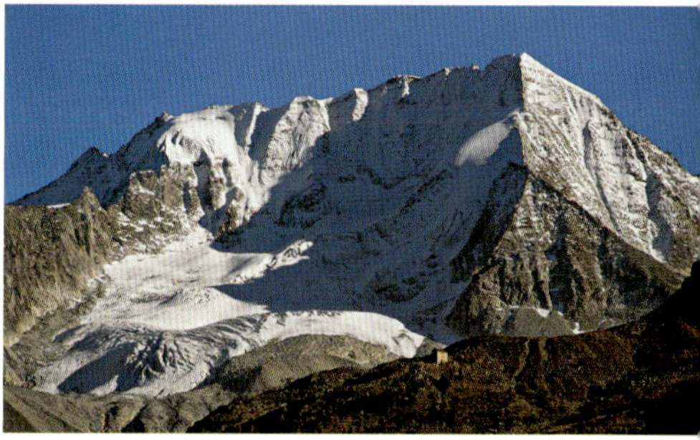

Der Hochgall. Ganz klein davor die Kasseler Hütte.

2. Tag (↑1090 / ↓750 Hm): Zeitig am Morgen starten wir auf den nach Osten führenden Hartdegenweg. Der quert in weitem Bogen durch das Gletschervorfeld des Rieserferners, immer im Angesicht des mächtigen Hochgall, 3436 m. Dabei sind einige Gletscherbäche zu überqueren. Auch die Querung eines glatt geschliffenen Felsbuckels erfordert Trittsicherheit. Vor dem Riesernock wendet sich der Steig nach Norden und gewinnt an einer exponierten, aber kettengesicherten Stelle nochmals an Höhe. Nach dem **Riesernockrücken (5)**, 2380 m, des Riesernock folgen eine Abwärtspassage und ein erneuter Anstieg. Über stellenweise bewachsene Felsbuckel kommen wir zu einer **Wegteilung (6)**, 2375 m. Dort ginge es nach links Richtung Rein weiter; wir folgen hier aber dem Weg 8 nach rechts.

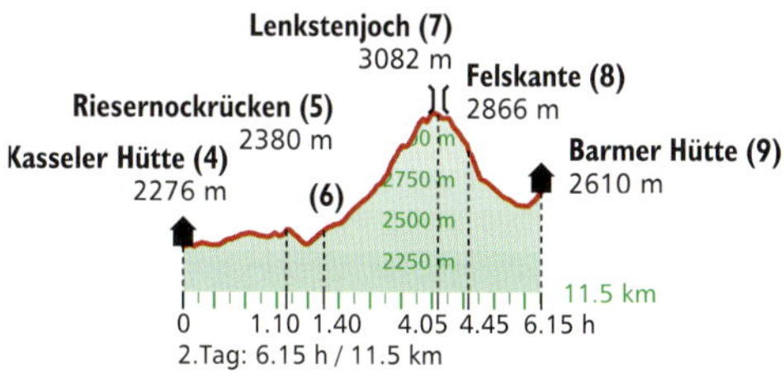

Einem flachen Wegabschnitt folgt ein Übergang, 2424 m, über einen Bach. Nach kurzem Anstieg wendet sich der Weg nach rechts und führt etwas oberhalb einiger Barackenfundamente (vom italienischen Militär) talein. Ein flacher Schutthang wird den Markierungen folgend nach rechts gequert; einige Wasserrinnen sehen wie Steigspuren aus – nicht darauf ansteigen! Auf einen Felsbug zu überwindet der Steig nach rechts tendierend eine Grasrampe (Blick auf spektakulären Wasserfall), bis er nach links zu einem **Moränenwall** quert. Auf dessen First bergan und vor einem noch wuchtigeren

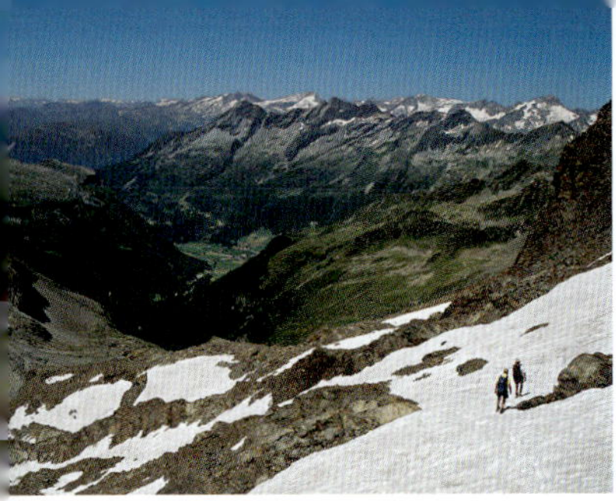

An der Westseite des Lenksteinkamms. In der Tiefe Bacher- und Reintal.

Felsbug nach rechts zu einem Steinmann auf einer Karschwelle. Hier wiederum nach rechts. So gelangt man zu einer Felskante, entlang der es weiter aufwärts geht. Bald führt der Steig leicht nach links in die Schrofen und dann nach einem Rechtsschwenk in eine meist schneebedeckte Flanke. Durch diese queren wir schräg ansteigend auf einen Steinmann bei einer kleinen Geländekerbe zu. Der steht nahe der tiefsten Stelle eines relativ flachen **Firnfeldes,** rund 3100 m. Dort zweigt die erste Variantenmöglichkeit links ab. Unser Hauptweg wendet sich nach rechts und führt über den Rand des Firnfeldes (bei starker Ausaperung Eis, dann evtl. Grödel montieren!) auf einen **Wegweiser**, 3171 m, im Gratverlauf südlich des Lenksteins zu. Dort mündet die erste Gipfelvariante wieder ein bzw. setzt die zweite Variante an. Die Hauptroute wendet sich beim Wegweiser am Kamm nach rechts und quert dann auf einem ungesicherten Steig steil durch eine Felsflanke hinab. Knapp vor dem **Lenksteinjoch (7)**, 3082 m, wechselt der Steig kurz auf die rechte Seite, um dann vor dem »Schuttberg« Fenner Eck halblinks weiterzuführen (Variante 3 geradeaus). Nach einem minimalen Zwischenanstieg geht es noch kurz oberhalb einer Geländekante entlang. Jetzt gut aufpassen: Noch vor der Roßhornscharte folgen wir einem Steig über die **Felskante (8)** nach rechts hinab, der – mit Sicherungen versehen – durch sehr steiles, teils nahezu senkrechtes Gelände schnell an Höhe verliert. Mit nur mäßigem Gefälle quert

Links der Steinmann am Übergang über den Lenksteinkamm, im Hintergrund der Hochgall.

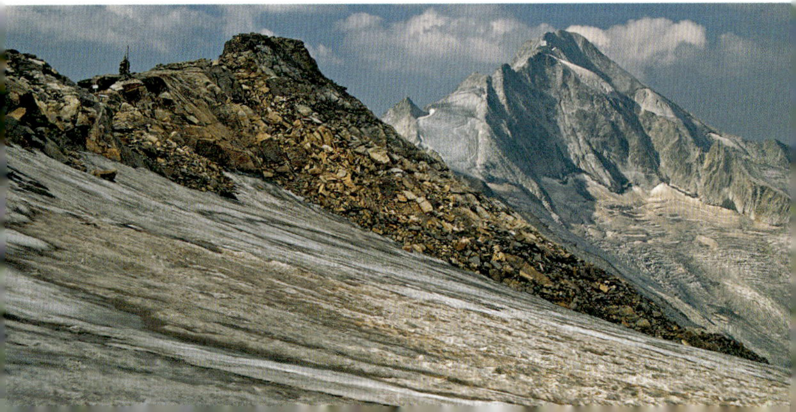

der Weg dann über quirlig plätschernde Bäche hinweg zu den **Grundmauern** der alten Barmer Hütte, 2521 m. Auf dem markierten Direktanstieg gelangen wir schließlich in wenigen Minuten hinauf zur heutigen **Barmer Hütte (9)**, 2610 m.

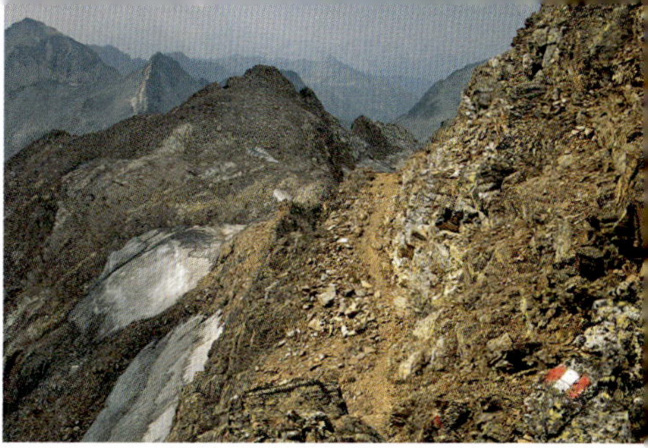

Steig an der abschüssigen Ostseite des Lenksteinkamms (Abstiegsweg). Blick aufs Fenner Eck.

3. Tag (↑270 / ↓1630 Hm): Wir verlassen die Barmer Hütte auf dem zunächst talein- und bergabführenden Weg. Unten, im ehemaligen Bett des Patscher Ferners, ignorieren wir erste links abzweigende alte (gefährlich gewordene) Pfadspuren. Wir überqueren den Bach und folgen wir dem Weg, der an der westlichen Talseite über reichlich Moränenschutt zu einem schuttbedeckten Toteisgebiet ansteigt. Dort genau dem markierten Wegverlauf folgen und hinauf zur **Riepenscharte (10)**, 2764 m, gehen.

Der Abstiegsweg leitet rechts einer großen Felsrippe durch grobblockiges Felssturzgelände. Weiter unten, in steinigen Matten, wendet er sich nach links. Nach einem von Büschen und Bäumen umrankten Wegabschnitt gelangt man auf ein Kiessträßchen. Darauf kurz nach links und wenige Meter weiter nach rechts. Nach einer flachen Kiesstraßenetappe folgt man den markierten Abkürzungspfaden. Eine Asphaltpiste (im Winter eine Langlaufloipe) wird geradewegs überquert. Bei der **Tiroler Hütte** folgen wir der Straße ein Stück nach rechts zum **Biathlonstadion (11)**. Wer jetzt genug vom Gehen hat, steuert die Bushaltestelle bei der **Huberalm** an, ansonsten pilgert man auf dem Franzosensteig am Talbach entlang (der zweite Abschnitt der Tour 14) zum Ausgangspunkt zurück.

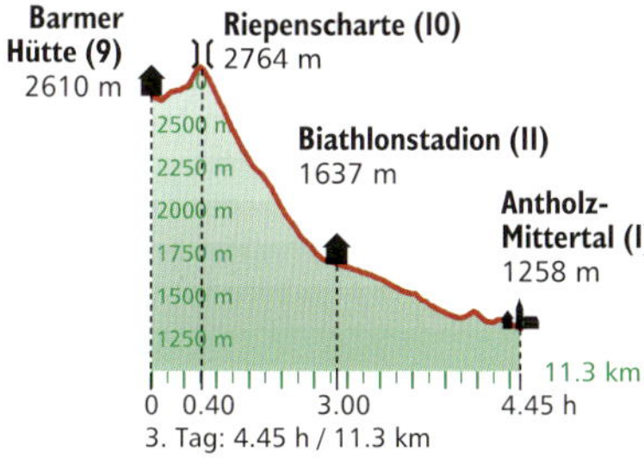

Am Talbach – Tourenfinale im Grünen.

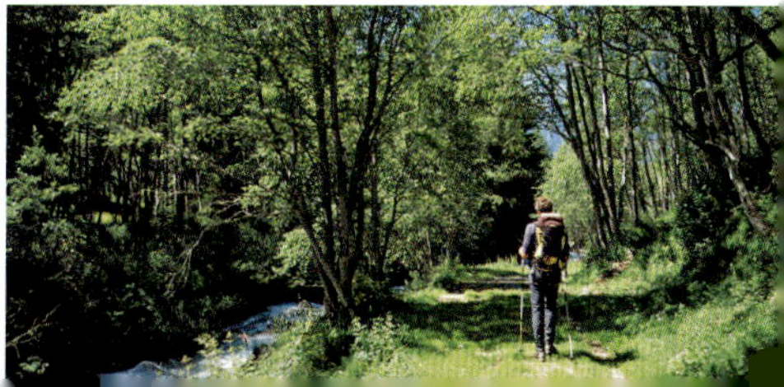

14 Durchs obere Antholzer Tal zum Biathlonzentrum, 1640 m

4.00 Std.

Talwanderung mit Rückweg auf dem Franzosensteig (Seeweg)

Jeden Winter macht der Biathlon-Weltcup im oberen Antholzer Tal Station. Die Bilder der Wettkämpfe werden weltweit im Fernsehen gesendet und wecken damit bei vielen Menschen Interesse für die Gegend. Besonders vielen Menschen begegnet man auf den Wanderwegen im oberen Antholzer Tal aber selbst in der Hauptwandersaison nicht.

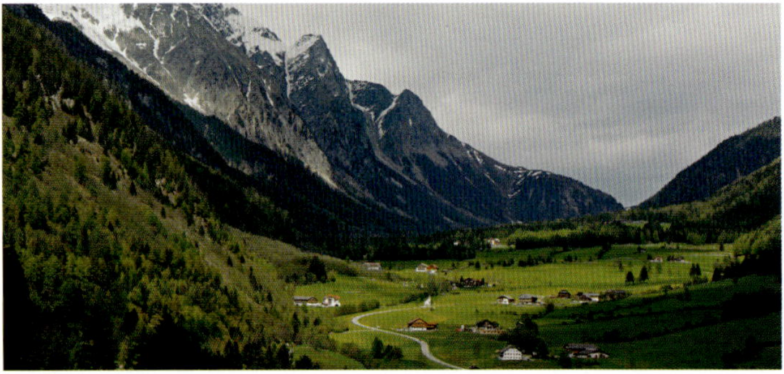

Blick über das dünn besiedelte obere Antholzer Tal Richtung Staller Sattel.

Ausgangspunkt: Wanderparkplatz, 1258 m (Navi: I-39030 Rasen-Antholz, Wieserstraße 163; 46° 51' 48.1'' N, 12° 6' 11.3'' O), beim Beginn der Straße zu den Eggerhöfen, am nördlichen Ortsrand von Antholz-Mittertal (Hst. Bus 431). Zufahrt aus dem Ort auf der St.-Georg-Straße nach Norden, bei der Verzweigung neben dem Sport- und Freizeitgelände halblinks. Wer mit dem Bus 431 (Bruneck – Antholzer See) anreist, steigt gleich nach dem Campingplatz beim Haus Landheim, 1325 m, aus.

Höhenunterschied: 580 m.

Anforderungen: Talwanderung, die etwas Orientierungssinn und Aufmerksamkeit an den nicht durchgehend beschilderten Wegverzweigungen erfordert.

Einkehr: Tiroler Hütte, Restaurant im Biathlonzentrum, mit kurzen Abstechern auch das Seehaus, 1661 m, am Antholzer See oder die Huberalm gegenüber dem Stadion.

Varianten: 1) Mit Bus 431 nach Antholz-Obertal, Hst. beim Haus Landheim (nahe Parkmöglichkeiten beim Campingplatz oder bei der obersten Abzweigung nach Antholz Mittertal, gegenüber der Brücke bei den Glascontainern); am Ende der Wanderung geht man in diesem Fall vom Sportgelände in Mittertal geradewegs ins Dorf hinab, wo sich im Ortszentrum auch eine Haltestelle der Buslinie 431 befindet. 2) Rückfahrt mit dem Bus ab Huberalm. 3) Fahrt per Bus bis zur Huberalm und auf dem beschriebenen Rückweg, dem Franzosensteig, hinab nach Antholz-Mittertal wandern.

Vom **Parkplatz (1)** gehen wir einige Meter zurück und folgen der Straße Richtung Bergerhof; wo dessen Zufahrt links abzweigt, gehen wir nach rechts auf einem Sträßchen weiter, das nach einer Brücke auf die Hauptstraße trifft; der folgen wir für ein Stück nach links.
Beim **Haus Landheim (2)**, Startpunkt, falls man mit dem Linienbus anreist, verlassen wir die Hauptstraße und folgen dem Wegweiser zur Grüblalm auf nur anfangs kurz asphaltiertem Sträßchen, das sich bald in den Wald hinaufschlängelt. Von einigen Rastbänken hat man herrliche Ausblicke, z. B. zum Gemsbichljoch (die linke Scharte im Gebirgskamm gegenüber) und zu den Verbauungen am unteren Klammbach, die massiv verstärkt wurden, nachdem in der Nacht zum 2. August 2005 eine 100.000 m³-Mure ins Tal gedonnert ist. Die Abzweigung zur Grüblalm (Weg Nr. 9) ignorieren wir; 100 m weiter – gegenüber einer Bank – zweigen wir auf einen schmalen Weg ab, gehen kurz bergauf, dann wieder hinab auf einen steilen zweispurigen Wiesenweg. Am **Petzlbach (3)**, auch: Pötzlbach, entlang geht es dann bergauf. Nach einer Wildfütterung gehen wir an einer Baumgruppe vorbei zum Bach, der auf einer Holzbrücke, 1530 m, zwischen zwei

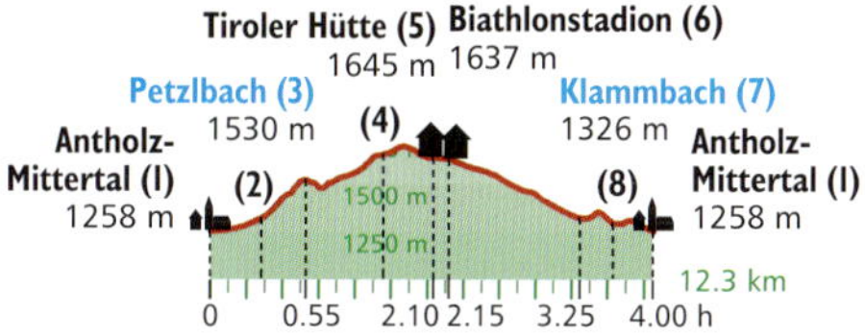

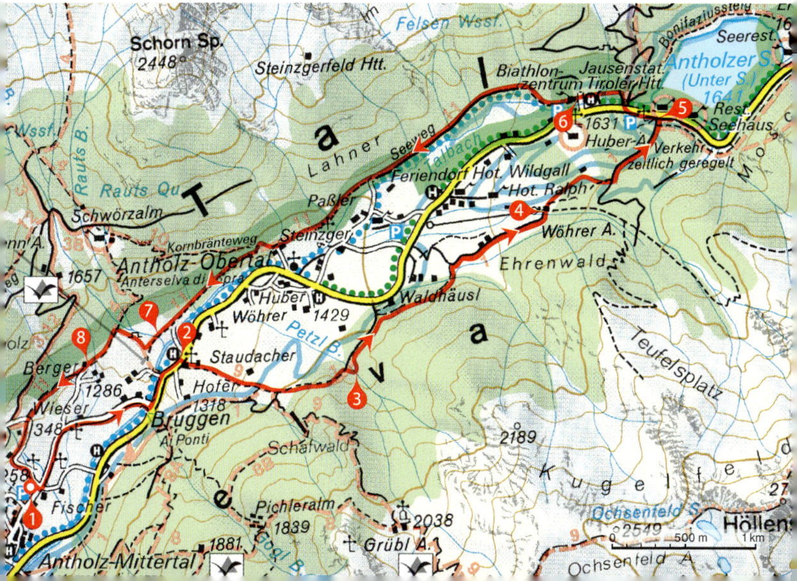

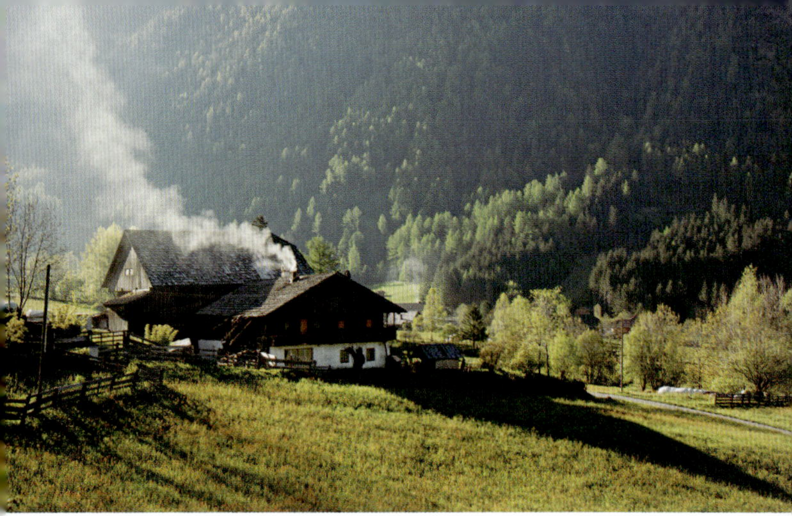

Morgenstimmung zwischen Antholz-Mittertal und -Obertal.

Wehren überquert wird. Auf dem hier relativ hohen Damm passieren wir eine Holzsperre und gehen hinunter zu einer Kiesstraße, der wir in einem Rechtsbogen bergab folgen.

Wo das Sträßchen einen Linksbogen hin zur Hauptstraße beschreibt, zweigen wir rechts ab und gehen durch ein Holzgatter. Wir wandern nun am Waldrand bzw. meist knapp im Wald an einem Holzzaun entlang. Nach einem Holzbrückerl kommen wir auf ein Kiessträßchen. Das leitet nun in einigen Kehren über den Schwemmkegel des Schönbachs hinauf. Wo sich der zuspitzt, folgen wir dem Fahrweg halblinks in den Wald hinein. An den Hütten der **Wöhrer Alm (4)**, 1664 m, und der oberen Umlenkung eines Skilifts vorbei geht es in den Wald und an einem massiven Holzzaun vorbei. Nach einem Steigungsstück nicht geradeaus wieder bergab, sondern scharf nach rechts hinauf (Wegweiser versteckt). Ein Waldpfad führt nun bergauf, bis wir bei ca. 1720 m auf eine Forststraße treffen. Der folgen wir nach links und wan-

Am Schießstand im Biathlonstadion.

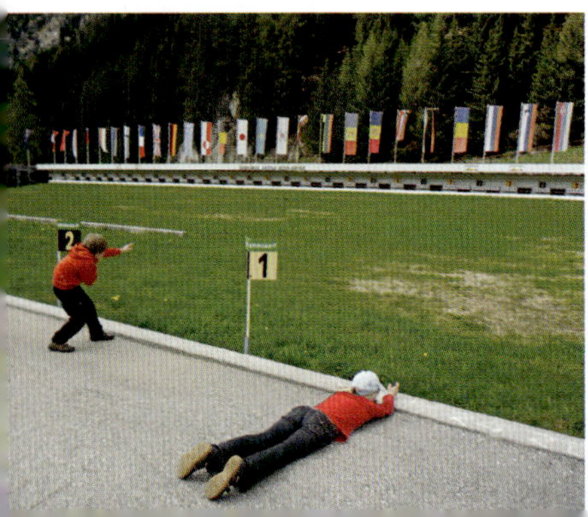

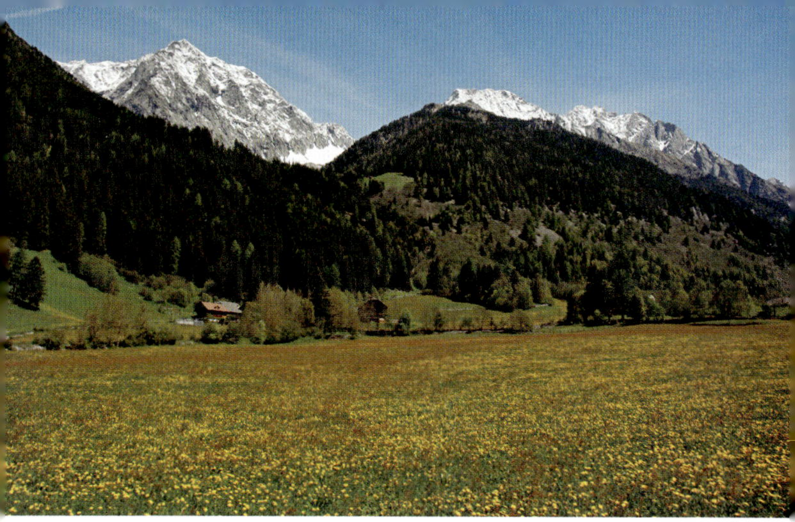

Am Bergerhof in der linken Bildhälfte führt der Rückweg vorbei; darüber der Magerstein.

dern mit leichtem Gefälle und herrlichem Blick auf die Riepenscharte hinab zur Straße. Dort wieder links, kommt man an der **Tiroler Hütte (5)**, 1645 m, vorbei zum **Biathlonstadion (6)**, wo sich Einkehrmöglichkeiten bieten, ebenso – mit kurzem Abstecher – bei der **Huberalm** südlich der Straße.
Wir passieren das Stadiongelände, gehen an dessen westlichem Ende in Richtung Brücke hinunter und folgen dem Weg, der rechts des **Talbaches** talausführt. Vor einer gatterbewährten Bachbrücke gehen wir rechtswinklig nach rechts. Direkt nach Überquerung eines seitlich einmündenden Wildbachs zweigen wir bei einem leicht zu übersehenden Wegweiser (»Antholz-Mittertal«) nach rechts auf einen schmalen Fußweg ab. Kurz vor einem Bauernhof wenden wir uns scharf rechts zu einem Wegweiser-Baum, 1487 m, am Hangfuß. Die Abzweigungen der Wege 10 (»Kornbrentensteig«) und 10a (»Schwörzalm«) lassen wir rechts zurück und folgen stattdessen dem talaus schräg ansteigenden Weg. Der Weg senkt sich bald wieder und leitet hinab zum **Klammbach (7)**.
Der wird in einem Gebiet überschritten, das 2005 von der großen Mure verwüstet wurde. Auf der anderen Bachseite steigt der Weg wieder etwas an, bevor er über eine Wiese und lichten Wald hinabführt zum **Bergerhof (8)** mit netten Gastgebern, die schöne Appartements vermieten. Dort gehen wir zwischen Wirtschaftsgebäude und Garage geradeaus durch und verlassen die Zufahrtsstraße gegenüber dem Spielplatz nach rechts. Ein schmaler Feldweg leitet nun durch saftige Wiesen zu einem Teersträßchen, das nach links zum **Parkplatz (1)** hinabführt.

15 Um den Antholzer See, 1641 m

1.15 Std.

Die Umrundung von Südtirols drittgrößtem See

Auf dem Naturerlebnisweg um den Antholzer See kann man an zahlreichen Stationen viel Interessantes erfahren – die Sage von der Entstehung des Antholzer Sees ebenso wie Wissenswertes zu Geologie, Fauna und Flora. Dabei ist nicht allein Lesen angesagt, auch durch Hören und Fühlen wird den kleinen und großen Wanderern die Natur nahegebracht. Besonders lustig ist schließlich das Zapfenwurfspiel am Südufer des Sees.

Ausgangspunkt: Antholz-Obertal, Parkplatz westlich vom Antholzer See zwischen Huberalm und Tiroler Hütte, 1645 m (Navi: Tiroler Huette, I-39030 Rasen-Antholz, Via Anterselva di Sopra; 46° 53' 2.6'' N, 12° 9' 26.5'' O). Bus 431 von Bruneck/Olang, Hst. Huberalm (gegenüber dem Biathlonstadion).
Höhenunterschied: 60 m.

Anforderungen: Überwiegend problemlose Spazierwege, für einige rauere Wegabschnitte über steilen Uferabschnitten schadet griffiges Schuhwerk nicht.
Einkehr: Platzl am See (Seerestaurant), Enzianhütte (mit kurzem Abstecher), Restaurant Seehaus, am Ausgangspunkt Tiroler Hütte (alle um 1645 m).

Bei der kleinen **Tiroler Hütte (1)** gehen wir auf breitem Weg neben einem eingezäunten Grundstück über den Abfluss des Antholzer Sees. Der Weg verzweigt sich sogleich; wir folgen dem Seeweg nach rechts. Eine Brücke führt über die Mündung des Baches von der Riepenleite. Nach einer Viertelstunde steigt der Weg knapp 20 m an. Im Bereich des Hundskehlbachs quert man eine Lawinenschneise, die eine Schadlawine geschlagen hat, die im Jahr 2000 von den Ohrenspitzen herabgedonnert ist. Bei einem hölzer-

Türkisgrünes Auge: der Antholzer See, 1641 m, gesehen von der Roten Wand, 2818 m (Tour 17). Links unten erkennt man das Seehaus.

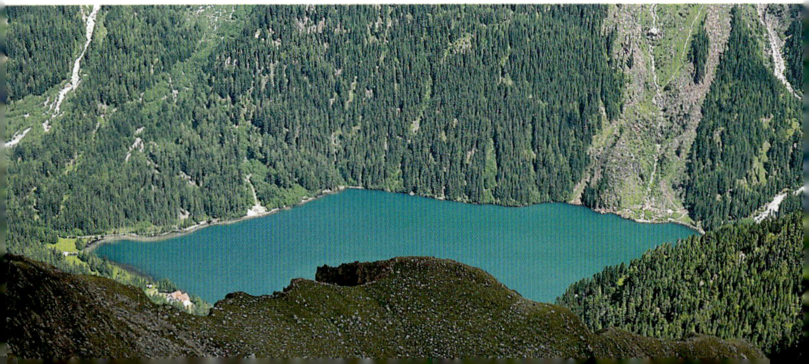

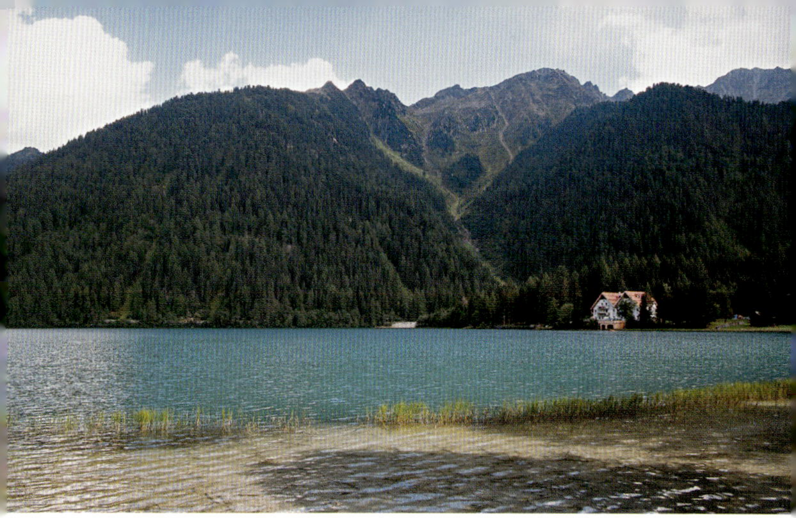

Blick vom Nordwestufer aufs Seehaus, eine der Einkehrmöglichkeiten am Antholzer See.

nen Aussichtssteg wenden wir uns nach links zum Restaurant **Platzl am See (2)**, 1646 m. Über den Parkplatz gelangen wir zur Straße, die wir vorsichtig überqueren.

Sodann gehen wir rechts über eine hölzerne Fußgängerbrücke. Ein reizvoller Wanderweg leitet nun schräg den Hang hinauf und quert – durch ein solides Geländer gesichert – eine sehr steile, bewaldete, stellenweise auch felsige Flanke. Wo sich der Weg wieder der Straße nähert, kann man über diese hinweg einen kurzen Abstecher zu einem kleinen Delta des Rotwandbachs (mit Bademöglichkeit im See) machen.

Auf dem Hauptweg weiter, kommt man zu einer massiven Bank mit schönem Blick auf das Hochgall-Massiv und die Ohrenspitzen. Vor einem Verbotsschild geht es nach rechts über eine Brücke weiter. Im Wald neben der Straße gelangt man schließlich – am Restaurant **Seehaus (3)** vorbei – zurück zur **Tiroler Hütte (1)**.

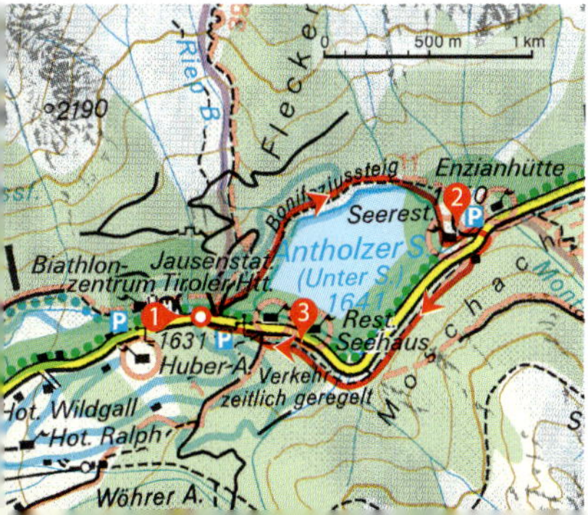

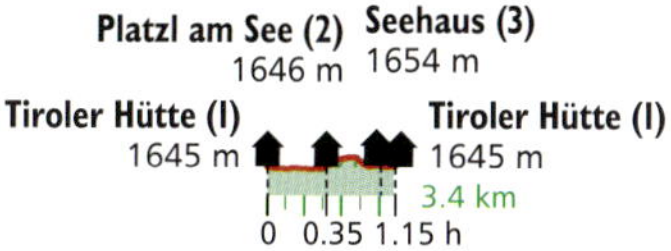

16 Über den Staller Sattel zur Steinzger Alm, bis 2260 m

3.15 Std.

Passlandschaft zwischen Rieserfernergruppe und Deferegger Alpen

Der Staller Sattel trennt das Antholzer Tal in Südtirol vom Defereggental in Osttirol. Und das mit einer recht ungewöhnlichen Topographie: Während die Osttiroler Seite der Passhöhe von einer flachen Landschaft – der Staller Alm – geprägt wird, ist die Südtiroler Seite so steil, dass sie bis heute nur von einer einspurige Straße überwunden wird. Wir steigen über diese Geländestufe auf einem netten Wanderpfad zur Passhöhe an, um dann oberhalb der Waldgrenze durch eine einsame, »nordisch« anmutende Berglandschaft zu wandern. Beim Abstieg lockt dann die Steinzger Alm (auch: Montalalm) zu einer Einkehr.

Ausgangspunkt: Parkplatz beim Seerestaurant Platzl am See, 1646 m (Navi: I-39030 Rasen-Antholz, Obertalerstr. 39; 46° 53' 13.4'' N, 12° 10' 28.2'' O) am Ostende des Antholzer Sees. Zufahrt durch das Antholzer Tal (auch Bus 431 von Bruneck/Olang).

Höhenunterschied: 640 m.

Anforderungen: Streckenweise ein wacher Blick für den nicht immer deutlichen Pfad, insbesondere am Rücken zwischen dem Ackstallbach und Oberen Steinzger Alm ist Orientierungssinn gefragt (nicht bei Nebel gehen!).

Einkehr: Hexenschenke an der Passhöhe, 2052 m; Untere Steinzger (Montal-) Alm, 1891 m; Enzianhütte beim Parkplatz.

Variante: Nach 20 Minuten kann man dem rechts abzweigenden Zufahrtssträßchen zur Steinzger Alm folgen; von dort auf dem Hauptwanderweg wieder zurück (insgesamt 1½ Std.).

Vom Parkplatz beim **Platzl am See (1)** überqueren wir die Straße und folgen dem gekiesten Weg, der (talein blickend) rechts der Straße abzweigt. Knapp 100 Meter, nachdem wir die Enzianhütte (auf der anderen Straßenseite) passiert haben, zweigt kurz vor einem Bach der Weg zum Staller Sattel (Mark. 11) nach links ab. Diesem folgen wir – zunächst flach talein, dann zunehmend steil bergan. Den Zufahrtsweg zur Steinzger Alm ignoriert man (außer man belässt es bei der kurzen Runde der Variante und steuert die Alm auf einfachstem Wege an). Mehrmals trifft der Weg auf die Staller-Sattel-Straße; dann gilt es, nach der Wegfortsetzung auf der gegenüberliegenden Straßenseite Ausschau zu halten, was meist schnell von Erfolg gekrönt ist. Am **Staller Sattel (2)**, 2052 m, kann man sich bei der **Hexenschenke** stärken.

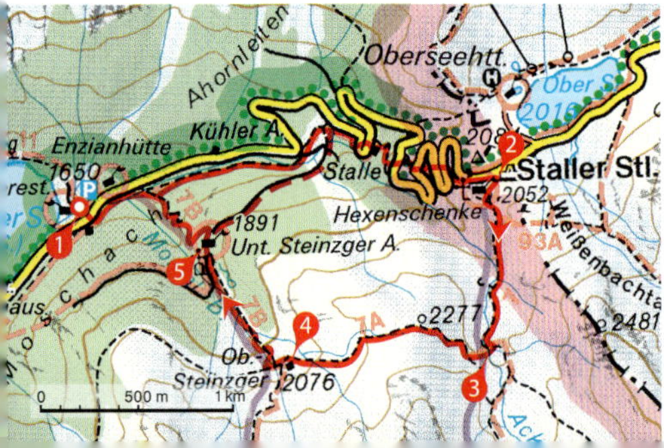

Vom Pass weg folgen wir dem Wegweiser zur Ro-

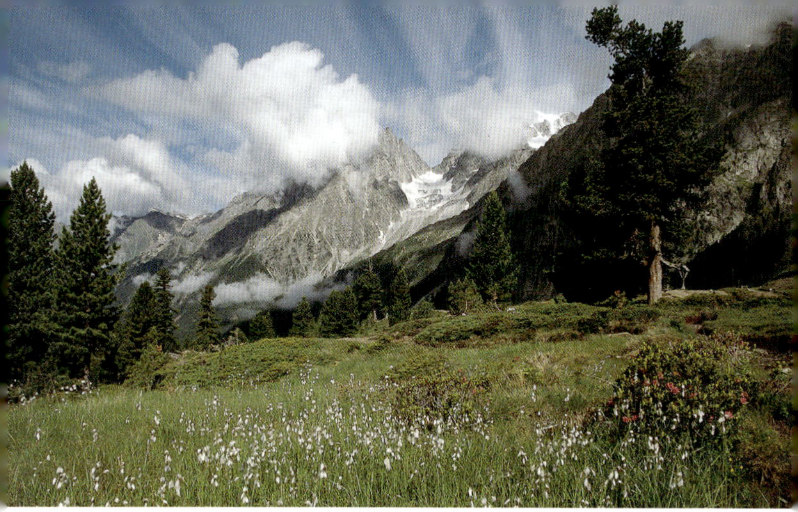

Wollgras und Almrosen nahe dem Staller Sattel. Blick auf die Schwarze Scharte zwischen den wolkenverhangenen Gipfeln Wildgall (links) und Hochgall (rechts).

ten Wand auf den Weg Nr. 7 nach Süden. Den links abzweigenden Weg zum Hinterbergkofel ignorieren wir. Durch das Tal des Ackstallbaches wandern wir talein, bis unser Weg 7a über eine **Brücke (3)**, 2176 m nach rechts abzweigt. Nach einer ansteigenden Hangquerung und einem Linksbogen führt der Pfad über einen **Geländerücken**, 2260 m, und wird dabei immer undeutlicher. Im Abstieg steuern wir eine kleine Hirtenunterkunft, die **Obere Steinzger Alm (4)**, 2076 m, an. Die schaut aus, als wäre sie von einer Lawine plattgemacht worden – ist sie aber nicht, im Gegenteil: Sie wurde so geduckt gebaut, dass Lawinen darüberrauschen können, ohne dem Gebäude etwas anhaben zu können. Weiter talab geht es dann zur **Unteren Steinzger Alm (5)**, auch: Montalalm, 1891 m, wo man es sich jetzt, so kurz vor Schluss der Wanderung, ohne Reue richtig gut gehen lassen kann. Der beschilderte Abstieg über den bewaldeten Talhang erfordert zwar noch einen einigermaßen sicheren Tritt, aber kaum mehr Kondition.

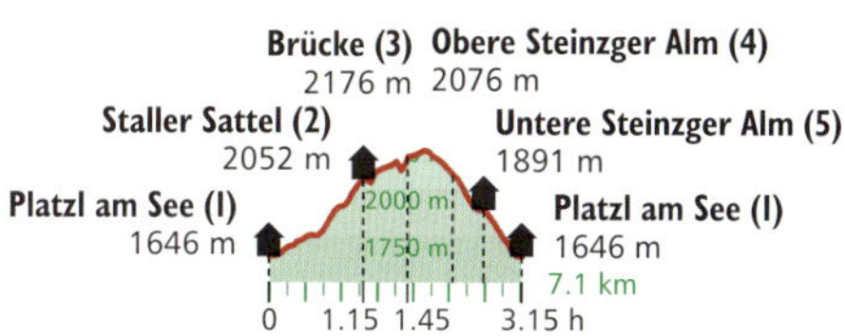

17 Rote Wand, 2818 m

4.15 Std.

Auf den höchsten Berg zwischen Antholz und Gsies

Die Rote Wand liegt direkt gegenüber den gigantisch hohen Südabstürzen von Hochgall, Wildgall und Magerstein – alles ausgewachsene Dreitausender, die in mancher Hinsicht schon an die Westalpen erinnern. Unserem Gipfel fehlen zwar knapp 200 m zur magischen 3000er-»Schallmauer«, dafür kann man ihn aber bequem an einem Tag besteigen; auf der hier vorgestellten Route vom Staller Sattel reicht sogar ein guter halber Tag. Wer für den Abstieg einen anderen Weg wählen will, kann auch direkt zum Antholzer See hinabwandern und dann die an der Ampel wartenden Autofahrer um eine Mitfahrgelegenheit zum Abholen der Benzinkutsche am Pass bitten. Wer diese Variante von Haus aus plant, lässt sein Auto gleich am See und organisiert schon morgens eine Mitfahrgelegenheit zum Staller Sattel.

Ausgangspunkt: Staller Sattel, 2052 m (Navi: I-39030 Rasen-Antholz, Staller-Sattel-Straße; 46° 53' 15.3'' N, 12° 11' 57.6'' O), begrenzte Parkmöglichkeiten am Pass selbst, größere Parkflächen etwas östlich des Passes bei der Abzweigung zur Oberseehütte. Für die Abstiegsvariante ggf. beim Platzl am See parken. Zufahrt durchs Antholzer Tal (Bus 431 von Bruneck/Olang nur bis zum Antholzer See) oder durchs Osttiroler Defereggental (Postbus 953 von Huben zur nahen Oberseehütte).

Höhenunterschied: 780 m.

Anforderungen: Bergwanderung, die etwas Kondition und am Gipfel auch Trittsicherheit erfordert.

Einkehr: Am Ausgangspunkt die Hexenschenke; bei der Abstiegsvariante die Untere Steinzger (Montal-)Alm, 1891 m.

Variante: Wer nicht zum Ausgangspunkt zurückmuss, kann auch direkt zum Antholzer See absteigen. Dazu geht man vom Gipfel ein kurzes Stück nach Westen und folgt dann dem Steig, der nach Norden über eine steile Halde hinab zu grünen Bergmatten führt (dort stellenweise nur sehr schwache Pfadspuren, der richtige Weg tendiert nach rechts). Von der Oberen Steinzger Alm geht es schließlich hinab zur bewirtschafteten Unteren Steinzger Alm, 1891 m, und von dort über den Hüttenpfad zum Parkplatz beim Platzl am See.

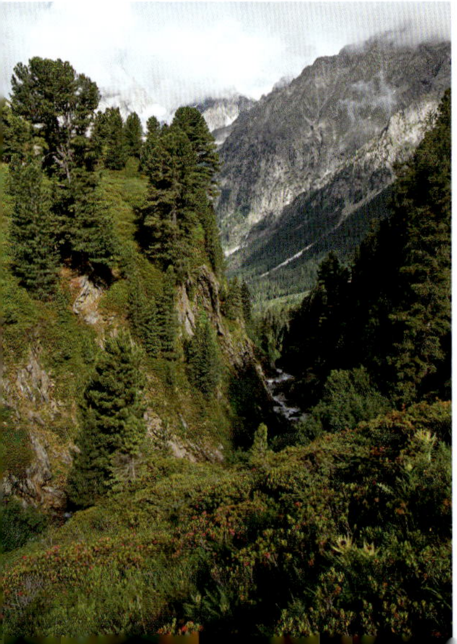

Almrosen nahe dem Staller Sattel, Blick auf den Ackstallbach.

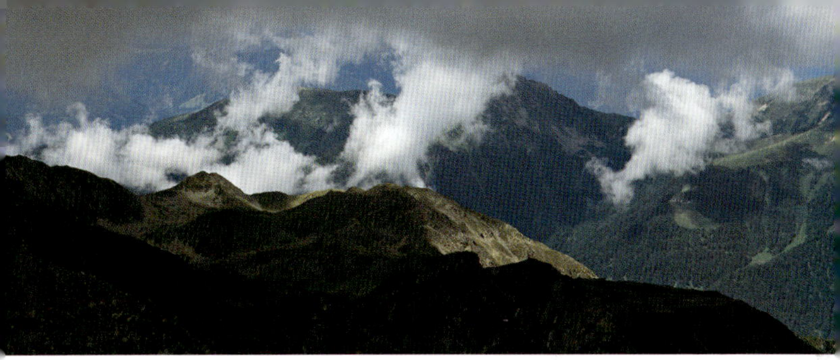

Am Gipfel – auch durchwachsenes Wetter kann faszinierende Stimmungen bieten.

Am **Staller Sattel (1)**, 2052 m, folgen wir dem Wegweiser zu unserem Gipfelziel nach Süden. Den links abzweigenden Weg zum Hinterbergkofel ignorieren wir. Ein angenehmer Bergweg führt zum Ackstallbach. Der Weg 7a, der über eine Brücke, 2176 m, nach rechts abzweigt, bleibt unberücksichtigt. Wir wandern weiter talein ins weite Becken der **Staller Alm**. Dort beschreibt der Weg einen großzügigen Rechtsbogen. An einer **Wegverzweigung (2)** bleibt der Weg 10 zur Hexenscharte links zurück. Nach einem Linksknick des Weges und einem etwas steileren Streckenabschnitt gelangen wir schließlich nach rechts über einen Felsrücken hinauf zum Gipfelkreuz auf der **Roten Wand (3)**, 2818 m.

Auf dem Anstiegsweg kehren wir zurück zum **Staller Sattel (1)**.

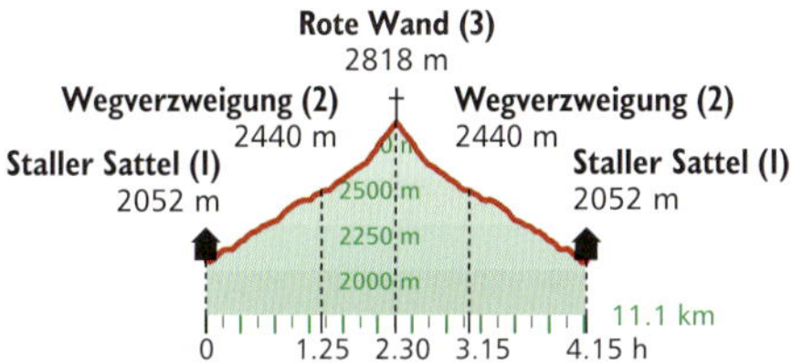

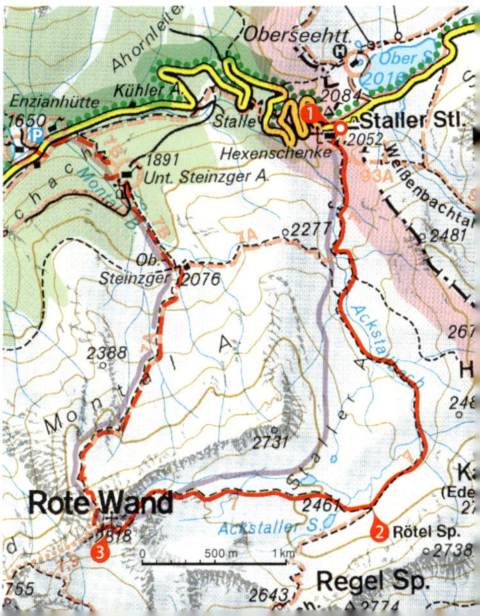

18 Hinterbergkofel, 2727 m, vom Staller Sattel

3.45 Std.

Vom Obersee durchs einsame Weißenbachtal

Wer eine Bergtour auf einen hohen, aussichtsreichen Gipfel unternehmen, aber nach wenigen Stunden wieder zurück sein will, ist hier richtig. Dank dem hohen Ausgangspunkt am Staller Sattel kann man die Tour gleich an der Waldgrenze beginnen und hat von Anfang an einen tollen Blick auf die Rieserfernergruppe. Trotz der Vorteile dieser Tour muss man das Erlebnis nur selten mit anderen Wanderern teilen, die meisten Staller-Sattel-Touristen bewegen sich nämlich lieber motorisiert fort und steigen am Pass allenfalls kurz aus dem Auto aus (oder vom Motorrad ab).

Ausgangspunkt: Unbefestigte Parkplätze, 2020 m, knapp östlich des Staller Sattels, bei der Abzweigung zur Oberseehütte (Navi: A-9963 St. Jakob in Defereggen 65; 46° 53' 19.7'' N, 12° 12' 17.2'' O); Zufahrt durchs Antholzer Tal über den Staller Sattel oder durchs Osttiroler Defereggental (Postbuslinie 953 von Huben zur Oberseehütte).
Höhenunterschied: 720 m.

Anforderungen: Streckenweise undeutlicher, teils rauer Bergweg; das Pfadfinden kann stellenweise eine gewisse Herausforderung darstellen, die Orientierung im Gelände ist bei guter Sicht aber nicht sonderlich schwierig.
Einkehr: Unterwegs keine; nördlich vom Ausgangspunkt die Oberseehütte, 2016 m, Tel. +43 680 1182971; am Staller Sattel die Hexenschenke, 2052 m.

Am Anstiegsweg – Blick auf Staller Sattel (links), Obersee und Almerhorn (rechts).

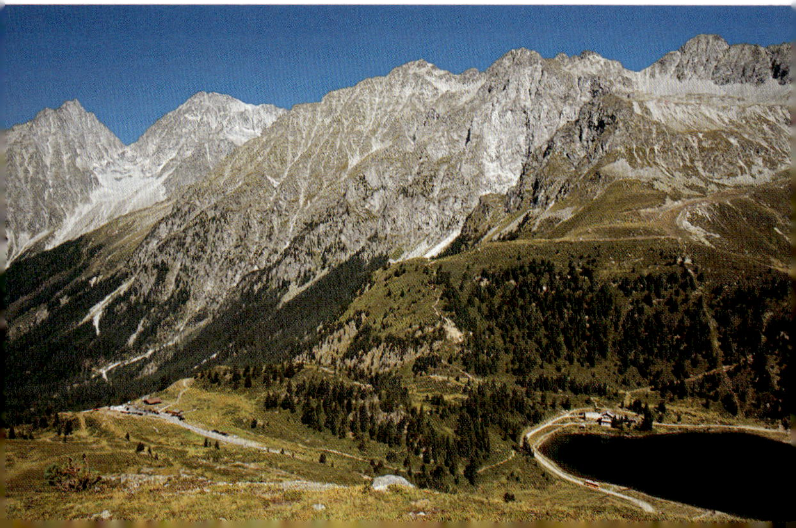

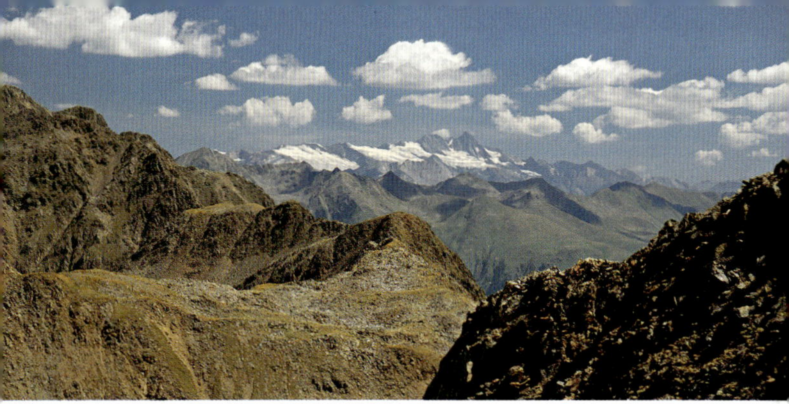

Knapp unter dem Gipfel – am Horizont der Großglockner (die rechte Felsspitze).

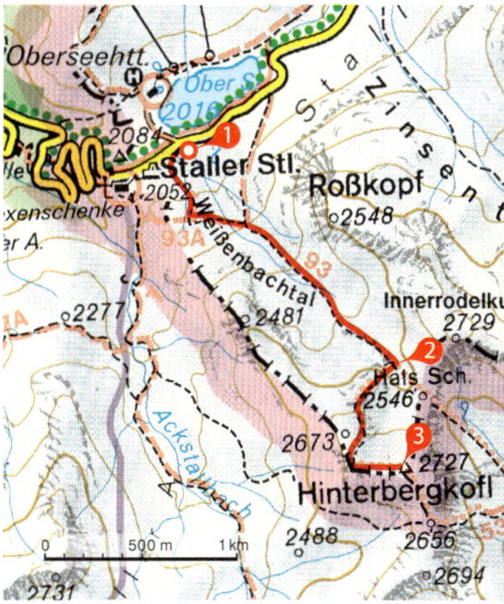

Beim **Parkplatz (1)** gegenüber der Straßenabzweigung zur **Oberseehütte** hält man auf die einzäunten Schilder »Halsscharte« und »Hinterbergkofel« zu, die rund 25 m Richtung Passhöhe südlich der Straße stehen. Dort setzt ein schwach ausgeprägter Pfad an, der schräg nach rechts hinaufführt. Rot-weiß-rote Markierungen an Steinen sollen helfen, durch die Almrosenbestände zu navigieren. Bald treffen wir auf die Wegvariante vom Staller Sattel, halten uns links und gelangen so ins **Weißenbachtal**. Dem folgt der Pfad talein. In einer Flachpassage verlaufen sich die Trittspuren etwas, die folgende Talstufe wird aber wieder auf eindeutigem Pfad überwunden. Der Weg hält nun auf die Halsscharte zu. Bei einer markierten **Verzweigung (2)**, ca. 2510 m, halten wir uns dann aber rechts. Unser Pfad leitet nun durch ein Hochkar auf einen **Geländerücken**, über den man schließlich ohne Schwierigkeiten auf den **Hinterbergkofel (3)**, 2727 m, gelangt. Am Anstiegsweg zurück.

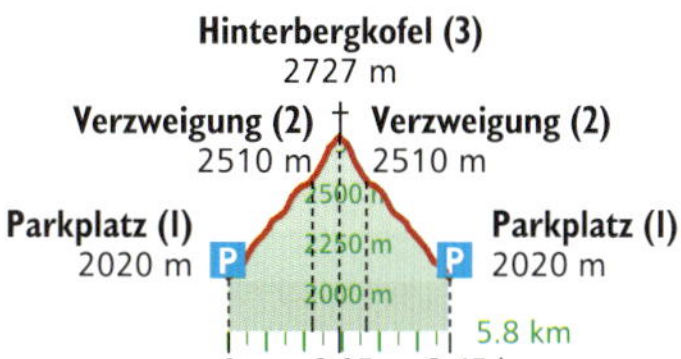

19 Obersee und Staller Sattel, 2052 m

1.00 Std.

Umrundung eines hochgelegenen, sagenumwobenen Sees

Das hinterste Antholzer Tal wird vom Staller Sattel begrenzt. Direkt östlich der Passhöhe liegt in einer schottisch anmutenden Landschaft der 25 m tiefe Obersee. Hier hinterließen schon sehr früh Menschen ihre Spuren: In der Umgebung des Sees – am Hirschbühel – ist man auf Steingeräte und Waffenteile aus der Mittelsteinzeit gestoßen. Neben diesen bis zu 8000 Jahre alten Fundstücken erscheint der 1999 im Obersee entdeckte Einbaum direkt jung: Das in 8 m Tiefe gelegene, gut 3 Meter lange Zirbenholzboot stammt aus dem frühen 11. Jahrhundert, ist also »nur« eintausend Jahre alt. Der karolingisch/ottonische Einbaum vom Obersee gilt als das Schiff mit der höchstgelegenen Fundstelle Europas.

Ausgangspunkt: Parkplätze, 2020 m, östlich des Staller Sattels, bei der Abzweigung zur Oberseehütte (Navi: A-9963 St. Jakob in Defereggen 65; 46° 53' 20.6'' N, 12° 12' 15.4'' O); Auffahrt von der Enzianhütte beim Antholzer See immer ab der halben Stunde, Talfahrt ab Passhöhe ab der vollen Stunde, jeweils für 15 Minuten; Nachtsperre. Buslinie 953 von Huben zur Oberseehütte.
Höhenunterschied: 50 m.
Einkehr: Oberseehütte, 2020 m, Tel. +43 680 1182971; Hexenschenke am Pass, 2052 m.

Vom **Parkplatz (1)** streben wir gleich mal auf das **Seeufer** zu und folgen dort dem Weg nach rechts. Immer nahe dem Wasser spazieren wir nun um den größten Teil des Sees herum. Bei der **Oberseehütte (2)**, 2020 m, werden die

Die Oberseehütte ist von Mitte Mai bis Ende Oktober geöffnet.

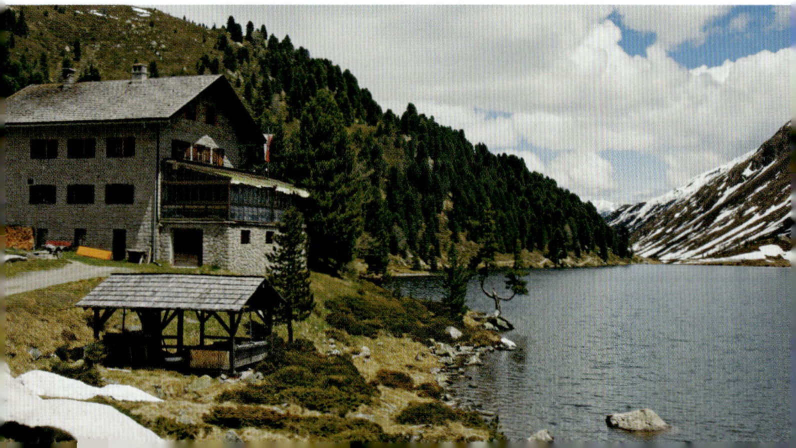

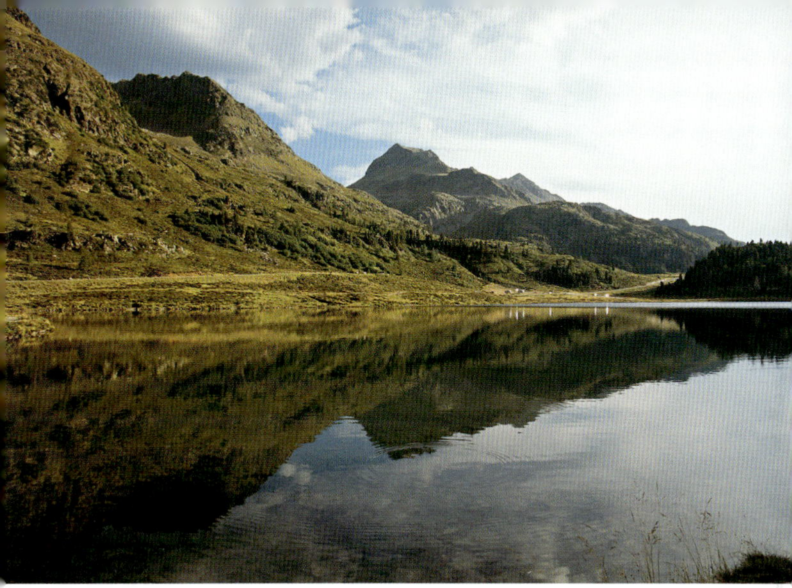

Am Ostufer des Obersees. Blick zum Parkplatz am Fuße des Staller Sattels.

wenigsten Wanderfreunde einer Einkehr widerstehen können. Von dort nehmen wir den Weg, der oberhalb des Parkplatzes ansetzt. Dabei lassen wir uns vorübergehend von der Wegweisung Richtung Almerhorn leiten und wandern auf einem guten Sandweg in wenigen Minuten zu einem kleinen Sattel hinauf. Dort verlassen wir den Almerhornweg nach links zum unübersehbaren **Heldenkreuz**, 2058 m.
Auf unscheinbaren Pfadspuren geht es dann in die dahinterliegende Senke. Die verlassen wir auf dem Pfad, der am nächsten Geländebuckel nach rechts hinaufquert. An einer verlassenen militärischen Stellung vorbei gelangt man so zum Straßenübergang am **Staller Sattel (3)**, 2052 m.
Nun braucht nur der Fahrer das kurze Stück an der Straße entlang zum Ausgangspunkt hinabzugehen, um das Auto zu holen. Am Sattel treten wir dann innerhalb der ersten Viertelstunde nach jeder vollen Stunde die (Rück-)Fahrt ins Antholzer Tal hinab an.

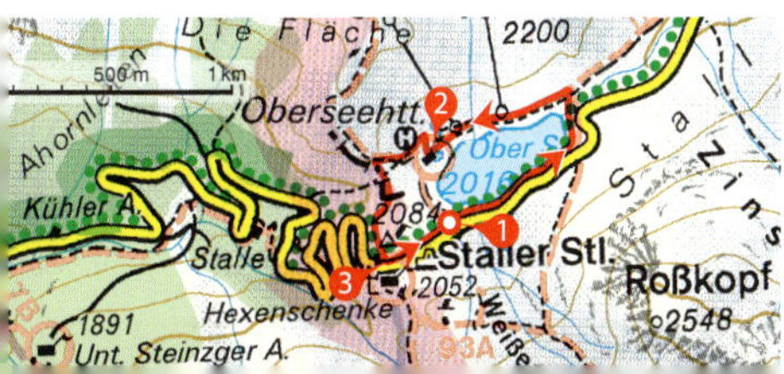

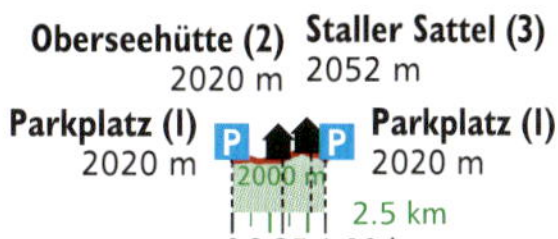

20 Lenkstein, 3236 m

2 Tage

Rassige Tour auf ein hochalpines Gipfelziel

Der Lenkstein gehört zu den alpinen Highlights dieses Wanderführers – eine richtig »satte« Bergtour, die schon Anklänge einer Hochtour aufweist. Die Route auf den Lenkstein ist lang, anspruchsvoll und hochalpin! Für die Mühen wird man aber reichlich belohnt durch das eindrucksvolle Erlebnis ungezähmter, rauer Hochgebirgslandschaft und durch eine Aussicht, die ihresgleichen sucht – sie reicht bei klarer Luft im Osten bis zum Großglockner und zu anderen Kärntner Gipfeln, im Westen bis zu einigen Schweizer Eisriesen.

Bergsteiger nahe der Roßhornscharte – ohne Schwindelfreiheit geht hier nichts ...

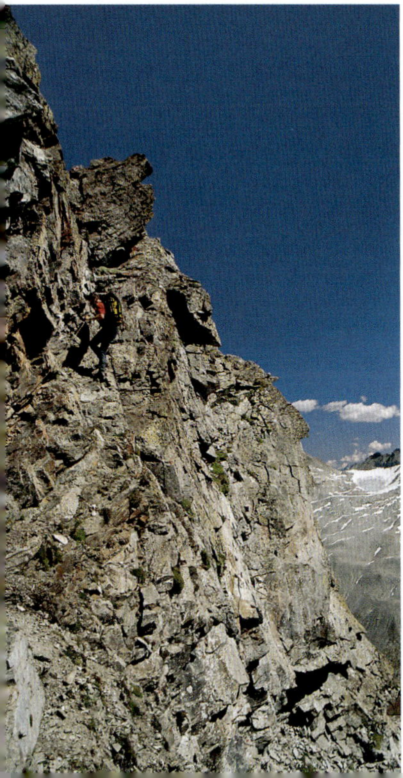

Ausgangspunkt: Parkplätze bei der Tiroler Hütte, 1645 m (Navi: Tiroler Huette, I-39030 Rasen-Antholz, Via Anterselva di Sopra; 46° 53' 2.6'' N, 12° 12' 7.5'' O) zwischen Huberalm (bzw. dem Biathlonzentrum) und westlichem Ende des Antholzer Sees. Zufahrt durchs Antholzer Tal; Bus 431 von Bruneck über Olang.
Höhenunterschied: 2200 m.
Anforderungen: Hochalpine Bergtour, die sehr gute Kondition sowie absolute Trittsicherheit im Fels und auf Firn verlangt. Die mit alten Sicherungen versehene Steilstufe unter der Roßhornscharte erfordert Felsgewandtheit und Schwindelfreiheit, der Gipfelaufbau darüber hinaus etwas Kletterfertigkeit (I+).
Einkehr/Übernachtung: Barmer Hütte, 2610 m, DAV, Tel. +43 664 9489413 oder +39 346 9868673, www.barmerhuette.at, auf jeden Fall Übernachtung einplanen (Reservierung nur telefonisch); am Ausgangspunkt: Tiroler Hütte, 1645 m.
Variante: Wer am Lenksteinjoch seine konditionellen Grenzen erreicht hat oder das folgende ungesicherte Felsgelände scheut, geht vom Joch nach links in wenigen Minuten ohne Probleme weglos auf die Schuttkuppe links davon – und hat so mit dem Fenner Eck auch einen Dreitausender bestiegen. Beim Abstieg gehen wir auf schwachen Steigspuren nahe der Geländekante kurz nach Osten hinab, noch deutlich vor der Senke links und stoßen sogleich wieder auf den Anstiegsweg.

1. Tag (↑1200 Hm / ↓250 Hm): Von der Jausenstation **Tiroler Hütte (1)** gehen wir auf breitem Weg neben einem eingezäunten Grundstück über den Abfluss des Antholzer Sees. Der Weg verzweigt sich sogleich; wir folgen dem geradeaus führenden Weg. Über zwei Asphaltbänder (worauf im Sommer Langläufer auf Rollen trainieren, im Winter Loipen angelegt sind) geht es geradeaus hinweg und auf dem Wanderpfad mit der Markierung 39 in den Wald. Der trifft bald auf einen Fahrweg, den wir aber nur für wenige Meter tangieren: wir folgen nicht der Kehre nach rechts, sondern gehen über ein Bächlein hinweg geradeaus in den Wald (Mark. 39 an Baum). Nach weiteren Pfadabkürzungen geht es schließlich doch nur noch auf dem Fahrweg weiter, und zwar sanft aufwärts nach rechts. 30 m nach einer **Bachfurt** folgen wir dem nach links hinaufführenden Fahrweg – aber nur gut 50 m, bis vor einer weiteren Furt unser Weg nun endgültig als Wanderpfad nach rechts abzweigt, markiert durch eine »39« und einen weißen Pfeil auf einem Stein. Der Weg leitet nun durch immer lichteren Wald aufwärts. Im freien Gelände quert der Weg unter einem einladend wirkenden Kar scheinbar unmotiviert nach links. Erst hinter einem wuchtigen Felskamm zieht der nun recht steinige Pfad nach rechts hinauf. Über ein Meer von Felssturzblöcken

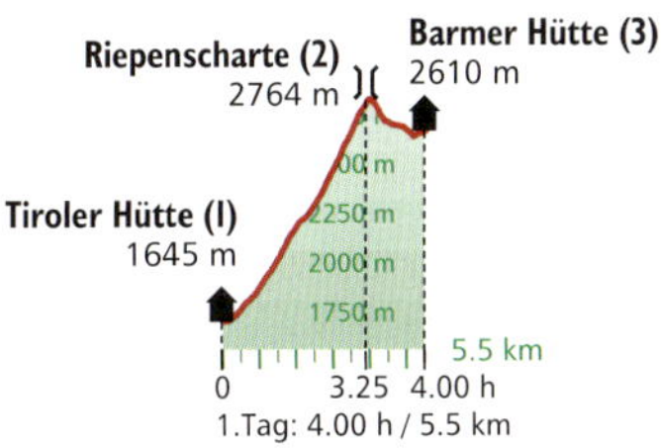

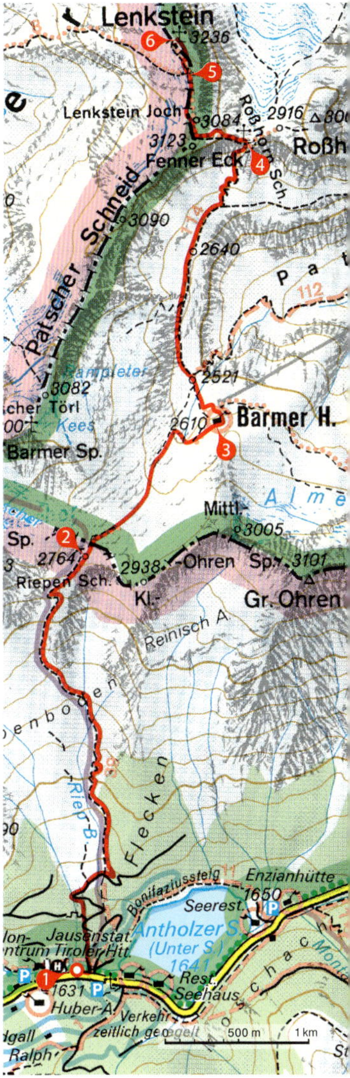

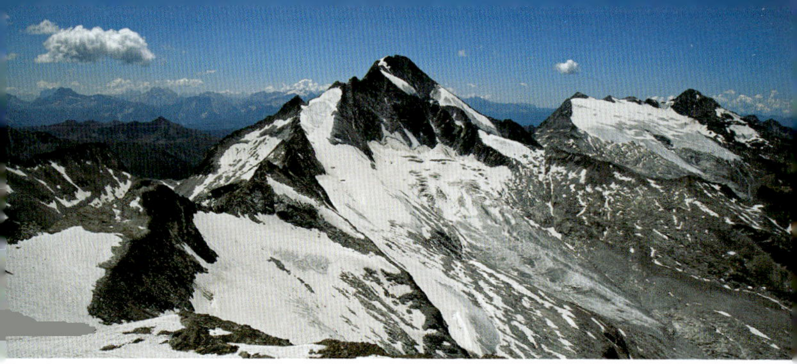

Blick vom Lenkstein auf Hochgall (Mitte), Magerstein, Fernerköpfl und Schneebigen Nock.

gewinnt man mühsam an Höhe, bevor – überragt von der Kleinen Ohrenspitze – an der **Riepenscharte (2)**, 2764 m, der höchste Punkt des ersten Tourentags erreicht ist. Jenseits folgen wir exakt den Steigspuren und Markierungen über das schuttbedeckte Toteis der ehemaligen Zunge des Patscher Kees auf die gegenüberliegende Talseite, 2640 m. Nahe der Hütte queren wir dann das ehemalige Gletscherbett, 2588 m, und erreichen über grobes Geschiebe die **Barmer Hütte (3)**, 2610 m.

2. Tag (↑1050 Hm / ↓2000 Hm): Am nächsten Tag gehen wir entweder auf diesem letzten Wegstück zurück oder nehmen den neueren Abkürzungsweg, der etwas weiter talab den Bach überquert. In beiden Fällen müssen wir darauf achten, den Talweg mit dem Weg Nr. 8 nach links zu verlassen. An den **Grundmauern** der alten Hütte, 2521 m, vorbei starten wir somit auf eine längere Querung durch die Hänge unter der Patscher Schneid nach Norden – direkt auf eine Felsflanke zu. Vor einer ersten Felswand weichen wir nach rechts aus und werden über ein Felsband geleitet. Neben einem Graben geht es dann durch Schrofengelände zu den ersten Sicherungen; die geben im weiteren Verlauf die Route vor. An etwas improvisierten Halteseilen wird eine meist feuchte Rinne nach rechts gequert, dann geht es über eine steile, gesicherte Rampe um eine Rippe herum, die man sich für den Abstieg gut einprägen sollte. Das gilt auch für den Ausstieg an der **Felskante (4)**, ca. 2930 m, oberhalb der **Roßhornscharte**, 2916 m. Dort angekommen, wenden wir uns nach links, passieren eine Schuttkuppe und

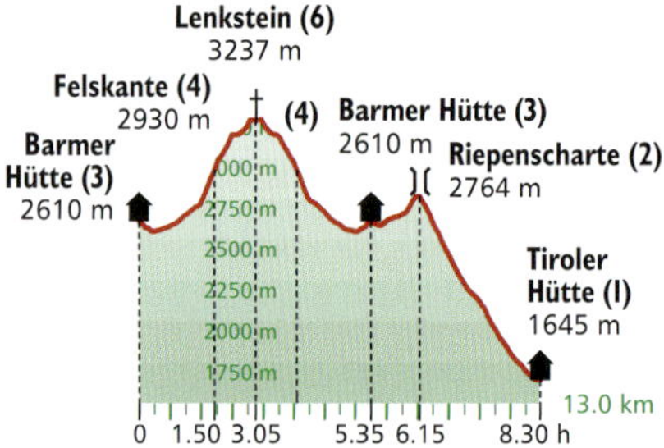

2. Tag: 8.30 h / 13.0 km

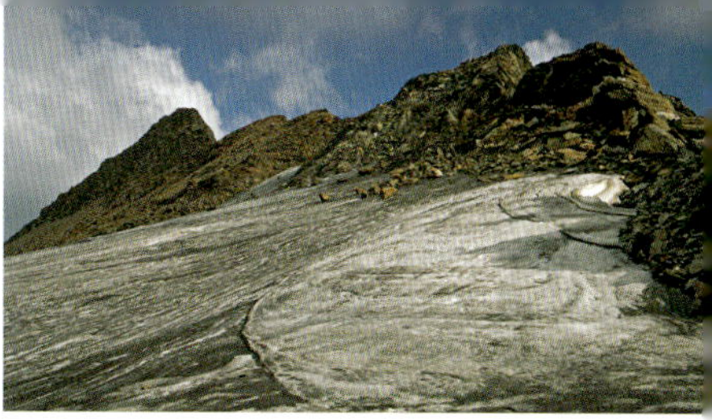

Links der Gipfel, davor das kleine Eisfeld.

streben nach einer Senke auf gutem Plattenweg über einen oft mit Schneeresten durchsetzten Schutthang zum **Lenksteinjoch (5)**, 3082 m, hinauf. Die Kuppe links davon ist das Fenner Eck (Variante).
Wir wenden uns am Joch nach rechts. Einem ersten Felsaufschwung weichen wir nach links aus (wenig auffällige Markierung), nach einigen Metern Abstieg queren wir wieder hinauf zur Kammlinie. Vor einem wuchtigen, Respekt einflößenden Felsaufschwung leitet ein stellenweise exponierter, nicht gesicherter Felspfad in die rechte Flanke. Nach einigen kurzen Kraxelstellen gelangt man zum **Wegweiser** am höchsten Punkt, 3171 m des alten Hartdegen-Wegs, des Übergangs zur Kasseler Hütte. Den verlassen wir nun nach rechts und gehen am oberen Rand des spaltenlosen Firnfeldes nach Norden (bei starker Ausaperung Eis, dann Grödel oder Steigeisen montieren!). Kurz vor dem Fuß des Lenksteingipfels steigen wir (am besten über einen kleinen Firnhang) nach rechts auf den nahen **Südgrat** hinauf. Diesem folgen wir nun (stellenweise ausgesetzt) und überwinden mit einer 2 m hohen, senkrechten Felsstufe (I+) die Schlüsselstelle. Der Grat wird bald flacher, die letzten Meter zum Gipfel des **Lenksteins (6)**, 3236 m, sind dann purer Aussichtsgenuss!
Der **Abstieg** erfolgt auf dem Anstiegsweg, wobei man die Felsstufe der Schlüsselstelle am Grat besser nicht zu knapp an der sehr steil abfallenden Ostflanke bewältigt. Aufmerksamkeit erfordert auch das Auffinden der Route durch die Felsflanke nahe der Roßhornscharte.

Tiefblick vom Lenkstein-Südgrat auf die östlich darunter gelegenen Reste des Fleischbachkees.

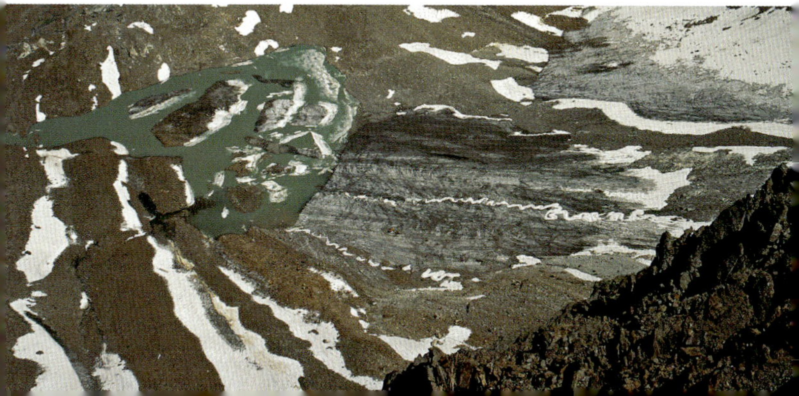

21 Almerhorn, 2985 m

7.15 Std.

Alpine Tour mit Abstieg über die Barmer Hütte ins Defereggental

Eine großzügige, abwechslungsreiche Runde durch hochalpine Landschaft ist diese Tour! Nach einem stellenweise felsigen Aufstieg folgt eine Querung durch einst vergletschertes Gebiet zu einer Perle von Alpenvereinsunterkunft, der Barmer Hütte. Der Abstieg führt durchs Patscher Tal zurück in die Waldzone, wo Wanderer zum Schluss von einem rauschenden Bach begleitet werden. Wem die Tour für einen Tag zu stramm ist, der übernachtet auf der Barmer Hütte. Dann braucht man nicht gar so früh aufzubrechen und kommt am zweiten Tag früh genug ins Tal, um die Wartezeit auf den Bus im gemütlichen Gasthof Alpenrose in Erlsbach verbringen zu können.

Ausgangspunkt: Oberseehütte, 2020 m (A-9963 St. Jakob in Defereggen, Oberrotte 65; 46° 53' 28.9'' N, 12° 12' 7.5 O), nahe dem Staller Sattel. Zufahrt vom Antholzer See immer ab der halben Stunde, Talfahrt ab Passhöhe immer ab der vollen Stunde, jeweils für 15 Minuten; Nachtsperre. Endstation der Postbuslinie 953 von Huben in Osttirol.

Endpunkt: Talstraße bei Erlsbach, 1555 m. Von dort Busrückfahrt (15:20 Uhr Richtung Oberseehütte).

Anforderungen: Trittsicherheit in schrofigem Steilgelände, für den Aufstieg zur Jägerscharte etwas Felsgewandtheit, für den Steig Jägerscharte – Barmer Hütte ein waches Auge für den richten Wegverlauf (Steig nicht verlassen, was bei Nebel schwierig, aber umso wichtiger ist!).

Höhenunterschied: 1030 m im Aufstieg, 1500 m im Abstieg.

Einkehr: Barmer Hütte, 2610 m, DAV, Tel. Hütte +43 664 9489413, www.barmerhuette.at; Alpengasthof Patsch, 1675 m, www.alpengasthof-patsch.at, Tel. +43 676 5299148; Oberseehütte, 2020 m.

Tipp: Sehr früh aufbrechen, um ohne Zeitnot den Bus zum Ausgangpunkt erreichen zu können!

Variante: Zu Fuß zum Ausgangspunkt zurück, indem man kurz vor Tourende die Schwarzach nach rechts verlässt und über den Weg 113 zur Staller Alm und weiter zur Oberseehütte aufsteigt (ca. 1½ Std. zusätzlich).

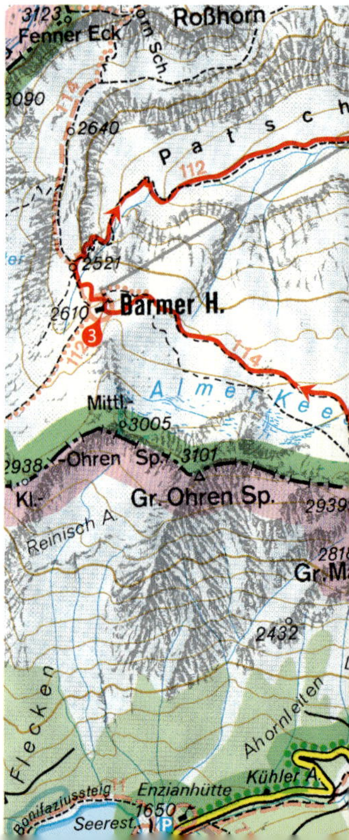

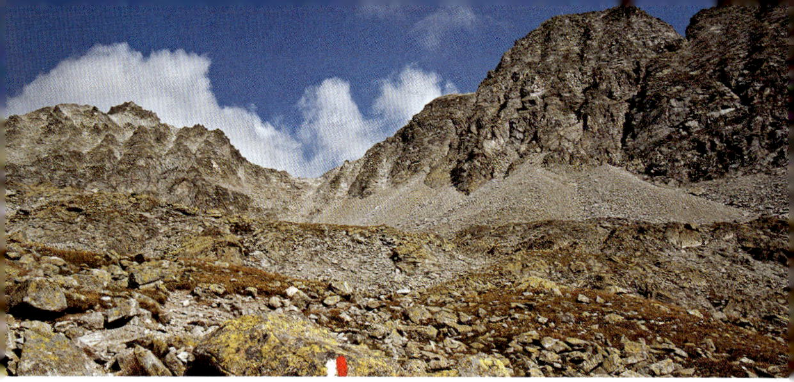

Am Anstiegsweg zur Jägerscharte (in Bildmitte, rechts darüber das Almerhorn).

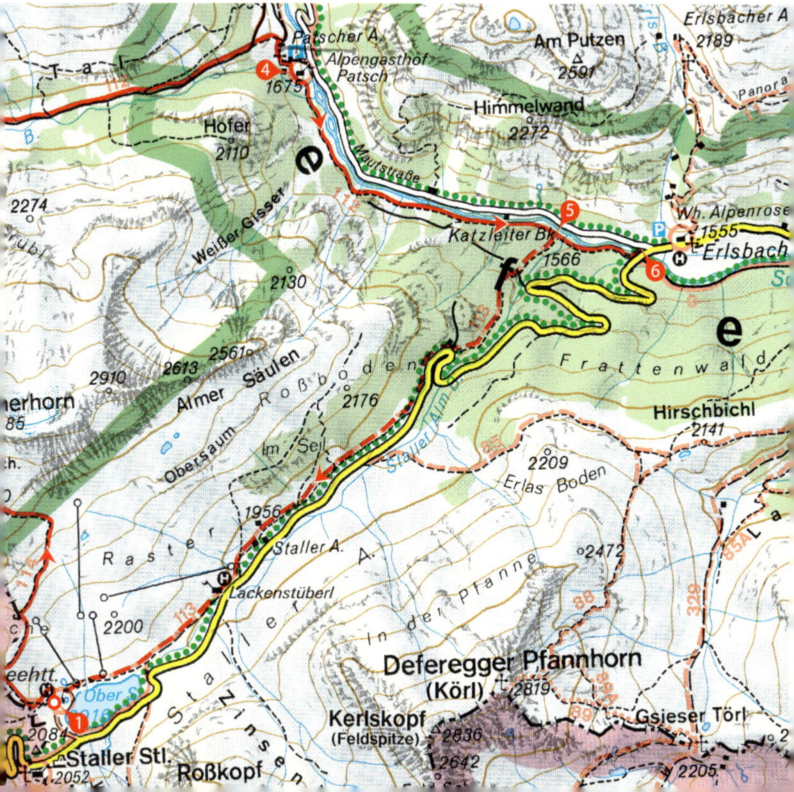

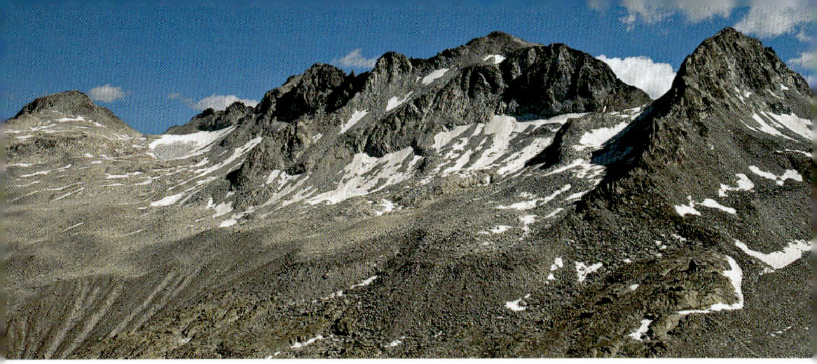

Von links: Almerhorn, Große und Mittlere Ohrenspitze, unter letzterer die Barmer Hütte.

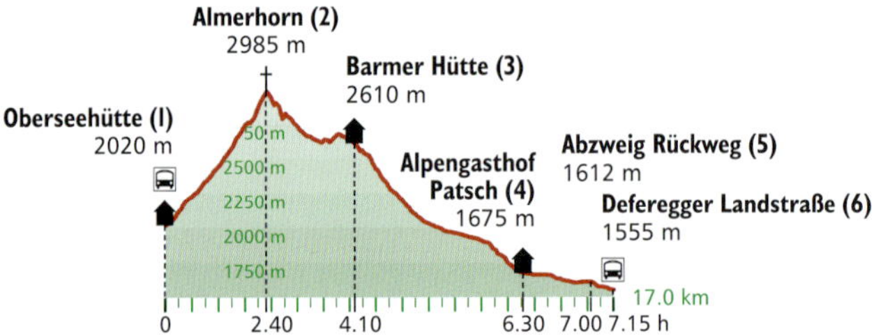

Von der **Oberseehütte (1)**, 2020 m, folgen wir der Wegweisung Richtung Almerhorn nach Norden hinauf. Nach wenigen Metern macht die Route einen Linksknick und leitet als Sandweg in wenigen Minuten zu einem kleinen **Sattel** hinauf. Dort geht es nach rechts weiter.

Bald tangiert der Pfad eine ehemalige Skipiste. Nachdem wir das Pistengelände unter uns gelassen haben, ziehen wir auf deutlichem Pfad in ein felsiges Kar. Weit nach links ausholend gelangen wir an die schrofige Steilstufe unter der Jägerscharte. Die ist angesichts brüchiger Felsen und alter Stahlseile mit Vorsicht zu genießen. Am besten hält man sich beim Anstieg über die obersten Felsen etwas links der von der Scharte herabziehenden Haupttrinne. Wieder einige Meter nach rechts querend gelangt man an einem riesigen Block vorbei in die ei-

Toteis des ehemaligen Gletschers »Almerkees«.

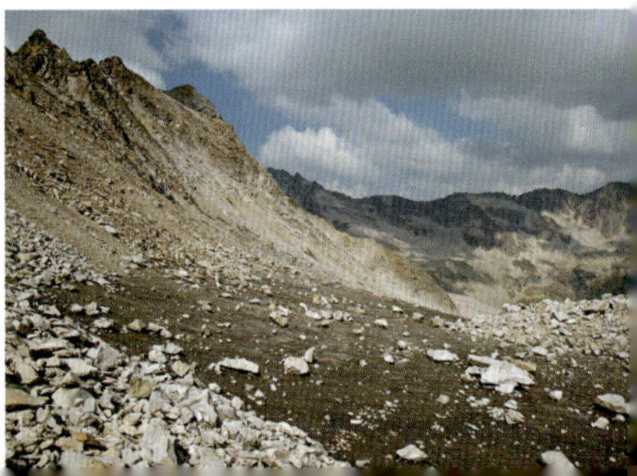

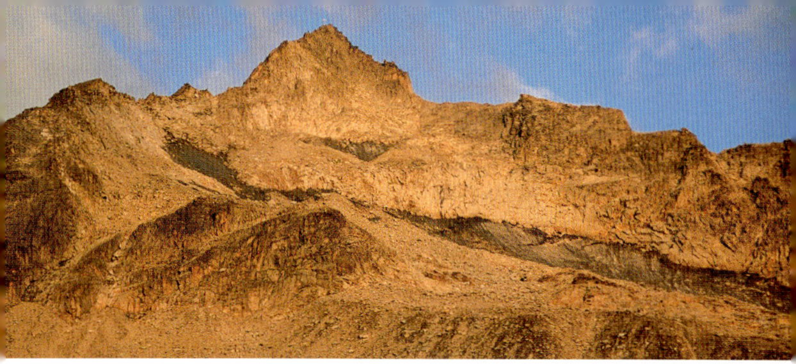

Westlich über der Barmer Hütte: die Barmer Spitze und die Reste des Rampleter Kees.

gentliche **Jägerscharte (2)**, 2865 m. Von dort leitet dann ein steiniger, aber problemloser Pfad auf den Gipfel des **Almerhorns (3)**, 2985 m.
Zurück bei der **Jägerscharte**, folgen wir dem nach rechts hinabführenden Steig. Der leitet durch ein bis vor wenigen Jahrzehnten noch vergletschertes Felsgelände mit viel losen Steinen und manchmal tückischen Toteis-Resten. Hier lohnt es sich, genau dem gerade aktuellen Wegverlauf zu folgen. Durch reichlich Moränenschutt des ehemaligen Gletschers queren wir nach Westen. Nach einem Zwischenaufstieg taucht dann bald die **Barmer Hütte (4)**, 2610 m, unter uns auf.
In dem gemütlichen Haus des Deutschen Alpenvereins sollten wir uns eine Stärkung gönnen, bevor wir auf dem Hüttenweg in die Talkerbe hinab- und durchs Patscher Tal hinauswandern. Beim **Alpengasthof Patsch (5)**, 1675 m, ist das Tal der Schwarzach erreicht. Für die Schlussetappe geht man nicht Richtung Parkplatz, sondern nimmt den Weg, der oberhalb der Hütte ansetzt und gleich über eine Brücke führt: Immer rechts des rauschenden **Schwarzbachs** wandern wir auf anfangs breiten Wegen, später auf reizvollem Pfad talaus. Vor der Einmündung des wild tobenden **Staller-Alm-Bachs** zweigt nach rechts der Weg 113 ab **(6)**, auf dem man auch ohne Bus, aber mit kräftigem Schlussanstieg direkt zum Ausgangpunkt zurückkäme (Variante).
Weiter bergab gelangen wir bald zur **Deferegger Landstraße (7)** mit der Bushaltestelle an der Brücke.

Die Barmer Hütte, dahinter das Fenner Eck (links, Touren 13 und 20) sowie das Roßhorn (rechts).

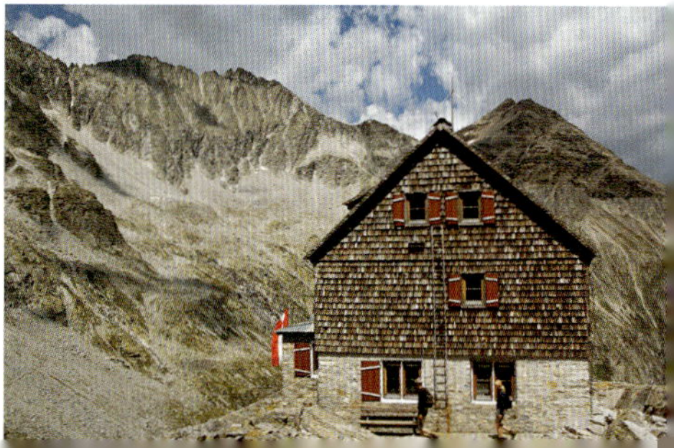

TOP **22**

Jagdhausalmen, 2009 m

4.10 Std.

Talwanderung nach »Klein-Tibet« in Osttirol

Im Jahr 1212 erstmals urkundlich als Schwaighof erwähnt, wurde 1338 die ganzjährige Bewirtschaftung der Höhensiedlung am Ort der heutigen Jagdhausalmen wieder aufgegeben. Stattdessen wurde auf Almwirtschaft umstellt. Die heutigen, tibetisch anmutenden Steinhütten stammen aus dem 16. bis 19. Jahrhundert. Heute verbringen über 300 Stück Galtvieh (Jungrinder) von Südtiroler Bauern den Sommer auf der Osttiroler Jagdhausalm. Einen interessanten Superlativ gibt es beim Ausgangspunkt: Der Oberhauser Zirbenwald gilt mit einer Fläche von 275 Hektar als größter geschlossener Zirbenbestand der Ostalpen; darin gibt es Bäume, die an die 500 Jahre alt sind.

Ausgangspunkt: Alpengasthof Oberhaus, 1793 m (Navi: 46° 56' 38.4'' N, 12° 13' 12.3'' O). Zufahrt auf einer Mautstraße, die von der Defereggер Landstraße bei der Schwarzach-Brücke zwischen dem österreichischen Fuß der Staller-Sattel-Passstraße und dem Weiler Erlsbach (Navi: A-9963 St. Jakob in Defereggen, Oberrotte 49) abzweigt (Hst. der Postbuslinie 953 von Huben).
Höhenunterschied: 330 m.
Anforderungen: Ein gewisses Maß an Ausdauer, in der Bachkerbe unter der Jagdhausalm schadet auch ein einigermaßen sicherer Tritt nicht; insgesamt leichte Talwanderung.

Einkehr: Jagdhausalmen, 2009 m; Alpengasthof Oberhaus, 1793 m, Tel. +43 664 5067504; wenig westlich des Zufahrtssträßchen der Alpengasthof Patsch, 1675 m, www.alpengasthof-patsch.at, Tel. +43 676 5299148.
Varianten: 1) Kurzer Abstecher zum Pfauenauge, einem kleinen runden See (2100 m) mit dicht bewachsenem Ufer – ein Natur-Kleinod. Der Weg setzt bei den höchstgelegenen Almgebäuden an und überwindet knapp 100 Höhenmeter.
2) Natur- und Kulturweg Oberhauser Zirbenwald (mit Schautafeln), mit viel Schauen und Staunen 1 Std., beschilderter Rundweg ab Alpengasthof Oberhaus.

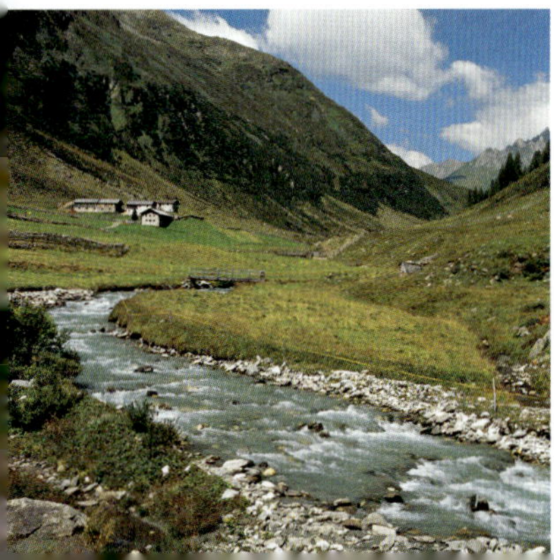

Vom **Parkplatz (1)** folgen wir dem Weg, der über den Bach hinweg auf die gegenüberliegende Talseite führt und wandern dann auf einem reizvollen Pfad talein. Sobald wir auf den Fahrweg treffen, spazieren wir darauf weiter, ohne die Grundrichtung zu ändern. Wo die Schmelzwässer des Fallenbacher Ferners vom Lenksteinmassiv herabtosen, passieren wir die **Untere Seebachalm (2)**,

Die Obere Seebachalm.

1879 m. Nach einem etwas steileren Abschnitt vollführt der Weg eine Linkskurve, nach der unser Ziel zum ersten Mal sichtbar wird – und der Fußpfad dorthin bald nach rechts abzweigt (beschildert). Der leitet bald in die Bachkerbe, um dann nach rechts hinauf zu den urigen Steinhäusern der **Jagdhausalmen (3)**, 2009 m, zu führen.
Zurück gehen wir zunächst auf bekanntem Weg, bleiben im Schlussabschnitt aber auf dem Fahrweg.

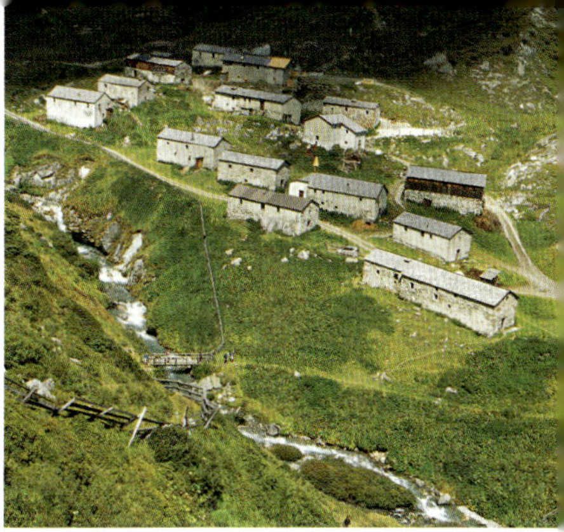

Aus einer anderen Zeit: die Jagdhausalmen.

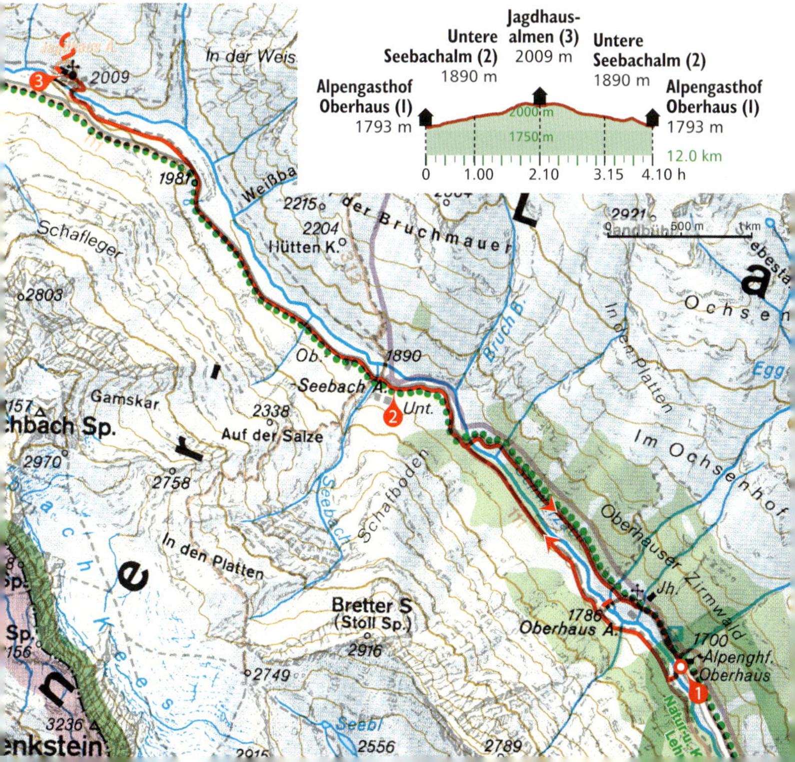

23 Gsieser Törl, 2205 m

5.00 Std.

Traumhafte Almlandschaft und ein aussichtsreicher Höhenweg

Als Übergang zwischen dem Osttiroler Defereggental und dem Südtiroler Gsieser Tal hat das Gsieser Törl eine uralte Bedeutung für den Handel und den sonstigen Austausch zwischen den beiden Talschaften. Dass da mal eine Staatsgrenze darüberlaufen wird, ahnte früher niemand und auch heute ist das – der EU sei Dank – nicht mehr relevant. Dazwischen gab es im 20. Jahrhundert aber mehrfach Zeiten, in denen am Gsieser Törl allerhand militärischer Aktionismus bestimmend war. Die betonierten Stellungen neben dem Törl (sie waren zuletzt in den schwierigen 1960er-Jahren besetzt) zeugen noch heute davon.

Ausgangspunkt: Parkplatz Rotmoos, 1485 m (I-39030 Gsies, Pater-Steimair-Weg; 46° 50' 53.6'' N, 12° 14' 42.4'' O), im hinteren Gsieser Tal. Zufahrt über St. Magdalena in Gsies, 1398 m, zur Talschlusshütte, 1465 m (Endstation der Buslinie 441 von Welsberg), dort weiter talein; nach einem Hof unter der Stützmauer des Parkplatzes vorbei, anschließend nach links hinauf.
Höhenunterschied: 840 m.
Anforderungen: Etwas Trittsicherheit schadet nicht für die Querung vom Gsieser Törl zur Weißbachalm.
Einkehr: Messnerhütte, 1667 m; Kradorfer Alm, 1715 m; in der Hauptwandersaison ist auch die Oberbergalm, 1975 m, bewirtschaftet.

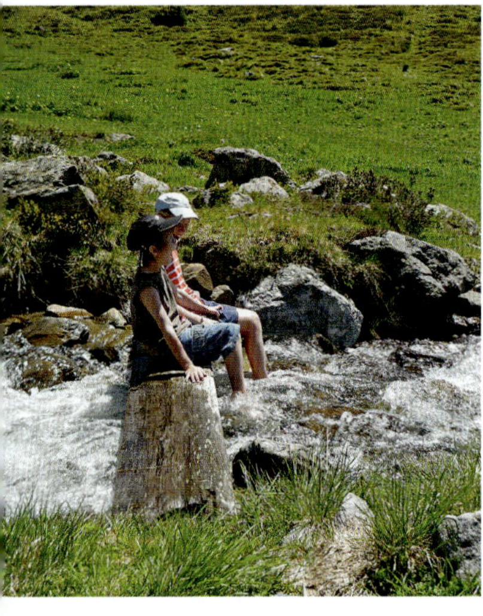

Vom **Parkplatz (1)** starten wir auf dem Almsträßchen mit der Nummer 49 talein. Abzweigende Wege werden ignoriert, es sei denn, man will bei der linker Hand liegenden **Messnerhütte (2)**, 1667 m, oder bei der etwas rechts unseres Weges liegenden **Kradorfer Alm (3)**, 1715 m, einkehren. Auf der in Anstiegsrichtung linken Seite des Baches wandern wir auf einem Güterweg weiter zur **Obergalm (4)**, 1975 m, bevor dann der etwas rauere Schlussanstieg hinauf zum **Gsieser Törl (5)**, 2205 m, folgt.

Für den Rückweg wählen wir den Höhenweg, der durch die Südostflanke des Deferegger Pfannhorns

Frisches Fußbad bei der Oberbergalm.

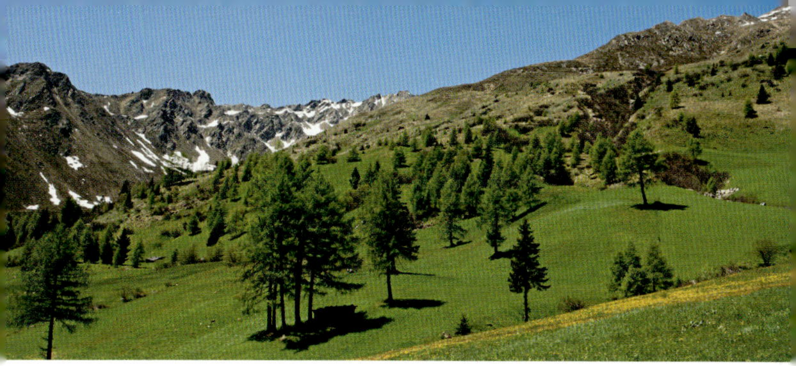

Zwischen der Kradorfer- und der Oberbergalm erstreckt sich eine parkartige Almlandschaft.

talaus leitet. Der Weg führt bald an einer kleinen, stark verlandeten Lacke vorbei, die zwischen dem Berg und einer späteiszeitlichen Moräne aufgestaut worden ist. Immer am Hang entlang wandern wir auf einem aussichtsreichen Bergpfad nach Südwesten.
Nach einem weiten Linksbogen trifft man auf das Versorgungssträßchen der **Weißbachalm (6)**, 2112 m. Anschließend geht es nur noch bergab auf dem gekiesten Almsträßchen, das sich an Almrosenbeständen vorbei zum **Parkplatz (1)** schlängelt.

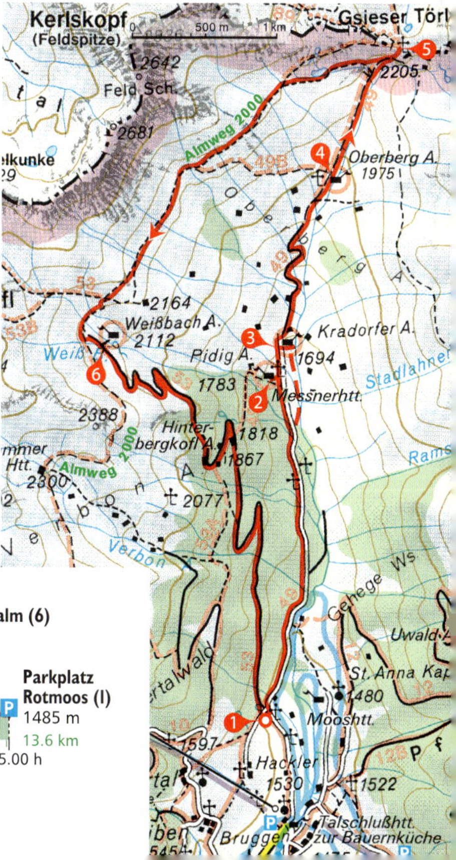

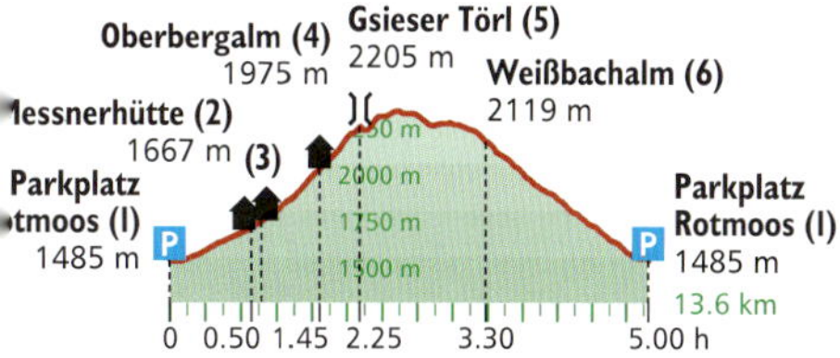

24 Deferegger Pfannhorn, 2819 m

7.00 Std.

Über Almen, Matten und Felsen auf einen hohen Gipfel

Dieser Berg ist ein Klassiker der Deferegger Alpen. Sowohl von der Osttiroler als auch von der Südtiroler Seite wird der Grenzberg gern angegangen. Die großen Massen bleiben dank des langen Anstiegs und des schrofigen Geländes im Gipfelbereich aber aus.

Ausgangspunkt: Parkplatz Rotmoos, 1485 m (I-39030 Gsies, Pater-Steimair-Weg; 46° 50' 53.6'' N, 12° 14' 42.4'' O), im hintersten Gsieser Tal. Zufahrt über St. Magdalena in Gsies, 1398 m, zur Talschlusshütte, 1465 m (Endstation der Buslinie 441 von Welsberg), dort weiter talein; nach einem Hof unter der Stützmauer des Parkplatzes vorbei, anschließend nach links hinauf.
Höhenunterschied: 1350 m.
Anforderungen: Trittsicherheit sowie etwas Felsgewandtheit und Orientierungssinn (bei Nebeleinfall keineswegs den Steig verlieren!)
Einkehr: Messnerhütte, 1667 m; Kradorfer Alm, 1715 m; Oberbergalm, 1975 m (bew. zur Hauptwandersaison).

Wie bei Tour 23 wandern wir auf dem Weg Nr. 49 aufs **Gsieser Törl (5)**, 2205 m. Dort suchen wir den anfangs nicht immer deutlichen Steig, der nach links hinaufführt. Über felsdurchsetztes Mattengelände zieht er auf eine Flanke zu, der er schließlich nach rechts ausweicht. An einer Verzweigung ignorieren wir den Weg, der Richtung Staller Sattel hinabführt. Wir steigen nun auf einem felsigen Geländerücken neben einem Blockmeer nach Süden an. Einem Felsbug weicht der Steig leicht nach rechts aus und fordert nun konzentriertes Steigen. Über stellenweise etwas abschüssiges Schrofengelände gelangt man schließlich zum Kreuz auf dem **Deferegger Pfannhorn (6)**, 2819 m.

Das Deferegger Pfannhorn von Osten. Der Schlussanstieg erfolgt von rechts.

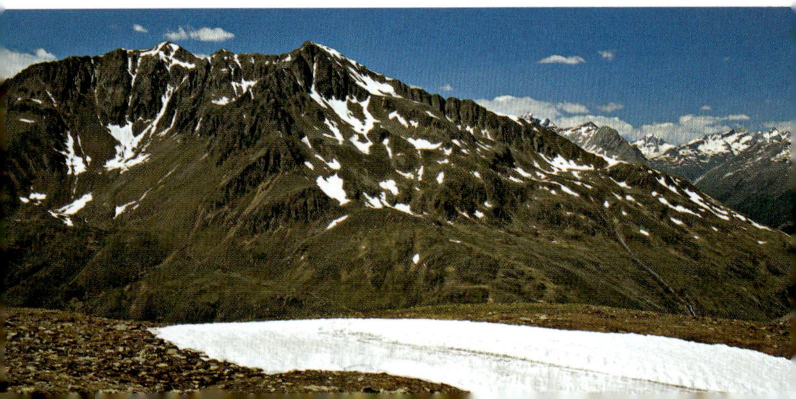

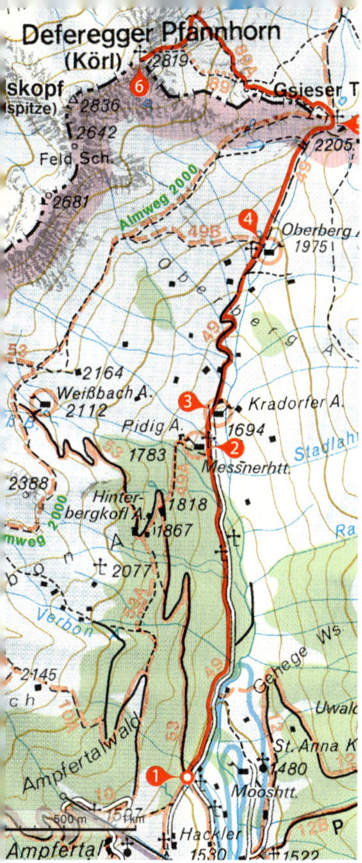

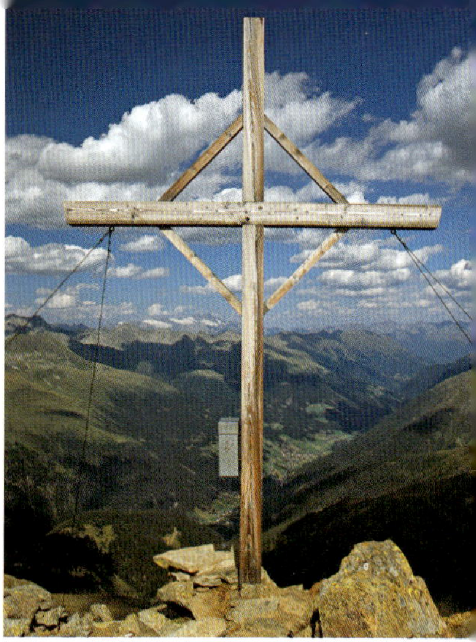

Gipfelblick ins namensgebende Tal.

Der südwestlich benachbarte Kerlskopf ist zwar noch ein paar Meter höher, bietet aber nicht mehr Aussicht und ist touristisch unbedeutend.
Für den **Abstieg** nehmen wir den gleichen Weg. Dabei gilt es darauf zu achten, an der Verzweigung am Nordosthang des Berges nicht versehentlich dem Weg zum Staller Sattel nach links zu folgen.

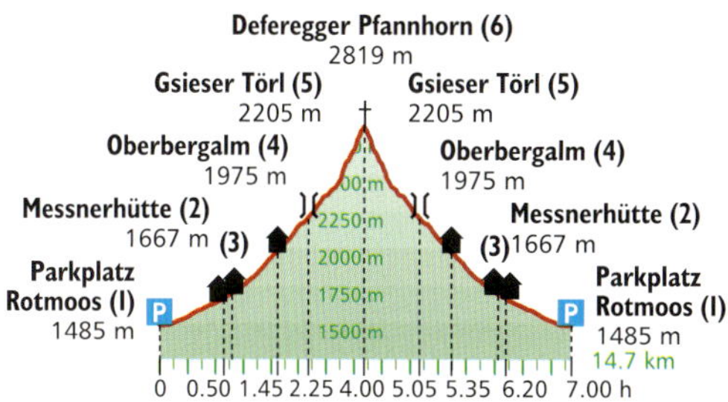

25 Hinterbergkofel, 2727 m, aus dem Gsieser Tal

6.30 Std.

Ein rassiger Gipfelanstieg!

Im Vergleich zum Weg vom Staller Sattel (Tour 18) ist der hier vorgestellte Hinterbergkofel-Anstieg aus dem Gsieser Tal deutlich länger und im oberen Abschnitt auch anspruchsvoller. Für ausdauernde und trittsichere Bergsteiger bietet die Hinterbergkofel-Überschreitung aus dem Gsies jedoch ein spannendes Bergerlebnis.

Ausgangspunkt: Parkplatz Rotmoos, 1485 m (I-39030 Gsies, Pater-Steimair-Weg; 46° 50' 53.6'' N, 12° 14' 42.4'' O), im hintersten Gsieser Tal. Zufahrt über St. Magdalena in Gsies, 1398 m, zur Talschlusshütte, 1465 m (Endstation der Buslinie 441 von Welsberg), dort weiter talein; nach einem Hof an der Stützmauer des Parkplatzes vorbei, anschließend nach links hinauf.
Höhenunterschied: 1300 m.
Anforderungen: Sehr gute Kondition; das letzte Stück zum Kamm hinauf erfordert hohe Trittsicherheit – stellenweise auch den Gebrauch der Hände – in teils brüchigem und abschüssigem Schrofengelände.
Einkehr: Keine.
Variante: Wer es bei »roter« Schwierigkeit belassen will, nimmt den Rückweg auch für den Aufstieg, geht also auf dem Weg 53 geradeaus übers Halsljoch und dahinter auf österreichischer Seite nach links hinauf.

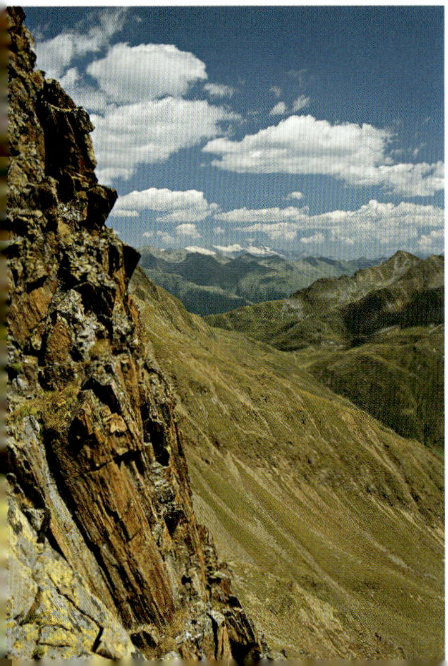

Vom **Parkplatz (1)** folgen wir kurz dem links (talaus) ansteigenden Sträßchen und folgen gleich darauf dem Kiessträßchen mit der Weg-Nr. 53 nach rechts. Es schlängelt sich durch herrlichen Bergwald hinauf und leitet zwischen Alpenrosen Richtung **Weißbachalm (2)**, 2112 m. Nahe der Hütte treffen wir auf den Almweg 2000 und folgen ihm kurz Richtung Gsieser Törl; nach einem weiten Rechtsbogen zweigt auf knapp 2200 m nach links hinauf ein schmaler Pfad ab – diesem Weg Nr. 53 folgen wir. Im Bereich einer Geländeschwelle verzweigt sich der Weg auf einer Höhe von gut 2320 m: Geradeaus geht es direkt zum Hals-

Am Steig zum Gipfel – Blick zu den Hohen Tauern.

joch hinauf (Variante), für den anspruchsvolleren Anstieg gehen wir hier links. Ein stellenweise unscheinbarer Pfad leitet zunächst auf einen Geländeabsatz und führt dann über einen immer steileren Hang empor. Durch zunehmend abschüssiges und schrofiges Gelände quert der Steig nach rechts und gewinnt über eine brüchige, sehr vorsichtig zu begehende **Steilstufe** eine kleine **Scharte (3)**, 2656 m, in der Kammhöhe. Darauf nach rechts, gelangt man kurz darauf auf den geräumigen Gipfel des **Hinterbergkofel (4)**, 2727 m.

Der Abstieg erfolgt über den Westrücken, bis der Pfad nach rechts hinableitet. Im Talboden treffen wir auf den Weg, 2510 m, der vom Staller Sattel heraufführt. Darauf steigen wir nach rechts an. Nach Überschreitung der **Halsscharte (5)**, 2546 m, auch »Hallscharte«, geht es auf der Gsieser Seite wieder hinab zum Anstiegsweg; darauf wandern wir zur **Weißbachalm (2)**, 2112 m (kurzer Einkehrabstecher), und weiter zum **Parkplatz (1)**.

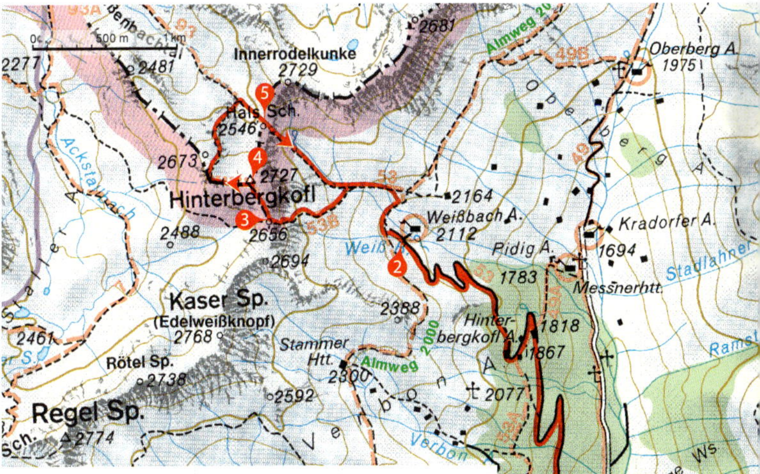

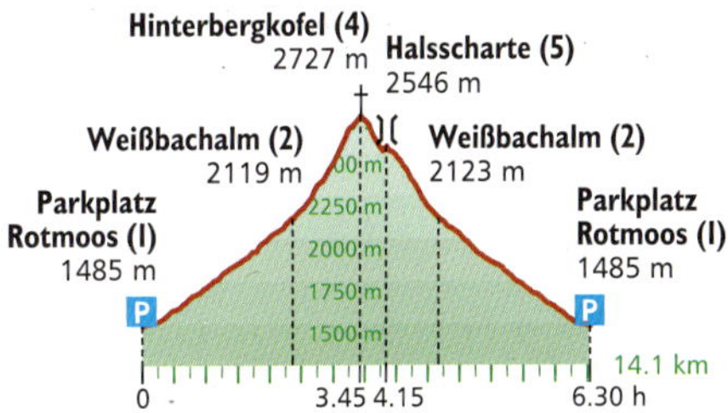

26 Messnerhütte, 1667 m

2.45 Std.

Durch den Ampfertaler Wald zur einer »Wellness-Alm«

Das Ziel dieser überschaubaren Halbtageswanderung ist eine Almhütte mit ganz besonderem Flair: die Messnerhütte. Sie bietet lässige Wohlfühlatmosphäre für die Großen, witzige Spielmöglichkeiten für die Kleinen und eine g'schmackige Almkost für alle.

Ausgangspunkt: Parkplatz Rotmoos im hintersten Gsieser Tal, 1485 m (I-39030 Gsies, Pater-Steimair-Weg; 46° 50' 53.6'' N, 12° 14' 42.4'' O). Zufahrt siehe Tour 25.
Höhenunterschied: 400 m.

Anforderungen: Aufmerksamkeit an den vielen Wegverzweigungen, etwas Vorsicht am Graben des Verbonbaches.
Einkehr: Messnerhütte, 1667 m.
Tipp: Bauernhofmuseum Voaderhuibn, siehe Tour 27.

Vom **Parkplatz Rotmoos (1)** starten wir auf dem nach Süden führenden Sträßchen; es steigt zunächst leicht an, führt aber talaus. Nach einer Häusergruppe quert der Weg Richtung **Huiben**. Kurz vor dem kleinen **Weiler (2)** mit dem Bauernhofmuseum Voaderhuiben zweigen wir rechts ab und folgen einem Höfesträßchen, das den Weiler **Ampfertal (3)** passiert und bald darauf in

Am Weg zur Messnerhütte. Man überblickt einen großen Teil der Wanderung zum Gsieser Törl (im Hintergrund, siehe Tour 23); rechts unten erkennt man die Kradorfer Alm.

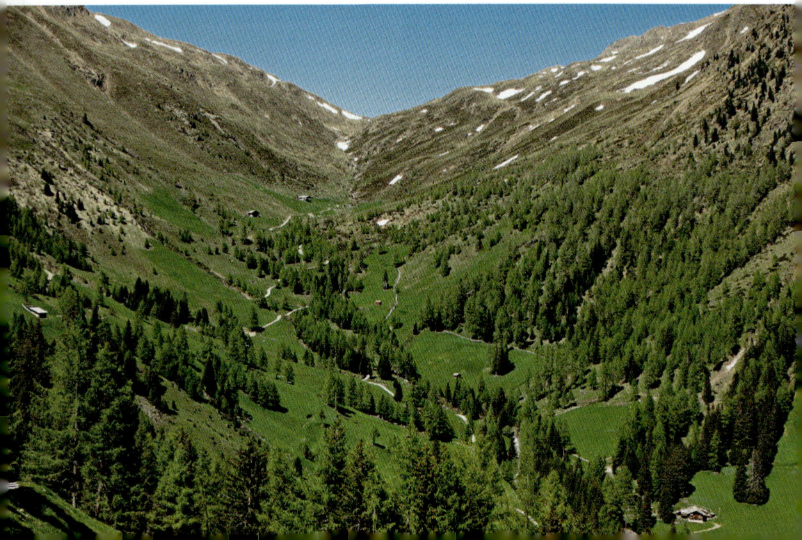

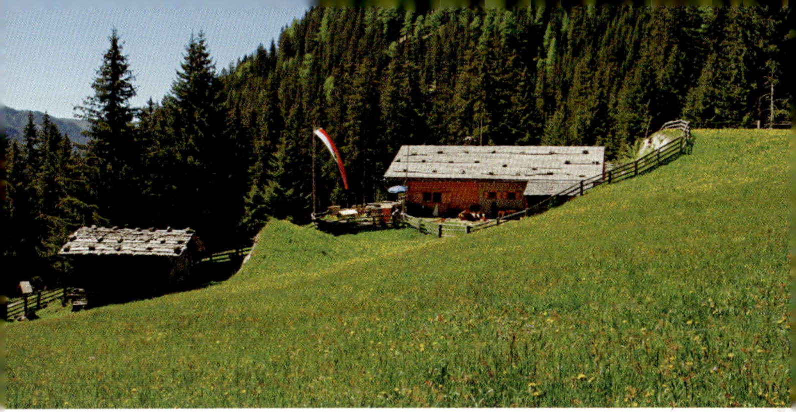

Die Messnerhütte inmitten einer blühenden Frühlingswiese.

den Wald führt. Dort ignorieren wir den links abzweigenden Fahrweg und gehen geradeaus weiter. In einer weiten, um einen kleinen See herumführenden Linkskurve zweigen wir nach rechts auf den Wanderweg 53A ab. Eine Querung beim **Verbonbach (4)** führt durch ein etwas abschüssiges Gelände. Wieder auf einer Wiese, erreichen wir bei der **Hinterbergkofelalm (5)**, 1867 m, eine Forststraße, der wir bergab folgen. Nach einer Kehre zweigen wir scharf nach links auf einen Karrenweg ab und verlieren dann weiter an Höhe. Nach einer Brücke geht es an einer Almhütte vorbei direkt und steiler als bisher hinab zur **Messnerhütte (6)**, 1667 m. Nachdem wir dort das Essen und die Relax-Möglichkeiten ausgiebig genossen haben, schlendern wir auf dem Zufahrtsweg gemütlich hinab zum **Parkplatz Rotmoos (1)**.

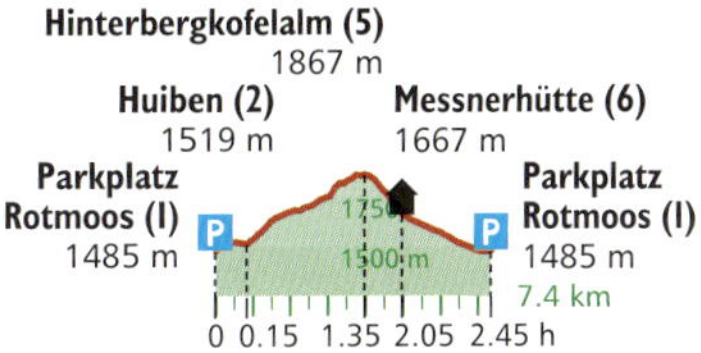

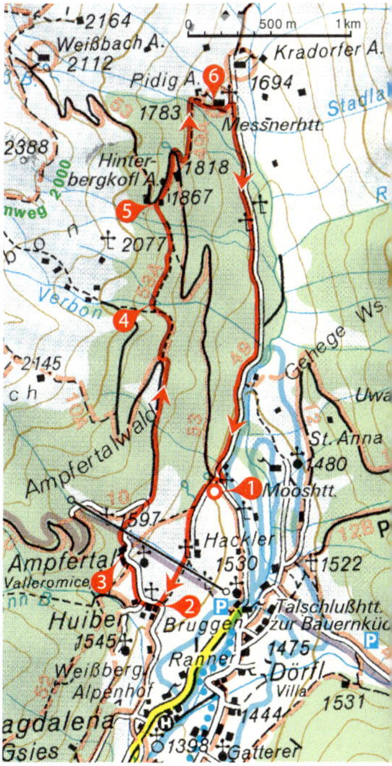

27 Hoher Mann (Homonnspitze), 2593 m

5.15 Std.

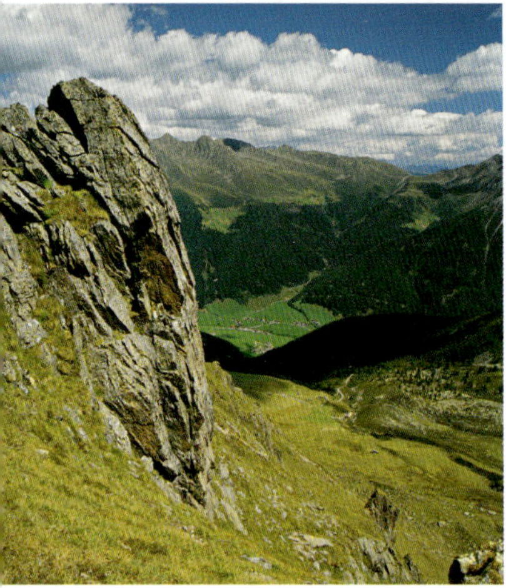

Am Hohen Mann – Blick nach Osten.

Weglos auf einen stillen Gipfel

Seltsam: Im Winter zählt der Hohe Mann zu den beliebtesten Skitourenzielen im Gsies, im Sommer aber bleibt es die meiste Zeit still auf seinem Gipfel. Es gibt nämlich keinen »offiziellen« Weg auf diesen reizvollen Aussichtsberg. Wenn man die Runde wie beschrieben geht, steigt man erst mal zielstrebig auf den Gipfel und kann sich am Ende des Tages überlegen, ob man einen schönen Abschnitt des Almwegs 2000 noch als »Zuckerl« dranhängt. Wer andersherum geht, wandert zuerst über den Höhenweg, erklimmt dann den Gipfel und kommt am Rückweg gerade recht zur Jausenzeit verführerisch nahe an der Aschtalm vorbei.

Ausgangspunkt: Parkfläche, 1675 m (Navi: I-39030 Sankt Magdalena, Bergerstraße; 46° 50' 48.0'' N, 12° 14' 10.0'' O), im Ampfertaler Boden nahe dem oberen Ende des Skilifts. Zufahrt von St. Magdalena in Gsies, 1398 m (Bus 441 von Welsberg), an Huiben vorbei und durch den Weiler Ampfertal hinauf in den Wald; dort links ab und noch ein kurzes Stück talein.
Höhenunterschied: 980 m.
Anforderungen: Orientierungssinn und Trittsicherheit, für Variante 2 (»schwarz«) auch Sicherheit im Schrofengelände.
Einkehr: Mit kurzem Abstecher vom Weg die Aschtalm, 1899 m.
Varianten: 1) Von St. Magdalena über Huiben auf Pfad neben dem Pfinnbach zur Almstraße, auf die man zwischen Ascht- und Pfinnalm trifft.
2) Abstieg vom Gipfel über den Grat nach Norden, nicht dem ersten Grashang nach unten folgen, sondern am Grat noch ein Stück Richtung Joch gehen und dann durch übersichtliches Grasgelände steil nach rechts hinabsteigen. Auf undeutlichen Trittspuren gelangt man nach rechts querend zurück zur Anstiegsroute.
Tipp: Bauernhofmuseum Voaderhuibn. Führungen/Besichtigungen auf Voranmeldung (voadohuibn@rolmail.net, Tel. +39 0474 948065).

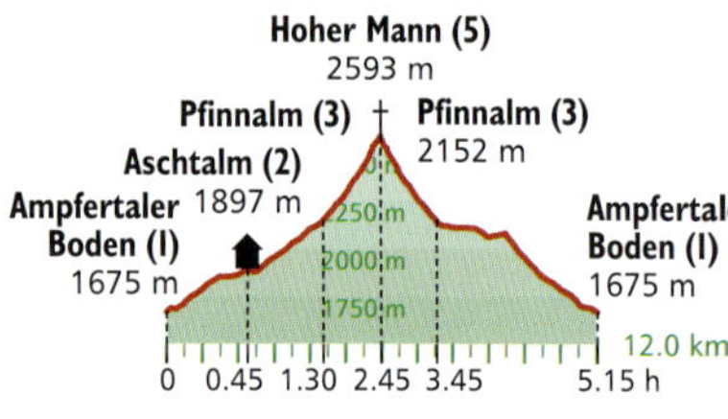

Vom **Ampfertaler Boden (1)**, 1675 m, folgen wir der Kiesstraße, die den Wiesenhang quert und in den Wald führt. Es folgen einige Kehren, die auf Pfaden auch abgekürzt werden können. Nachdem in einer Linkskehre der Kaserbach überschritten wurde, zweigt rechts der Weg ab, auf dem wir zurückkehren werden. Geradeaus weiter, kommen wir zu den Wiesen der **Aschtalm (2)**; die bewirtschaftete Hütte liegt oberhalb des Weges – einen Abstecher ist sie wert. Das weiterführende Almsträßchen schlängelt sich durch eine lichte Waldzone hinauf zur **Pfinnalm (3)**, 2152 m (andere Quellen: 2126 m).
Weiter geht es dann auf dem nach Westen berganführenden Pfad. Der wird streckenweise undeutlich, im Zweifel halten wir uns eher rechts. Die Kammlinie vor uns bildet zwischen Fellhorn (links) und Hohen Mann (rechts) zwei Sättel: links die 2395 m hohe Pfinnscharte, auf die der Pfad zusteuert; rechts eine **Kammsenke (4)**, 2413 m, zu der wir über einen steileren Wiesenhang weglos hinaufsteigen. Sobald sich der großartige Blick nach Westen – u. a. auf den Amperspitz – öffnet, wenden wir uns nach rechts und gewinnen über steiniges Mattengelände und an einigen Felsen vorbei die letzten Meter zum Gipfel der **Homonnspitze (5)**, 2593 m.
Auf dem Anstiegsweg (oder über die Variante) kehren wir zurück zur **Pfinnalm (3)**, 2152 m. Nach 150 m auf deren Versorgungsweg verlassen wir diesen bei einer Straßenkehre nach links und schwenken auf den **Almweg 2000** ein (so wir noch Luft für und Lust auf eine kleine Höhenwegzugabe haben – alternativ kann man natürlich auch auf dem Anstiegsweg zurückgehen und der Aschtalm einen Besuch abstatten). Auf der hier vorgeschlagenen Hauptroute wandern wir ohne große Höhenunterschiede Richtung Nordosten und überqueren dabei den Tiefbach. Bald nachdem wir um einen Geländerücken herumgegangen sind, halten wir zunächst auf den Geländekessel zu, in dem der Kaserbach entspringt. Bei einer Verzweigung nehmen wir den rechten Weg (10B). Dieser leitet hinab zum Kaserbach, neben dem es dann talaus geht. Bald wird der Weg breiter und mündet nach zwei Kehren in den Anstiegsweg. Auf diesem zurück zum **Ampfertaler Boden (1)**.

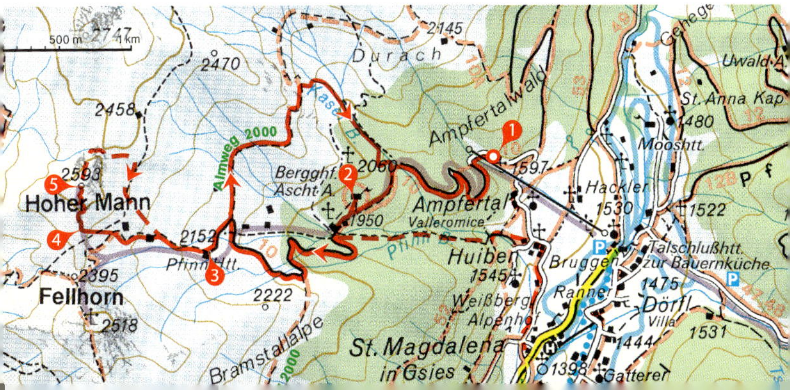

28 Über die Hintere Gsieser Lenke, 2542 m

5.30 Std.

Lehrpfad Über die Jöcher I – Bewirtschaftung einst und heute

Um die alten gewachsenen Beziehungen zwischen dem Südtiroler Gsieser Tal und dem Osttiroler Villgratental lebendig zu halten und den Touristen verständlich zu machen, wurden mehrere Wege über die Jöcher des trennenden Gebirsgskammes zu Lehrpfaden ausgebaut. Das Thema dieser Überschreitung ist »Bewirtschaftung einst und heute«. Schautafeln am Weg informieren über die Almwirtschaft und allem was dazugehört: Mahd, Viehhaltung und das Leben der Sennerinnen und Hirten. Ein Höhepunkt dieser Tour ist der Schwarzsee, einer der höchsten Bergseen Österreichs.

Ausgangspunkt: Parkplätze und Hst. der Buslinie 441 bei der Talschlusshütte, 1465 m (Navi: I-39030 Gsies, Pater-Steinmair-Weg 2; 46° 50' 30.5'' N, 12° 14' 52.3'' O). Zufahrt von St. Magdalena noch ein Stück talein.
Endpunkt: Unterstaller Alm, 1673 m, im Innervillgraten (Osttirol/Österreich). Rückfahrt ins Gsieser Tal per Wanderbus. Abfahrt von der Unterstaller Alm: ca. 17.15 Uhr (in den Monaten Juli und August, jeweils mittwochs, Anmeldung am Vortag bis 17 Uhr unter Tel. +39 0474 978436).
Höhenunterschied: 1100 m im Aufstieg, 900 m im Abstieg.
Anforderungen: Ausdauer und Trittsicherheit.
Einkehr: Unterwegs keine, am Ziel der Tour die Unterstaller Alm, 1673 m.
Variante: Abstieg über Weg 15 (etwas direkter, rauer und steiler).

Von den Parkplätzen bei der **Talschlusshütte (1)**, 1465 m, folgen wir dem Höfesträßchen, das östlich des Pidigbachs teilein führt. Bei den folgenden Verzweigungen gehen wir mit der Wegweisung zur Uwaldalm erst links, dann rechts. Bei einer letzten Parkgelegenheit, 1505 m, zweigen wir nach rechts auf einen Karrenweg ab. So treffen wir auf einen Bach und überqueren ihn. Nach einigen recht steilen Abschnitten wird auch der **Pfoibach** überquert. Über eine Feldwegkreuzung gerade hinweg treffen wir links haltend bald auf ein Kiessträßchen. Dem folgen wir nach rechts und ziehen nun talein. Die Abzweigung zur Uwaldalm lassen wir links zurück. Wir folgen dem talein führenden Almgüterweg, der mit einigen Kehren zügig an Höhe gewinnt. Abzweigungen ignorieren wir. Bald nach der **Pfoialm (2)**, 2064 m, geht es auf einem Wanderweg weiter. Wir erreichen eine Verzweigung, 2239 m, gehen dort rechts und steigen auf dem Steig Nr. 13 zunehmend steil und auch etwas mühsam hinauf zur **Hinteren Gsieser Lenke (3)**, 2542 m (in der F&B-Karte sind »Hintere« und »Vordere« vertauscht).

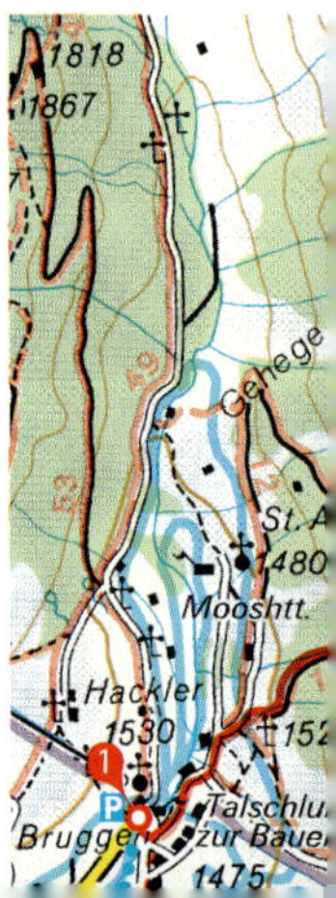

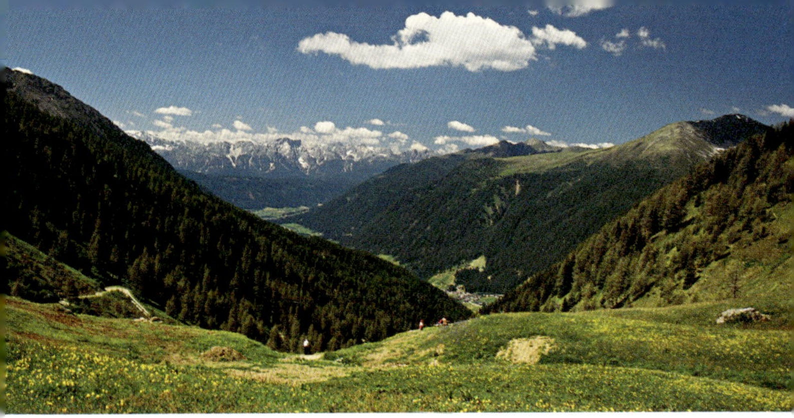

Der Anstieg führt über die saftigen Wiesen der Pfoialm.

Der traditionelle Übergang Richtung Villgraten senkt sich von dort zum **Schwarzsee (4)**, 2455 m (abgebildet bei Tour 30), hinab, einem Kleinod, in dessen Nähe sich wohl niemand eine Rast verkneifen wird. Weiter geht es auf dem Weg 15 steil hinab über felsdurchsetztes Gelände zu einer Verzweigung. Am wenigsten kniefordend ist der nach links ausholende Weg Nr. 15 A, der Richtung Oberstaller Alm führt. Noch vor dieser zweigen wir aber auf rund 2000 m Höhe rechts ab und steigen hinab zur **Unterstaller Alm (5)**. Auf deren weitem Talboden kann man die Füße dann entspannt ins Gras legen oder es sich bei einer abschließenden Einkehr in der gleichnamigen Almhütte, 1673 m, gut gehen lassen, während man auf den Wanderbus wartet, der uns über Sillian nach Südtirol zurückchauffiert.

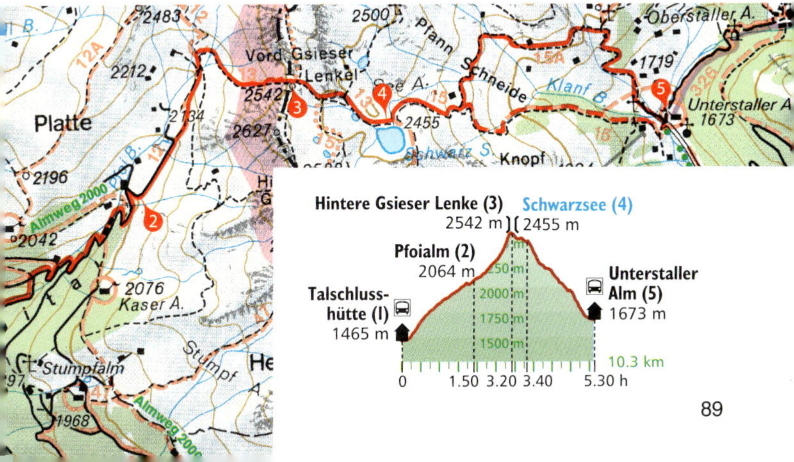

TOP **29** ## Hochkreuzspitze, 2739 m

6.30 Std.

Gipfelklassiker über der Uwaldalm

Die Hochkreuzspitze ist einer der meistbesuchten Gipfel über dem Gsieser Tal. Kein Wunder, stellt sie doch keine besonderen alpinistischen Anforderungen und bietet trotzdem eine umfassende Aussicht auf die umgebende Bergwelt Süd- und Osttirols. Und den Abstieg kann man würzen (oder versüßen – je nach Geschmack) mit einer aussichtsreichen Einkehr bei der wunderschön gelegenen Uwaldalm.

Ausgangspunkt: Parkplätze und Hst. der Buslinie 441 bei der Talschlusshütte, 1465 m (I-39030 Gsies, Pater-Steinmair-Weg 2; 46° 50' 30.5'' N, 12° 14' 52.3'' O). Zufahrt von St. Magdalena noch ein Stück talein.

Höhenunterschied: 1290 m.

Anforderungen: Ausdauer, in den unteren Tourenabschnitten Aufmerksamkeit an den Wegverzweigungen, oben stellenweise etwas Trittsicherheit.

Einkehr: Uwaldalm, 2042 m.

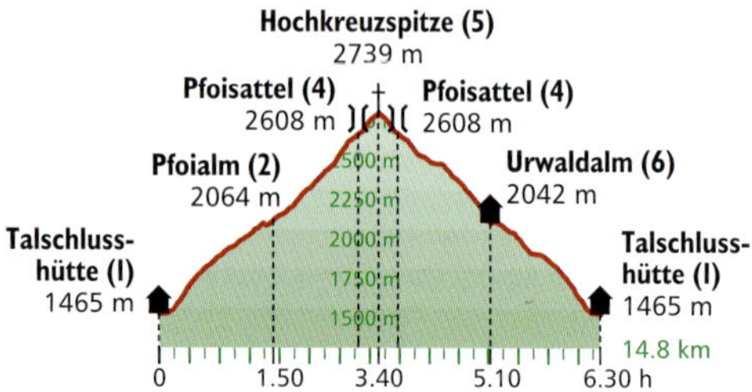

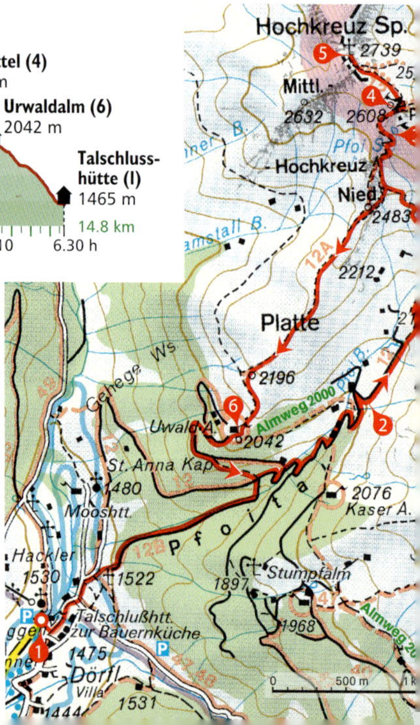

Wie bei Tour 28 beschrieben gehen wir an der **Pfoialm (2)** vorbei zur Verzweigung, 2239 m, im Karboden oberhalb. Dort folgen wir dem Weg 12, der nach Norden ins Kar hinaufsteigt. Bei 2457 m zweigt nach links der Weg zur Uwaldalm ab, den wir beim Abstieg nehmen werden. Geradeaus hinauf erreichen wir nach einer Geländestufe den **Pfoisee (3)**, 2572 m. Der wird links umgangen, dann geht es in einem Rechtsbogen auf den flachen **Pfoisattel (4)**, 2608 m. Dort links, gelangen wir über einen breiten Vorgipfel hinüber zum kreuzgeschmückten Gipfel der **Hochkreuzspitze (5)**, 2739 m; die folgende, kreuzlose Graterhebung ist noch 2 m höher.

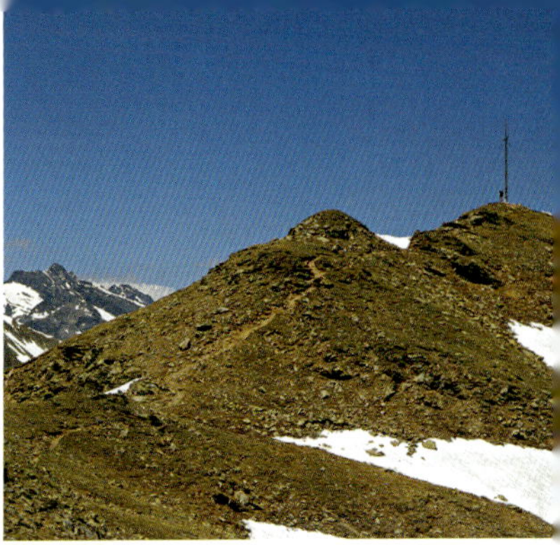

Die letzten Meter zum Gipfelkreuz.

Auf dem Anstiegsweg gehen wir am Pfoisee vorbei zurück bis zur schon erwähnten, noch etwas tiefer liegenden **Verzweigung**, 2457 m. Dort zweigen wir rechts ab auf einen Steig, der durch etwas schrofigeres Gelände unter der Kleinen Hochkreuzspitze vorbei zur Platte hinüberquert. Dies ist ein nach unten zu immer breiterer Wiesenrücken, über den wir zur herrlich aussichtsreich gelegenen **Uwaldalm (6)**, 2042 m, hinabschlendern. Wer sich jetzt, kurz vor dem Ende dieser langen Tour, keine gemütliche Einkehr gönnt, muss schon Asket sein. Auf dem Versorgungsweg der Alm (oder beschildertem Abkürzungspfad) kommen wir zurück zum Anstiegsweg und auf diesem zur **Talschlusshütte (1)**.

Der Pfoisee, im Frühsommer oft noch mit Eis- und Schneeresten garniert.

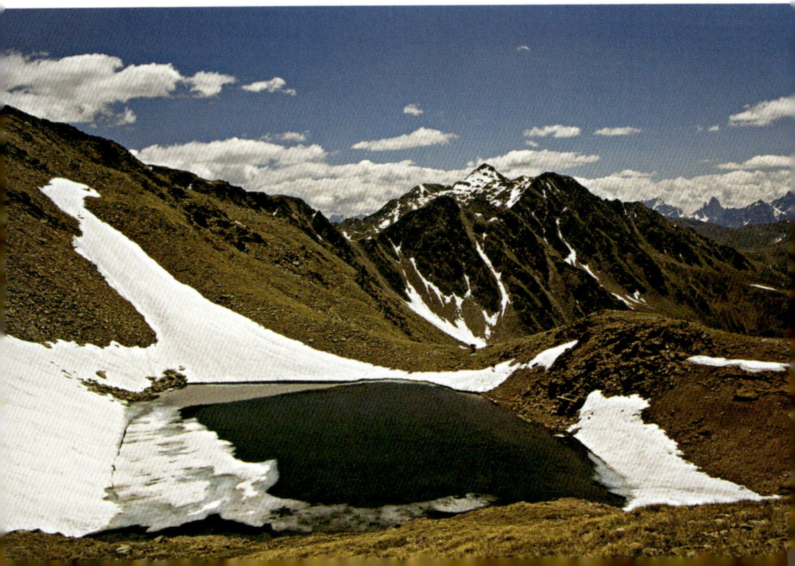

30 Riepenspitze, 2774 m

7.15 Std.

Alpine Gipfelüberschreitung

Die Riepenspitze ist mit ihrem aus manchen Perspektiven trapezförmigen Gipfelstock einer der markantesten Berge des Gebirgskammes zwischen dem Südtiroler Gsieser Tal und dem Osttiroler Villgratental. Den rassigen Felsgipfel überschreiten wir im Rahmen einer großzügigen und anspruchsvollen Rundtour.

Ausgangspunkt: Parkplätze und Hst. der Buslinie 441 bei der Talschlusshütte, 1465 m (I-39030 Gsies, Pater-Steinmair-Weg 2; 46° 50' 30.5'' N, 12° 14' 52.3'' O). Zufahrt von St. Magdalena noch ein Stück talein.

Höhenunterschied: 1320 m.
Anforderungen: Ausdauer, Orientierungssinn und Trittsicherheit; für die Gipfelüberschreitung auch etwas Felsgewandtheit und Schwindelfreiheit.
Einkehr: Stumpfalm, 1968 m.

Wie bei Tour 28 gelangen zur **Hinteren Gsieser Lenke (3)**, 2542 m. Dort halten wir uns rechts. Immer links des mächtigen Hauptrückens, folgen wir Pfad- und Steigspuren durch zunehmend felsiges und buckeliges Gelände. Dabei halten wir auf die markante Pyramide der Riepenspitze zu, um schließlich auf den Ansatz des linken Grats zuzusteuern. An diesem gelangen wir mit unschwierigen Kraxeleinlagen auf den Gipfel der **Riepenspitze (4)**, 2774 m.
Für den Abstieg wählen wir den Nordwestgrat, bis eine Markierung den Weg in den trichterförmigen Hang links unter uns anzeigt (nicht über eine verlockende Rampe kurz zuvor!). Wir halten uns in der ziemlich steilen Flanke so weit wie möglich an die Steigspuren unseres **Weges Nr. 47**; die sind aber durch Erosions-

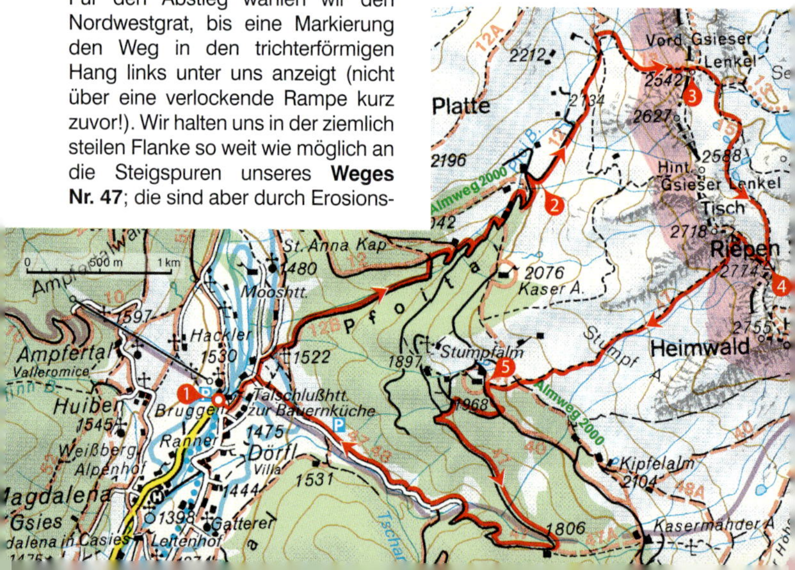

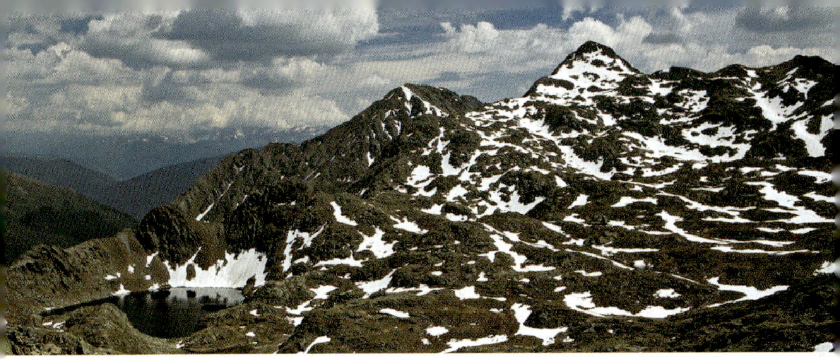

Die Riepenspitze von Norden, links der Schwarzsee, den man bei Tour 28 passiert.

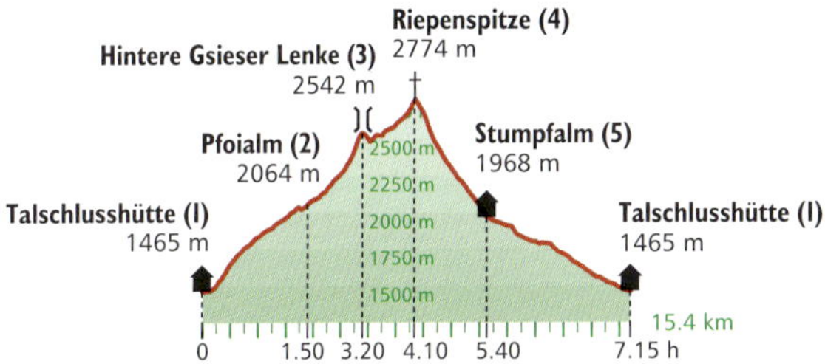

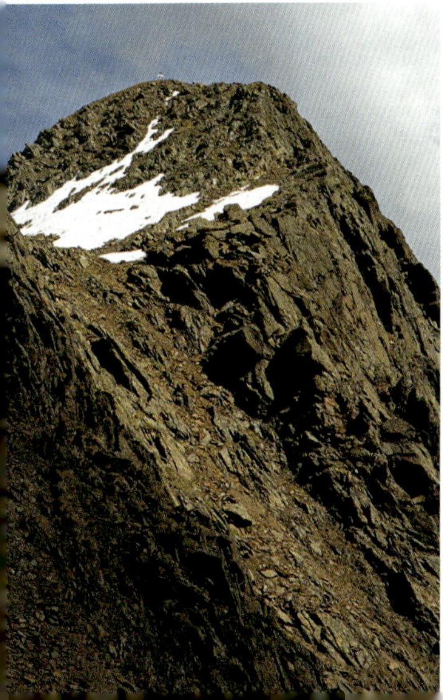

rinnen immer wieder unterbrochen, was etwas Gespür fürs Gelände erfordert. Unten, im flacheren Karboden, leitet dann ein schwach ausgeprägter Weg talaus, der Richtung Baumgrenze noch undeutlicher wird. Dort gehen wir mit Tendenz nach rechts über einen Rücken, um dann – wieder auf einem Weg – an einer Weide entlang zur **Stumpfalm (5)**, 1968 m, zu gelangen.

Auf dem nach Süden hinabführenden Güterweg, der im unteren Abschnitt mit einer **Wettkampf-Naturrodelbahn** einhergeht, kehren wir zurück zur **Talschlusshütte (1)**.

An der Abstiegsroute – Blick zurück zum Gipfel.

31 Übers Kalksteinjöchl, 2352 m

4.45 Std.

Lehrpfad über die Jöcher II – auf den Spuren der Schmuggler

Der Schmugglersteig führt auch heute noch über eine Staatsgrenze – Grund zum Schmuggeln gibt es aber keinen mehr – der EU und dem Schengener Abkommen sei Dank. Früher war hier die meiste Zeit gar keine Grenze – Handel und Austausch zwischen dem Gsies und dem Villgraten waren da ganz natürlich. 1810 bis 1814 und nach den Weltkriegen im 20. Jahrhundert wurde jedoch geschmuggelt, v. a. Vieh, Lebensmittel, Tabak und Zigaretten. Darüber informieren auch die Schautafeln am Weg. Am Ziel in Kalkstein kann man Einkehr halten in der neugotischen Wallfahrtskirche Maria Schnee oder im kulinarischen Sinne in der Badl-Alm. Viele Touristen pilgern allerdings primär zum Grab des der Wilderei beschuldigten Pius Walder, der 1982 unter bis heute umstrittenen Umständen erschossen wurde; im Friedhof von Kalkstein hat er seine nicht zu übersehende, nicht immer so ruhige Ruhestätte gefunden.

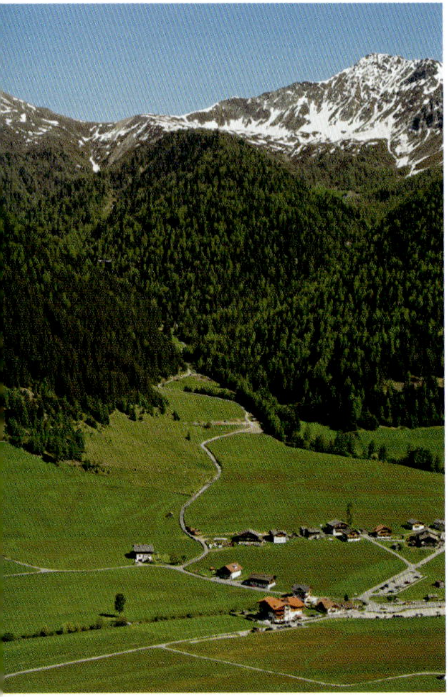

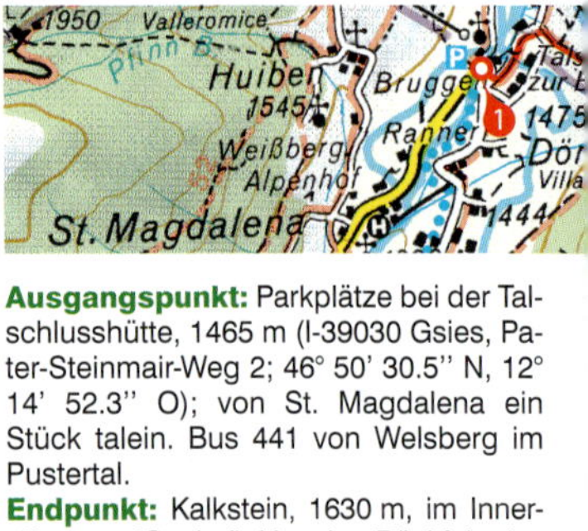

Ausgangspunkt: Parkplätze bei der Talschlusshütte, 1465 m (I-39030 Gsies, Pater-Steinmair-Weg 2; 46° 50' 30.5'' N, 12° 14' 52.3'' O); von St. Magdalena ein Stück talein. Bus 441 von Welsberg im Pustertal.
Endpunkt: Kalkstein, 1630 m, im Innervillgraten (Osttirol). Von dort Rückfahrt ins Gsieser Tal per Wanderbus. Abfahrt: ca. 17 Uhr (in den Monaten Juli und August, jeweils mittwochs, Anmeldung am Vortag bis 17 Uhr unter Tel. +39 0474 978436).
Höhenunterschied: 900 m im Aufstieg, 740 m im Abstieg.
Anforderungen: Etwas Ausdauer und Trittsicherheit.
Einkehr: Unterwegs keine, am Zielort die »Badl-Alm« in Kalkstein, 1630 m.

Unten der Ausgangspunkt Talschlusshütte, links oben das Kalksteinjöchl.

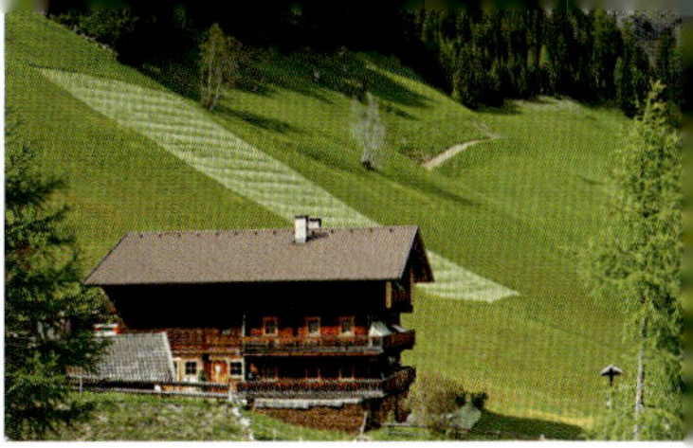

Hof und steile Bergmahd im Osttiroler Bergweiler Kalkstein.

Von der **Talschlusshütte (1)** gehen wir über den Pidigbach und gleich nach der Brücke nach links. Bei der folgenden Verzweigung rechts, folgen wir der Beschilderung zum Kalksteinjöchl über ein Sträßchen ins Tal des Köfler Bachs. Mit der Trasse einer Naturrodelbahn geht es zu einer Verzweigung, 1627 m. Dort halten wir uns rechts und wandern auf dem Almweg 48 hinauf zur **Tscharnietalm (2)**, 1976 m. Man kann nun auf dem Weg 48 rechts hinauf weitergehen (direktere Routenführung) oder dem Weg 48 A nach links folgen, der um einen Rücken herumführt; bei der Verzweigung auf rund 2140 m nimmt man dann den rechten Weg. Der erreicht bald darauf – wieder vereinigt mit dem Weg 48 – das **Kalksteinjöchl (3)**, 2352 m. Dort kreuzen wir den Bonner Höhenweg und steigen auf der Osttiroler Seite hinunter zu einem Almsträßchen. Dem folgen wir nach rechts und schlendern durchs **Roßtal** hinab nach **Kalkstein (4)**, 1630 m.

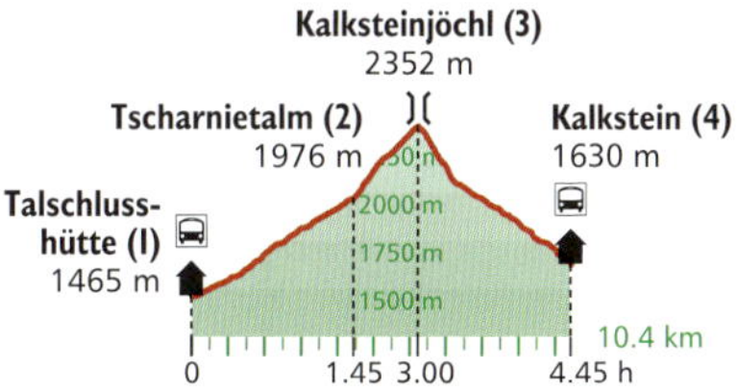

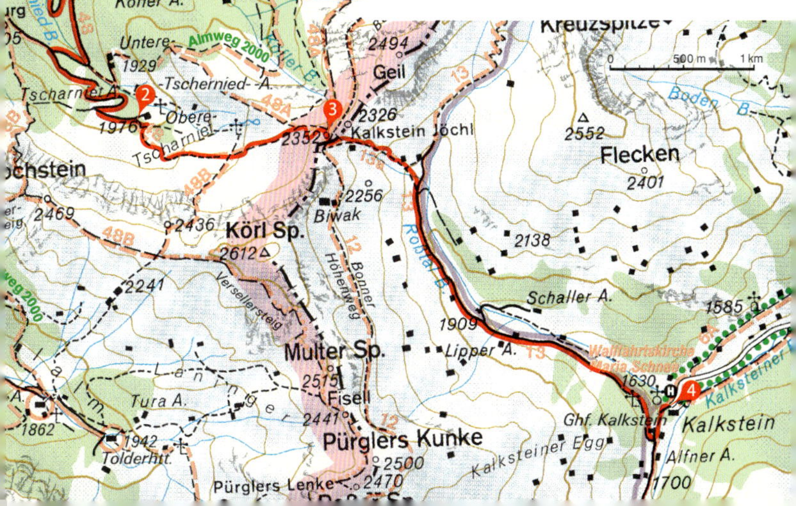

32 Hörneckele, 2127 m

4.15 Std.

Aussichtsreiche Kuppe über St. Martin in Gsies

Wer durchs Gsies talein fährt, wird linker Hand einen Berg sehen, der zwar selbst nicht sehr hoch ist, der sein über 12 Meter hohes, 1988 eingeweihtes Fachwerkgipfelkreuz aus Lärchenholz aber umso auffälliger in den Himmel reckt: das Hörneggele (so die mundartnähere Schreibweise).

Ausgangspunkt: Parkplatz im Wald, 1360 m, an der Zufahrtsstraße zum Karbacher Hof, 1425 m (Navi: I-39030 Gsies, Karbach, 3; 46° 48' 34.6'' N, 12° 12' 40.1'' O, dort begrenzte Parkmöglichkeiten für Gäste), oberhalb der Mündung des Karbachtals; die schmale Zufahrtsstraße zweigt kurz vor St. Martin, 1276 m (Bus 441 von Welsberg), bei der Kapelle Maria Heimsuchung nach Westen ab.
Höhenunterschied: 780 m.
Anforderungen: Unproblematische Bergwanderung; das sehr steile Waldgelände, durch das man bei der Variante absteigt, erfordert Trittsicherheit (»rot«).
Einkehr: Karbacher Hof, 1425 m; Schäferalm, 1616 m.
Variante: Beim Rückweg vom Gipfel gehen wir vom Geländerücken nach rechts auf den Almweg 2000. Den verlassen wir bald wiederum nach rechts und gehen zur Ragotzalm, 2014 m; dort links weiter. Bei einer Waldlichtung, an der ehemaligen Pramstallalm, zweigen wir rechts ab und steigen über einen beeindruckend steilen Waldhang ins Tal ab. Dort treffen wir auf den Talblickweg; wir folgen ihm nach rechts und beim nächsten Bauernhof wieder etwas bergan. Durch teils steile Waldhänge quert der Weg zur Straßenkehre der Karbacher-Hof-Zufahrt. Zumindest dem »Autoabholer« bleibt nun ein kurzer Schlussanstieg.

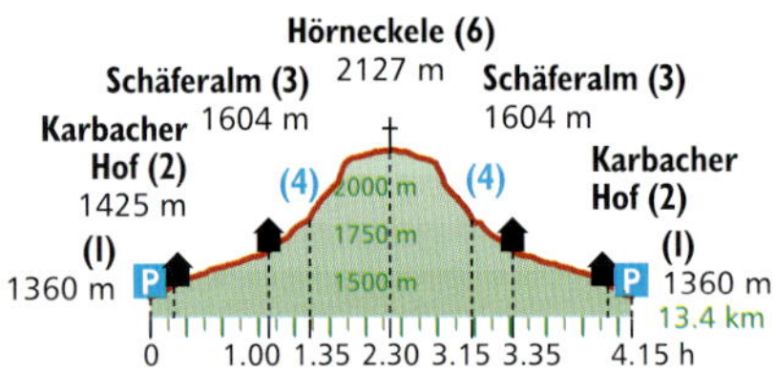

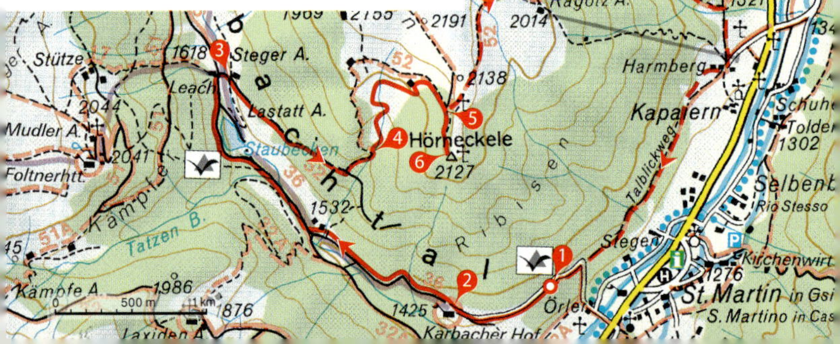

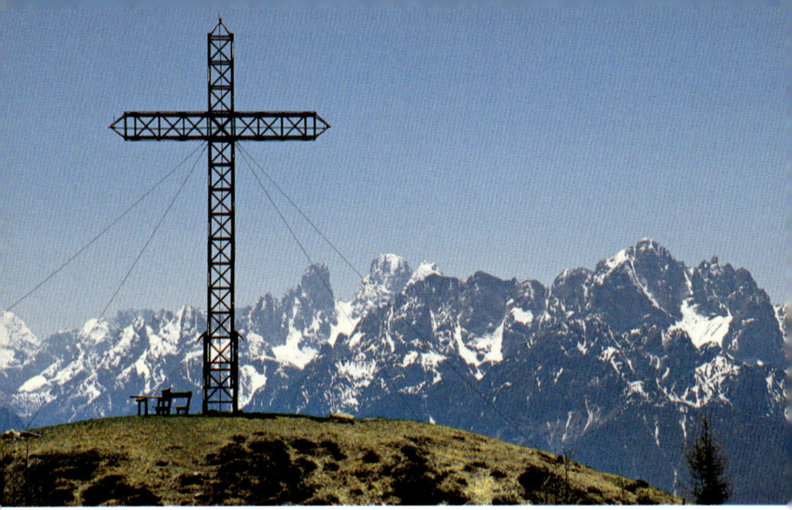

Großes Kreuz vor großer Kulisse: Antelao (ganz links), Cristallogruppe und Dürrenstein.

Vom **Parkplatz (1)** im Wald wandern wir auf dem Sträßchen bergan, passieren bald den **Karbacher Hof (2)** mit Parkplätzen für Gäste und wandern auf dem gekiesten Fahrweg ins Karbachtal. Fünf Minuten nach einem kleinen **Staubecken** kommt man zu einer Verzweigung, 1600 m. Wir nehmen dort den rechten Weg und überschreiten auf einer Brücke den Karbach. Unser Fahrweg beschreibt bei der **Schäferalm (3)** – auf der Karte »Steger A.« – einen Rechtsbogen und zieht dann schräg durch einen Waldhang hinauf. Am Tälchen des **Ladstattbachs (4)**, 1770 m, wechseln wir auf den Wanderweg, der zügig an Höhe gewinnt. Nach einigen Kehren im Bereich der Baumgrenze treffen wir auf einen Versorgungsweg und folgen diesem nach rechts. Oberhalb eines Almgebäudes leitet ein Pfad zu einem Geländerücken mit **Wegverzweigung (5)**, 2122 m, hinauf. Von dort nach rechts geht es ohne große Höhenunterschiede hinüber zum großen Kreuz auf dem **Hörneckele (6)**, 2127 m.
Der bequemste Weg zum **Parkplatz (1)** führt über die Anstiegsroute.

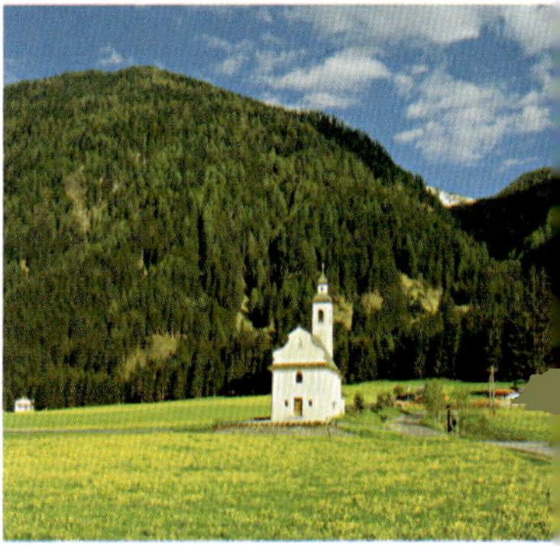

Bei der Kapelle Maria Heimsuchung zweigt man zum Karbacher Hof ab.

33 Fellhorn (Karbacher Berg), 2518 m

6.15 Std.

Viel Gras und sehr viel Aussicht

Auf diesen Gipfel wandert man über einen flachen Grasrücken, der sehr viel Platz zum genüsslichen Pausieren bietet – sei es zum Jausnen, zum Dösen im Gras oder zum Schauen auf die Dolomiten, die auf der anderen Seite des Pustertals ihre steilen Zähne in den Himmel strecken.

Ausgangspunkt: Parkplatz im Wald, 1360 m, an der Zufahrtsstraße zum Karbacher Hof, 1425 m (Navi: I-39030 Gsies, Karbach, 3; 46° 48' 34.6'' N, 12° 12' 40.1'' O, dort begrenzte Parkmöglichkeiten für Gäste), oberhalb der Mündung des Karbachtals; begrenzte Parkmöglichkeiten beim Ghf. und davor am Straßenrand im Wald. Die schmale Zufahrtsstraße zweigt kurz vor St. Martin, 1276 m (Bus 441 von Welsberg), bei der Kapelle Maria Heimsuchung nach Westen ab.

Höhenunterschied: 1200 m.

Anforderungen: Etwas Ausdauer und für den Gipfelabstieg Trittsicherheit.

Einkehr: Karbacher Hof, 1425 m; Schäferalm, 1616 m.

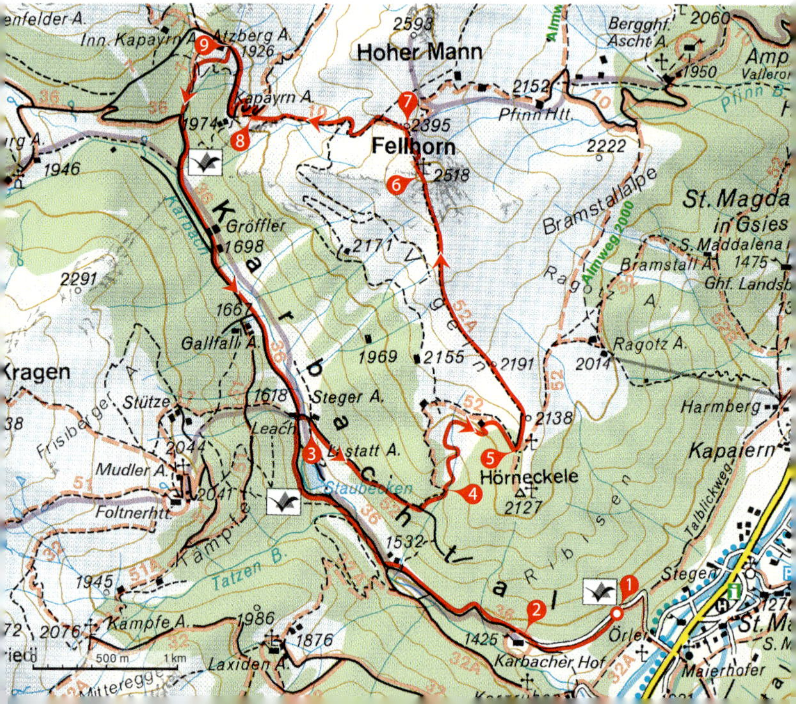

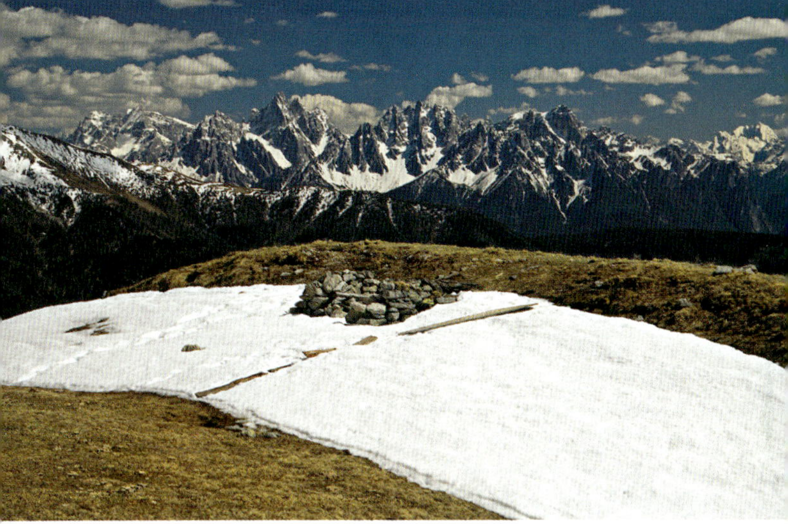

In einer Mulde neben dem Gipfel hält sich eingewehter Schnee besonders lang.

Wie bei Tour 32 wandern wir bis zur **Abzweigung (5)**, 2122 m, auf dem Rücken, der nach rechts zum Hörneckele leitet. Wir halten uns dort links und ziehen in mäßiger Steigung über weite Bergwiesen hinauf zum Gipfel des **Fellhorns (6)**, 2518 m.
Beim Abstieg nehmen wir mit etwas Respekt den Steig, der über den schrofigen Nordnordwestgrat hinabführt zur **Pfinnscharte (7)**, 2395 m. Von dort leitet unser Weg nach links (Westen) hinab zur **Kapaire(-Alm) (8)**. Von den unteren Almgebäuden, 1974 m, führt ein Güterweg durch einen Waldhang Richtung **Atzbergalm (9)**, 1926 m. Über deren Almwiesen leitet dann ein Pfad nach links hinab, der den Umweg der weiter ausholenden Almstraße abkürzt. Bei 1775 m treffen wir wieder auf das Sträßchen. Es führt talaus und am **Karbacher Hof (2)** vorbei zum **Ausgangspunkt (1)**.

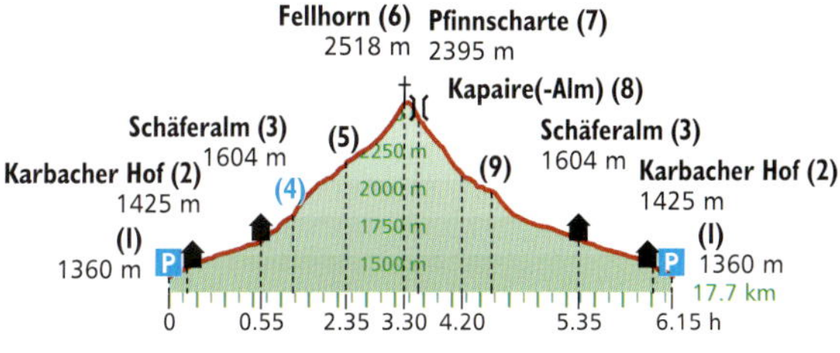

34 Dolomitenblickweg, bis 2240 m

5.00 Std.

Stille Runde über dem unteren Gsieser Tal

Die hier beschriebene Tour ist eine der einsamsten in diesem Buch. Der Preis für die Ruhe und die Möglichkeit, die herrlichen Ausblicke auf die Dolomiten ungestört genießen zu können, ist in Form von längeren Forststraßenetappen in der Waldzone zu zahlen. Eine schöne Einkehrmöglichkeit gibt es in oder an der gemütlichen Houfahitte vor der letzten Etappe – also gerade recht, um dort zu verhocken. Wer sich zusätzlich vorher schon oben am Höhenweg stärken will, packt eine Brotzeit in den Rucksack und speist besonders genussvoll auf einer Rastbank mit traumhafter Dolomitensicht.

Ausgangspunkt: Schindelholz, oberhalb des Weilers an unbefestigter Forststraße zwei Parkflächen, die zweite direkt vor der Schranke am Waldrand, 1550 m (Navi: I-39030 Frazione Scandole; 46° 46' 49.3'' N, 12° 9' 15.8'' O). Zufahrt von Außerpichl im Gsieser Tal (dort Hst. der Buslinie 441 von Welsberg-Bhf.).
Höhenunterschied: 720 m.
Anforderungen: Ausdauer sowie etwas Trittsicherheit und Pfadfindergeist.
Einkehr: Houfahitte, 1883 m.

Von der **Schranke (1)** folgen wir der ansteigenden Forststraße. Der zweiten Kehre folgen wir nach links (auf dem Weg geradeaus werden wir am Ende der Tour zurückkommen). Mit der nächsten Kehre schwenken wir nach rechts – also nicht geradeaus zum Bach! Bei ca. 1780 m Höhe ignorieren wir eine Rechtsabzweigung. Gleich darauf passieren wir die **Mauraalm (2)**, 1788 m, und überqueren dann das Bett des Maurabachs. Unmittelbar danach verlassen wir den Fahrweg und steigen auf dem rechts abzweigenden Pfad neben dem gesicherten Murgraben durch steiles Waldgelände bergan. Wo von rechts wieder ein Fahrweg heraufführt (angelegt für die Wildbachverbauung), suchen wir die Pfadfortsetzung nach oben, denn es geht noch 75 Höhenmeter weiter am Graben entlang. Erst dann wendet sich der Steig nach links und quert an einer Quelle, 2090 m, vorbei zum **Südrücken des Rudlhorns (3)** hinüber. Einige Meter

Am Eisatz-Südostrücken.

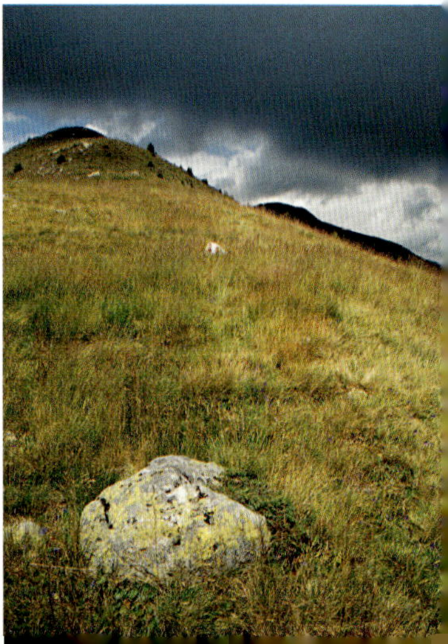

höher, auf ca. 2170 m, trifft man dann auf den **Dolomitenblickweg**. Dem folgen wir nach rechts und treten damit das Kernstück der Tour an: eine lange und aussichtsreiche Hangquerung, die bis auf 2240 m ansteigt, insgesamt aber ohne große Höhenunterschiede durch die Südflanke des Eisatz führt. Dabei wird eine reizvolle **Quellzone** durchquert. Auf einem runden Wiesenrücken mit Brotzeittisch, 2205 m, wenden wir uns scharf nach links und wandern nun Richtung Norden zum **Eisatz-Südostrücken (4)**, 2245 m.

Dahinter geht es kurz etwas steiler bergab und dann weitgehend flach durch ein raues, schaurig-schönes Kar zu einer **markanten Bachkerbe**. Nun kommt man zu einer **Wegverzweigung (5)**, 2205 m. Wir gehen hier nach rechts hinab. Bald nach einer weiteren Bachquerung treffen wir auf eine Forststraße. Sie führt uns zur **Houfahitte (6)** im Gschwendtner Boden, 1883 m, wo sie einen weiten Linksbogen beschreibt. Dem Kiessträßchen mit der Wegnummer 51 folgt man nun auf eine lange Querung, die schließlich zum ersten Abschnitt unseres Anstiegsweges zurückführt.

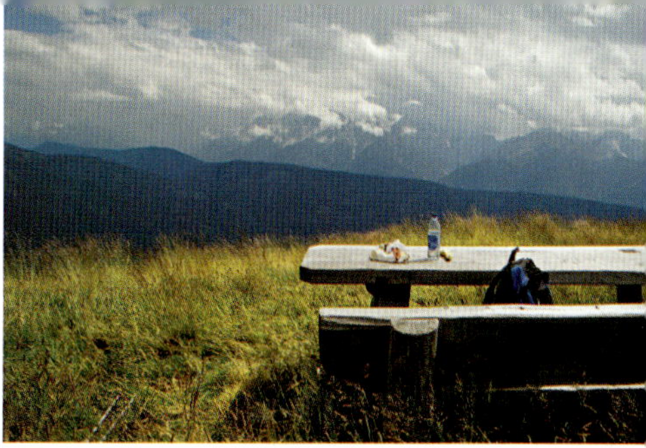

Luxus-Brotzeitplatz für stille Genießer.

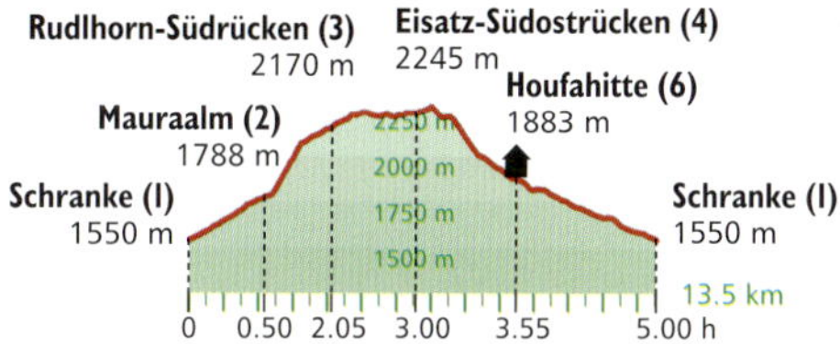

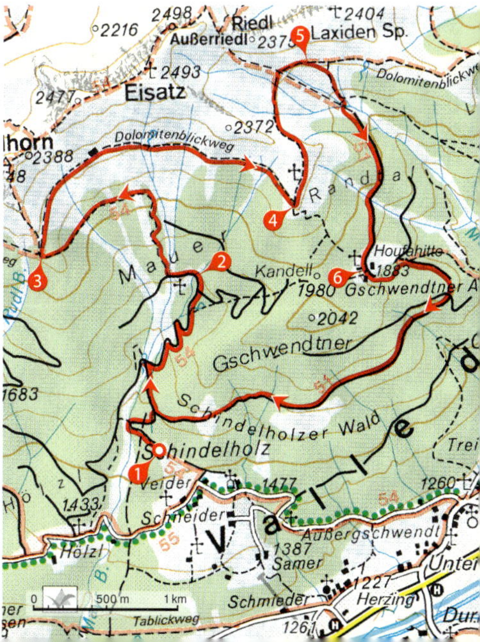

35 Rudlhorn, 2448 m

5.00 Std.

Markanter Gipfel über der Mündung des Gsieser Tals

Der Hausberg der Taistner ist das Rudlhorn. Die Besteigung dieses herausragenden Gipfels ist eine Tour mit Kontrasten: unten ein gemütlicher Waldspaziergang zu einer gastlichen Alm, oben ein Gang über einen rassigen Schrofengrat und eine überwältigende Aussicht.

Ausgangspunkt: Parkplätze, um 1630 m (Navi: 46° 47' 1.7'' N, 12° 5' 13.0'' O), oberhalb vom Mudlerhof, 1582 m (I-39030 Taisten 45); Zufahrt von Taisten, 1206 m, auf der nordwestlichen Hangterrasse im unteren Gsieser Tal: Den Ort auf der Unterrainerstraße nach Westen verlassen, um dann auf freier Wiese rechts abzubiegen und über Guggenberg auf asphaltiertem Sträßchen am Mudlerhof vorbei.
Höhenunterschied: 840 m.

Anforderungen: Trittsicherheit und Felsgewandtheit (Tendenz zu »schwarz«).
Einkehr: Taistner Vorderalm, 2000 m.
Variante: Salzla, 2131 m, Aussichtspunkt, zu dem man oberhalb der Taistenalm nach rechts abzweigt. Ideal für Gruppen-/Familienmitglieder, deren Gipfelambitionen weniger ausgeprägt sind, die Wartezeit auf die Bergfexe aber trotzdem nicht nur auf der Hütte verbringen wollen.

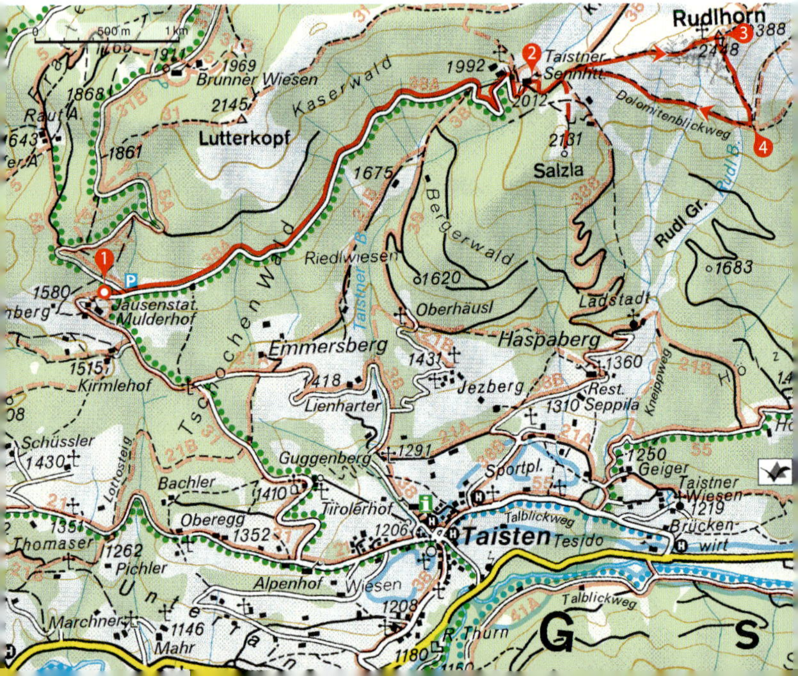

Vom **Parkplatz (1)** folgen wir dem geradeaus führenden Güterweg. Er führt bequem zur **Taistner Vorderalm (2)**, 2000 m. Auch darüber bleiben wir noch ein Stück auf dem Fahrweg, der noch mal eine kleine Waldzone durchquert. Die Rechtsabzweigungen zur Variante »Salzla« und nach Taisten hinab (38 B) ignorieren wir. Kurz darauf löst sich auch unser Weg nach rechts vom Fahrweg. Wir halten dabei aber die Grundrichtung bei. Auf dem ganz nach rechts abzweigenden Dolomitenblickweg werden wir später zurückkommen. Wir gehen zunächst noch über Weidegelände bergan, dann zunehmend steil und alpin über den Westrücken unseres Bergziels. Nach einigen schrofigen Partien rechts der Gratschneide ist dann das Kreuz am **Rudlhorn (3)**, 2448 m, erreicht.

Auf dem nach Südsüdosten hinabführenden Steig treffen wir auf den **Dolomitenblickweg (4)**, dem wir dann nach rechts folgen. So gelangt man wieder auf den Anstiegsweg. Darauf wandern wir zurück zur **Taistner Vorderalm (2)**, 2000 m, und zum **Parkplatz (1)**.

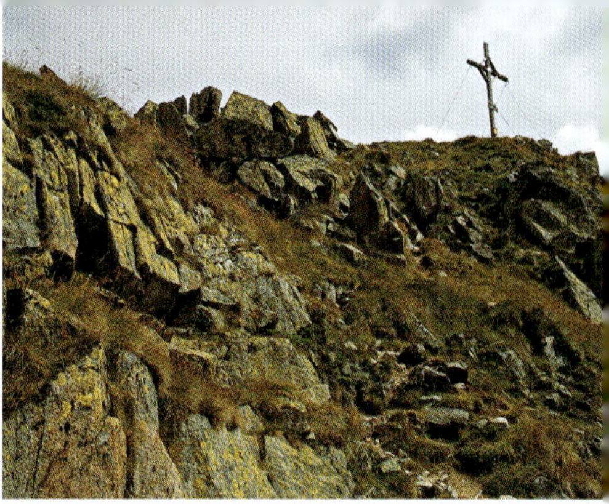

Am schrofigen Westgrat unter dem Gipfel.

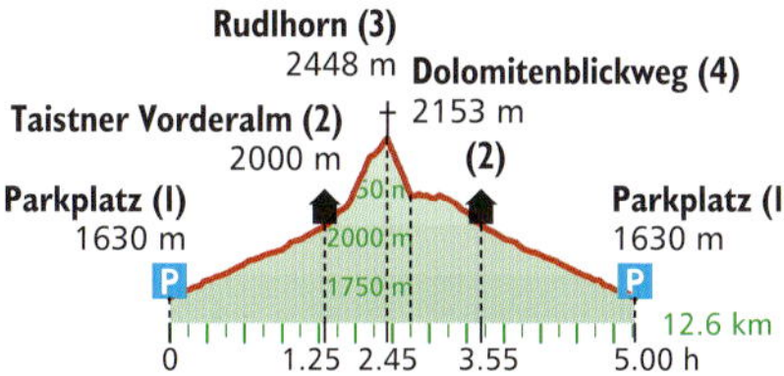

Die Dolomiten (von links die Cristallogruppe und die Hohe Gaisl) bilden die Kulisse für das Rudlhorn. Über seinen Westgrat – rechts im Bild – erfolgt der beschriebene Aufstieg.

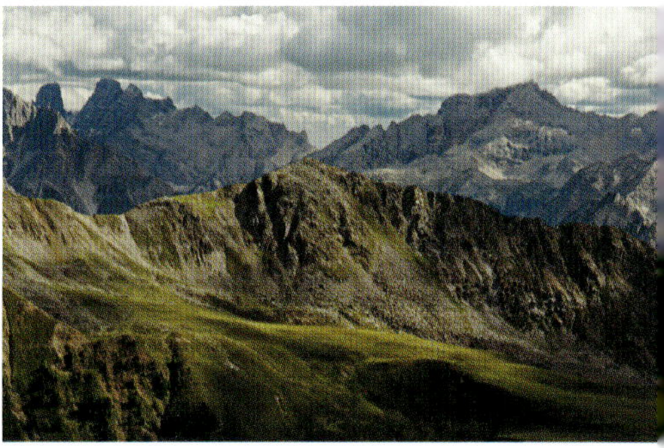

36 Lutterkopf, 2145 m, und Durakopf (Salomon), 2275 m

4.15 Std.

Aussichtsreiche Grasrücken-Wanderung

Wo der Schindelholzer Kamm zwischen Antholzer und Gsieser Tal zum Pustertal hin ausläuft, ragen mit Lutter- und Durakopf die letzten Gipfel über die Waldgrenze – ideale Ziele für eine kurze, aber trotzdem sehr aussichtsreiche Wanderung. Die Einkehrmöglichkeit bei der Taistner Vorderalm verleiht der Tour zusätzliche Attraktivität.

Ausgangspunkt: Parkplätze, um 1630 m (Navi: 46° 47' 1.7'' N, 12° 5' 13.0'' O), oberhalb vom Mudlerhof, 1582 m (I-39030 Taisten 45); Beschreibung der Zufahrt von Taisten bei Tour 35 (s. auch Karte dort).
Höhenunterschied: 730 m.
Anforderungen: Beim Anstieg durch die obere Waldzone am Lutterkopf ist ein wacher Blick für den richtigen Pfadverlauf vorteilhaft, ansonsten problemlos; bei feuchtem Boden etwas glitschig.
Einkehr: Taistner Vorderalm, 2000 m.
Variante: Zwischen Lutter- und Durakopf zweigt nach rechts ein Weg ab, der direkt zur Vorderalm führt (spart gut 1 Std.).

Zwischen den beiden **Parkplatz-Arealen (1)** zweigt unser Weg 31 nach links ab – zunächst als Forststraße, später als Wanderpfad. Nach einem kurzen Forststraßenintermezzo wird es dann steiler, dort wird der Pfad dann auch noch etwas undeutlich – aber nur für ein ganz kurzes Stück. Sobald der Wald hinter uns liegt, geht es dann auf eindeutigem Pfad auf den **Lutterkopf (2)**,

Am Lutterkopf. Blick übers Pustertal auf die »Wald- und Wiesenkuppe« Kronplatz.

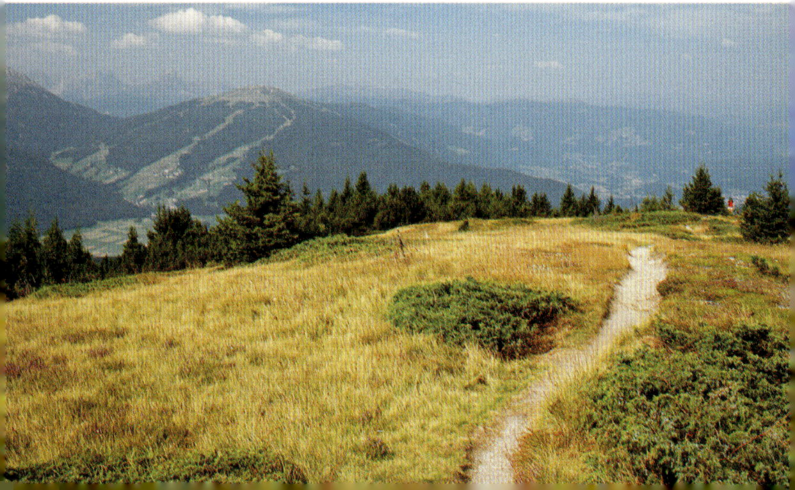

2145 m. Immer auf oder etwas neben einem freien Bergrücken leitet unser Weg dann zu einer **Verzweigung (3)**, 2160 m. Dort könnte man nach rechts abkürzen (Variante). Es lohnt sich jedoch, auf der Höhe zu bleiben und den **Durakopf (4)**, auch: Salomon, 2275 m, anzusteuern. Neben dessen stattlichem Gipfelkreuz hat man eine beeindruckende Aussicht, daher bietet sich dieser Platz dafür an, die mitgebrachte Brotzeit zu genießen.

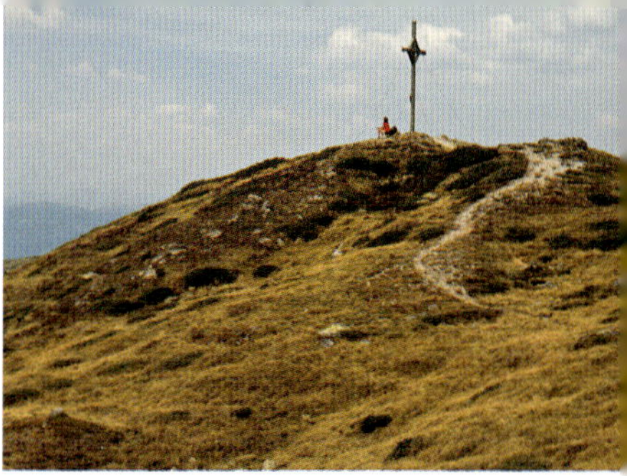

In aller Regel nicht überlaufen: der Durakopf.

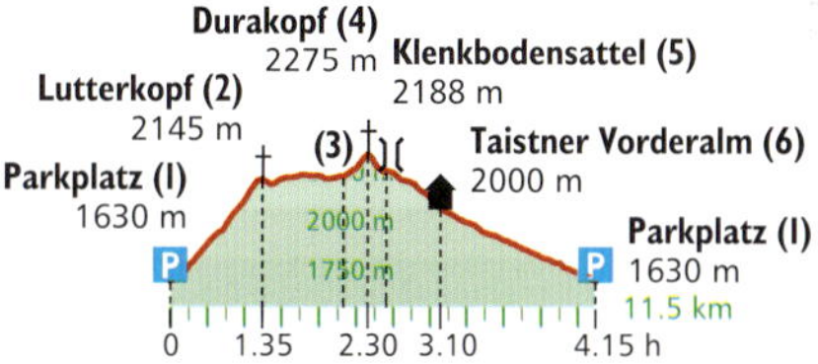

Bei schlechtem Wetter steigt man vor der Pause besser noch über den etwas steileren Gipfelhang nach Westen hinab; dort gibt es nämlich eine kleine Holzhütte, an der man sich etwas geschützter niederlassen kann. Gleich daneben, am **Klenkbodensattel (5)**, 2186 m, treffen wir auf einen Fahrweg, der nach rechts zur **Taistner Vorderalm (6)**, 2000 m, und damit zu einer Einkehr mit allem Service führt. Auf dem Zufahrtssträßchen der Alm schlendern wir zurück zum **Ausgangspunkt (1)**.

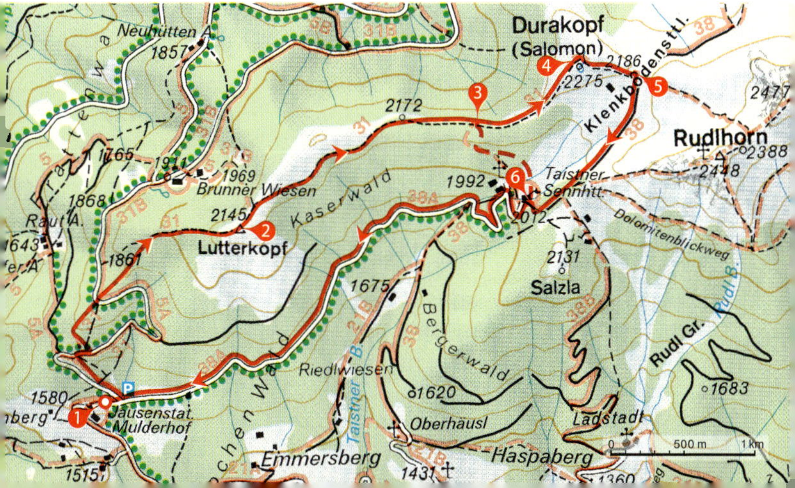

37 Kneippweg und Lottersteig

3.00 Std.

Ein erfrischender Bachlauf und sehenswerte Kirchen

Eine Rundwanderung mit Highlights für jeden Geschmack: Ein Kneippweg in einem wilden Bachbett, der aussichtsreiche Lottersteig und eine der ältesten Pustertaler Kirchen: St. Georg in Taisten, mit Grundriss und Apsis aus der Zeit um 800.

Ausgangspunkt: Parkplatz Kneippweg, 1250 m, östlich von Taisten an der Zufahrt zum Geigerhof (Navi: I-39035 Welsberg-Taisten, Wiesenweg/Via Prati 45; 46° 46' 16.5'' N, 12° 7' 47.1'' O). Zufahrt: von Welsberg ins Gsieser Tal, zunächst nicht nach Taisten abbiegen, erst 100 m nach dem Brückenwirt links Richtung Taisten; wo es in den Wald geht, an der Bushaltestelle Wiesen (Linie 441) noch vorbei, 50 m weiter nach rechts hinauf Richtung Geigerhof. Vor einer Brücke (dort kleine Parkmöglichkeit) zweimal rechts auf den Parkplatz Kneippweg. Mit Bahn/Bus: Von Welsberg (Bhf. Der Pustertalbahn) mit dem Bus 441 zur Haltestelle Wiesen; von dort in 5 Minuten zu Fuß zum Ausgangspunkt.
Höhenunterschied: 400 m.
Anforderungen: Orientierungssinn sowie ein Hauch Trittsicherheit (für den Kneippweg) schaden nicht, ansonsten ist man überwiegend auf Wander- und Wirtschaftswegen – letztere teils asphaltiert – unterwegs.
Einkehr: Gasthäuser in Taisten, 1206 m.
Variante: Zwischen Jezberg (5) und Taisten (6) kann man bald nach der Mühle nach links auf den Talblickweg (Nr. 21a) abbiegen und darauf zum Ausgangspunkt zurückkehren (spart eine gute halbe Stunde).
Tipp: Die kleine, uralte Kirche St. Georg sollte man sich auch von innen anschauen; Führungen mittwochs 9.30–11 Uhr, Treffpunkt: Tourismusbüro (Führungen von Mai bis Oktober, Anmeldung beim örtlichen Tourismusverein, Tel. +39 0474 950 000).

Ein Fest für die Füße – barfuß im Rudlbach.

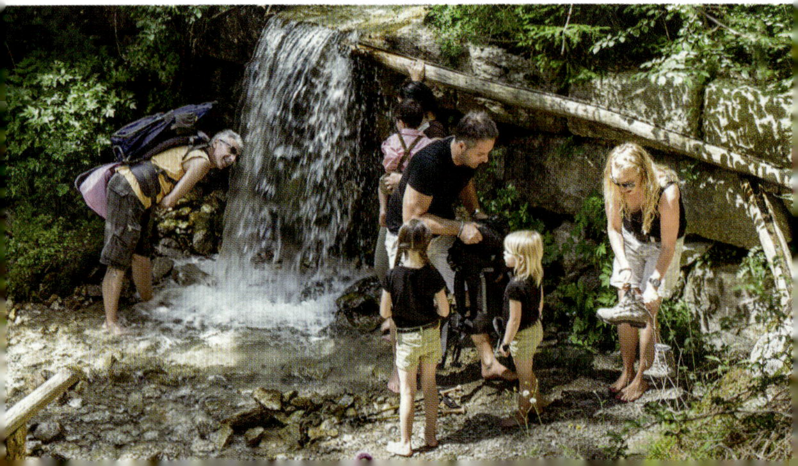

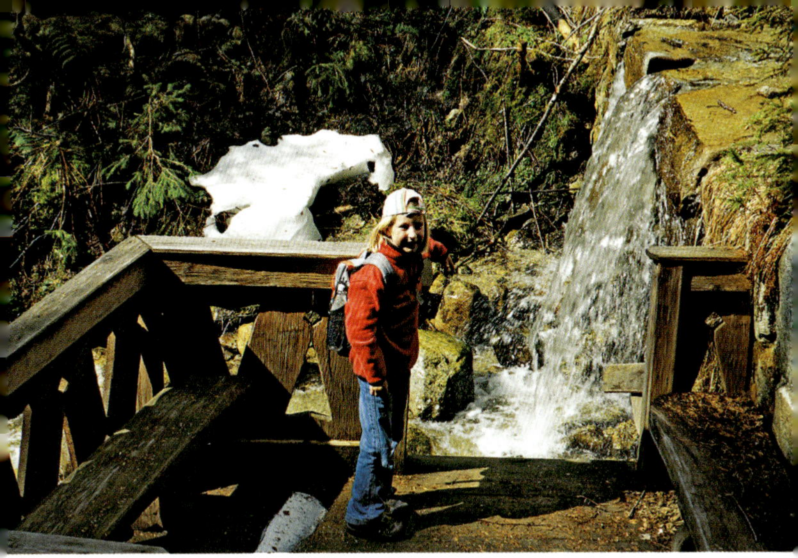

Im Rudlgraben: der Rastplatz am oberen Ende des Kneippweges.

Vom **Parkplatz (1)**, 1250 m, gehen wir zur Brücke und überqueren darauf den Rudlbach. Unmittelbar danach gehen wir durch den beschrifteten Torbogen auf den Kneippweg. Wir wandern nun auf einem liebevoll mit viel Holz angelegten Steig durch eine wildromantische Waldschlucht, im Sinne von Pfarrer Kneipp am besten natürlich barfuß. Wo der Weg im Talgrund bei einem **Rastplatz (2)**, 1355 m, unmittelbar an einem Wasserfall zu enden scheint, wenden wir uns scharf nach rechts

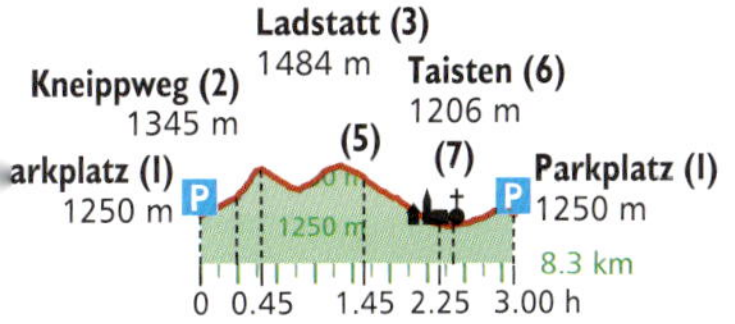

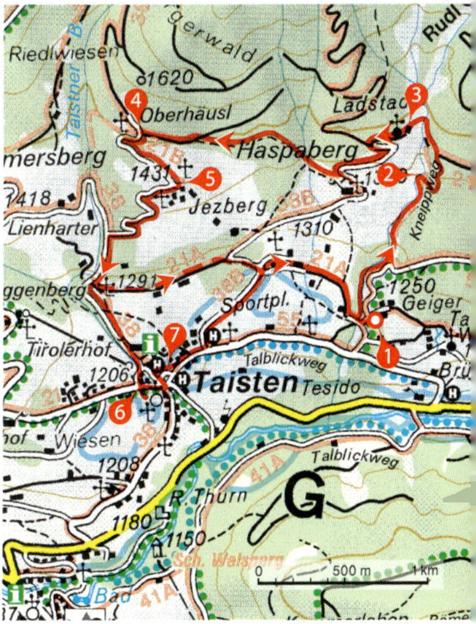

und gehen über eine Wegrampe schräg aufwärts. Wo es flach wird, scharf nach links und dem aufwärtsführenden Pfad folgen. Am oberen Rand einer Lichtung passieren wir einen netten befestigten Brotzeitplatz. Von dort nicht den Wegspuren nach rechts hinauf folgen, sondern nach links weitergehen. Über ein etwas steileres Wegstück gelangen wir auf eine bewachsene Forststraße; darauf nach links. 200 m weiter gehen wir links am Geländer entlang hinunter in den Rudlgraben. Der Aufstieg gegenüber leitet zum Hof **Ladstatt (3)**, 1484 m.

Dort folgen wir dem Zufahrtssträßchen abwärts. Bei der nächsten Kehre – eine Linkskehre – zweigt nach rechts hinauf der Weg 38 B zur Taistner Alm ab. Wir folgen der 21 B nach links mit der Asphaltstraße weiter bergab. Knapp unterhalb der dritten Kehre (Linkskehre) zweigt scharf nach rechts der **Lottersteig** (beschildert) ab. Dieser führt gleich wieder in den Wald. Wir befinden uns hier knapp oberhalb des zuvor besuchten Seppila-Hofs. Der rot-weißen Markierung 21 B folgen wir jetzt ein Stück bergauf. Einen steil nach rechts hinaufführenden Weg ignorieren wir. Nach einem Graben nehmen wir an einer spitzwinkligen Verzweigung den rechten, höheren Weg (also nicht auf die Wiese hinab). Nach einem Brotzeitbankerl mit Tisch kurz hinauf zu einen Forstweg, dem wir nach links folgen.

Beim **Oberhaushof (4)**, 1510 m, treffen wir auf eine Straßenkehre. Hier verlassen wir den Lottersteig und folgen dem aussichtsreichen Sträßchen durch den Weiler **Mahrberg (Jezberg, 5)** ein längeres Stück abwärts. Unten am Bach kann man eine alte Mühle mit Zuleitungskanal bestaunen; dort halten wir uns links und spazieren hinab nach **Taisten (6)**, 1206 m, dessen erste urkundliche Erwähnung auf das Jahr 770 n. Chr. datiert ist. Im Ort gelangt man die Grundrichtung beibehaltend über die Dorfstraße zur großen **Pfarrkirche**. Nach links über die Dorfstraße bergab, kommt

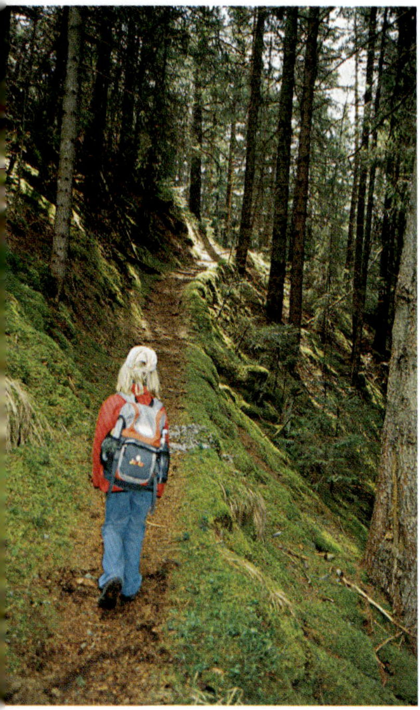

Der bequeme obere Ausstieg aus dem Rudlgraben.

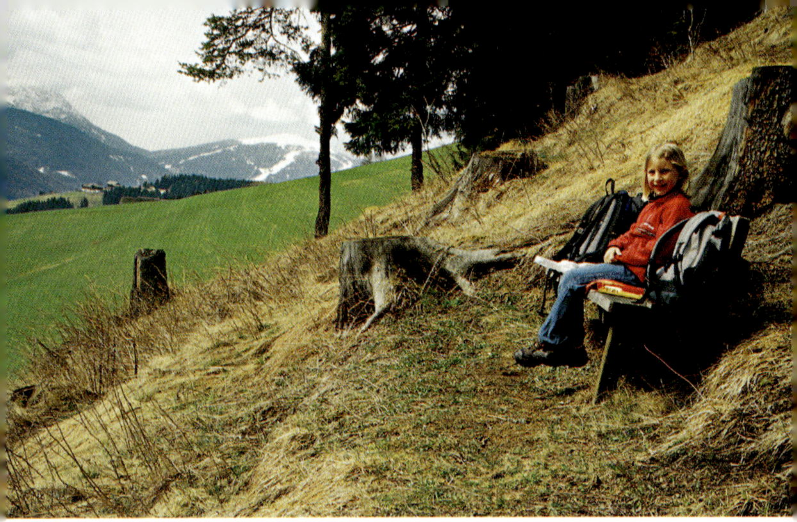

Rast am Lottersteig oberhalb der Taistner Wiesen.

man zu einem Tabernakel-Bildstock aus dem 15. Jahrhundert. Dort links in die Sonnenstraße und nach dem Tourismusbüro geradeaus bergan gehen.
Beim Wegweiser »Sportzone« zweigen wir rechts in die Simon-von-Taisten-Straße ab, der wir – an der sehenswerten **St.-Georgs-Kirche (7)** vorbei – nach Osten folgen, bis uns ein weiterer Wegweiser zur Sportzone nach links in den Haspa-Weg schickt. Unter dem **Sportplatz** gehen wir geradeaus vorbei. Bei der ersten Linkskehre der Straße zweigen wir rechts ab. Am Haus Bergblick vorbei gelangt man auf einem Kiesweg in den Wald hinein und gleich darauf zum **Parkplatz (1)**.

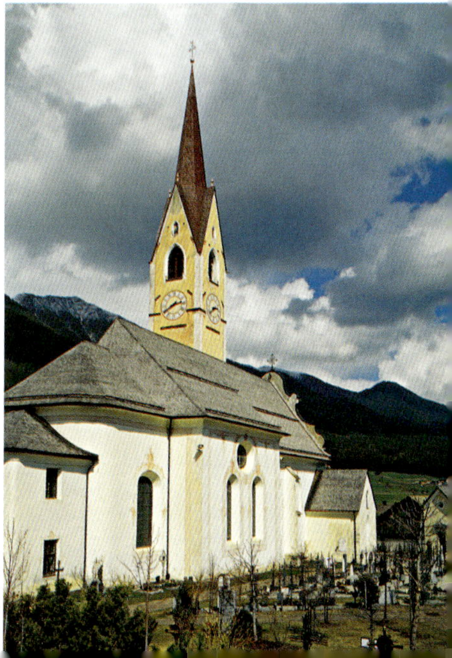

Pfarrkirche in Taisten.

38 Gsieser Talblickweg

4.30 Std.

Langer Talspaziergang durchs untere Gsieser Tal

Wenn im Frühjahr die Berge noch von Schnee verziert sind, auf den Wiesen im Tal aber schon sattgrünes Gras und bunte Blumen das Auge verwöhnen, dann ist die beste Zeit für ausgedehnte Talspaziergänge. Im Gsieser Tal wurde dafür der Talblickweg ausgeschildert. Eine reizvolle Runde auf dessen Wegabschnitten in der unteren Talhälfte wird im Folgenden beschrieben.

Ausgangspunkt: Parkplatz, 1190 m, gegenüber dem nicht mehr bewirtschafteten Brückenwirt an der Hauptstraße im unteren Gsieser Tal (Navi: I-9035 Welsberg, talein zu 46° 45' 59.7'' N, 12° 8' 0.48'' O). Wer mit dem Bus (Linie 441) kommt, startet an der Hst. Wiesen am Rand des Waldstücks östlich von Taisten (Rückfahrt ab Brückenwirt).
Höhenunterschied: 240 m.
Anforderungen: Ein wacher Blick für Verzweigungen und Wegweiser, ansonsten leichte Wanderung.
Einkehr: Gaststätten in Außerpichl, Unterplanken und Durnwald.
Variante: Die Asphaltetappe zwischen Henzing und Außerpichl lässt sich auf Naturwegen umgehen, indem man nach der Kapelle unter dem Binterhof vorbei geradeaus geht, dann halblinks und beim nächsten Bauernhof scharf links. Nun am Waldrand entlang, zunächst bergan, dann weglos nach rechts queren, bis die Bäume oberhalb eine Lücke lassen. Durch diese wenige Meter höher auf eine Pfadspur, der man nach rechts folgt. Nach einem kurzen Anstieg nach links geht es nach rechts zu einem Bächlein hinab. An einem verfallenden Gehöft vorbei quert man, bald wieder auf einem Kiesweg, hinüber zu einer Teerstraße, die uns nach Außerpichl hinabbringt.

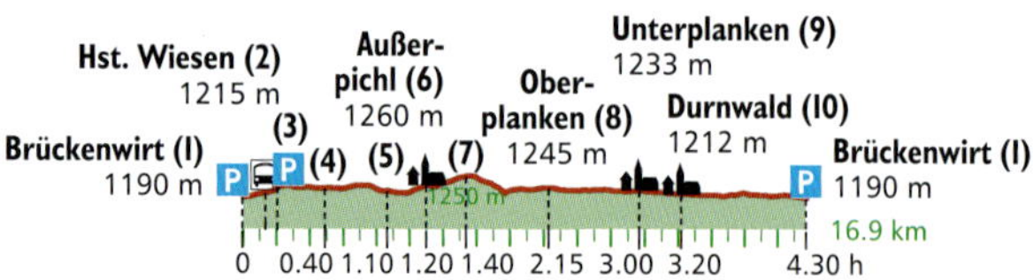

Vom ehemaligen Gasthaus **Brückenwirt (1)**, 1190 m, starten wir an der Hauptstraße 100 Meter talein, dann zweigen wir links ab auf die Straße Richtung Taisten. Wo es in den Wald geht, passieren wir noch die **Bushaltestelle Wiesen (2)**, 1215 m, 50 Meter weiter zweigen wir nach rechts hinauf Richtung Geigerhof ab. Bei einer Brücke (links

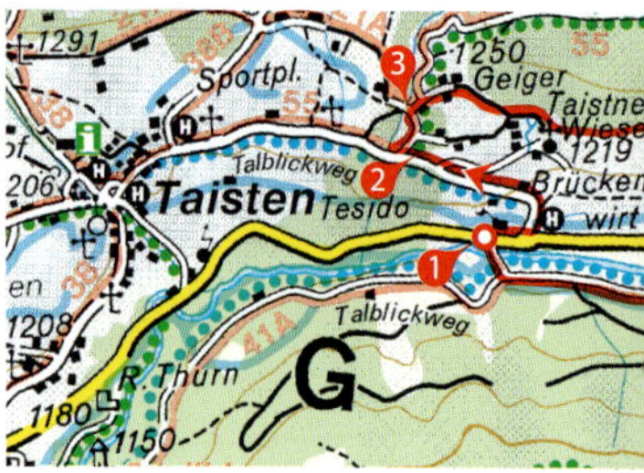

zum Kneippweg, vgl. Tour 37) halten wir uns rechts und passieren den **Parkplatz »Kneippweg« (3)**, 1250 m. Wir folgen dem Wegweiser »Talblickweg 21A«, passieren den Geigerhof sowie einen ersten Talblick und kommen dann in einen Wald. Dort bleiben wir immer auf dem Hauptweg und bewegen uns damit meist nahe dem Waldrand. Von der Brücke über den **Mairbach (4)** ergibt sich nach links hinauf ein eindrucksvoller Blick auf eine erodierte Moräne (daraus können sich einmal Erdpyramiden entwickeln). Bei der folgenden Verzweigung gehen wir rechts und damit leicht bergab. Wo der Weg beim Mairhof aus dem Wald tritt, gehen wir gleich wieder nach links hinauf (Kreismarkierung). Bei einer Bank treffen wir auf ein Asphaltsträßchen, dem wir nach

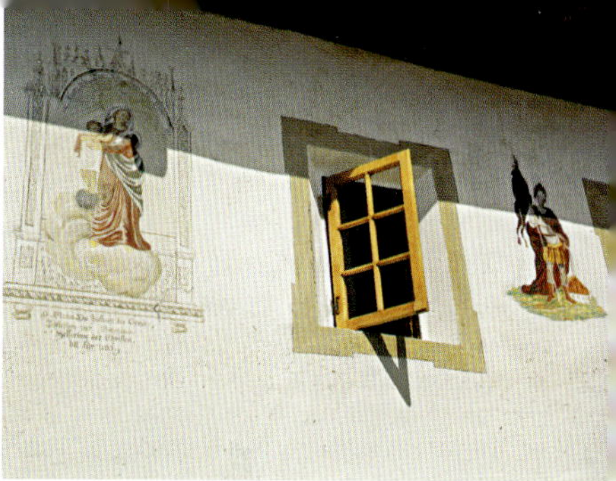

Gsieser Fassadenschmuck.

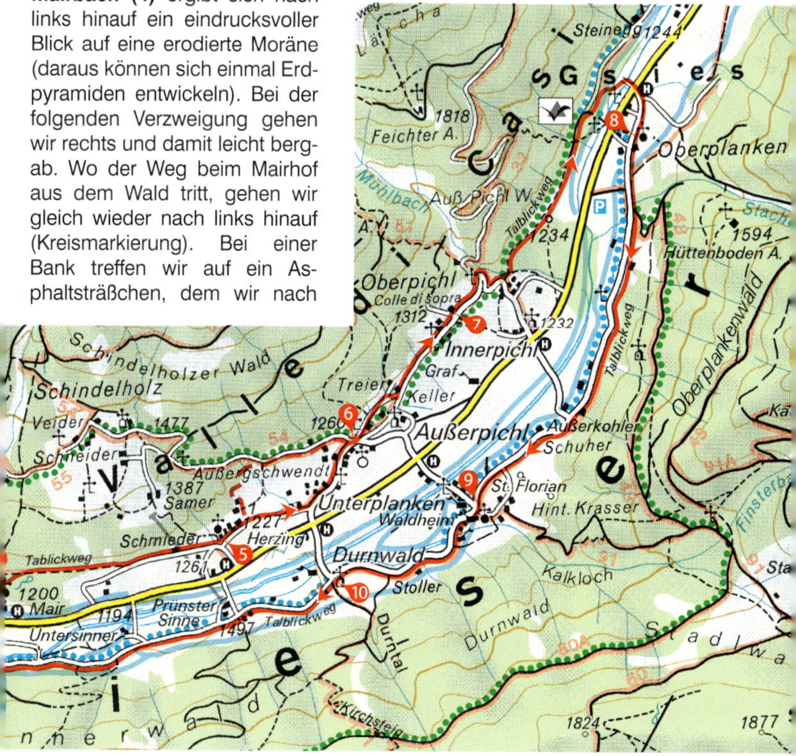

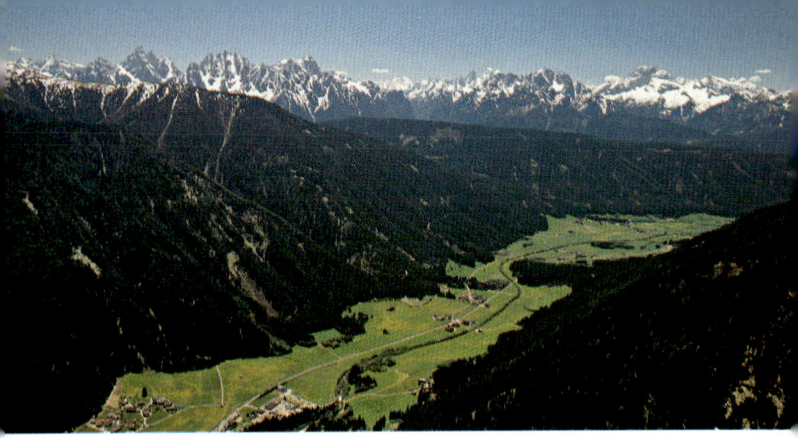

Das untere Gsieser Tal, gesehen vom Hörneckele. Am Horizont die Dolomiten.

links in den Weiler **Henzing (5)**, 1227 m, folgen. Wenn wir nicht die Variante nehmen, spazieren wir weiter auf befestigter Straße zum nächsten Ort. Dort, in **Außerpichl (6)**, 1260 m, passieren wir das Turmhotel Gschwendt und sollten dann einen Blick in die eindrucksvolle Kirche St. Nikolaus werfen (1334 erstmals erwähnt, der heutige neugotische Bau stammt aus dem Jahr 1897). Von der Kirche weg wandern wir auf dem Sträßchen rechts vom Parkplatz leicht bergab. Nach dem Friedhof gehen wir geradeaus weiter auf dem Sträßchen nach **Oberpichl (7)**, 1312 m, hinauf. Hinter diesem Dorf verlassen wir am Waldrand bei einer Aussichtsbank das Sträßchen nach links auf einen nadelübersäten Waldweg. Unter einem Turbinenhäuschen (Abzweigung nach links: der »extreme« Weg 51 zur Gschwendtner- und Friedbergalm) gehen wir rechts runter, ignorieren die Abzweigung des Weges 32 und gelangen so wieder zur Straße. Der folgen wir bergab, aber nur rund 100 Meter: Bei einer Rechtskurve gehen wir geradeaus in den Wald. An einer Waldwegkreuzung gehen wir geradeaus, obwohl die Hauptfahrspur nach rechts abbiegt. Bald darauf haben wir wieder freien Blick talein und gehen ein Stück am Waldrand entlang. Bei einem Waldeck verlassen wir den Talblickweg nach

Die neugotische Kirche St. Nikolaus in Außerpichl.

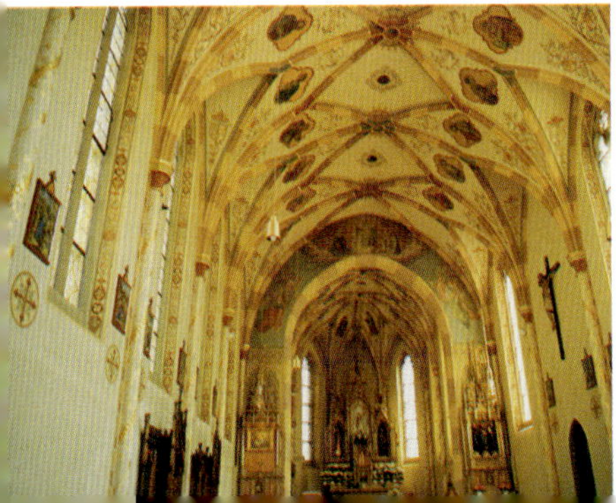

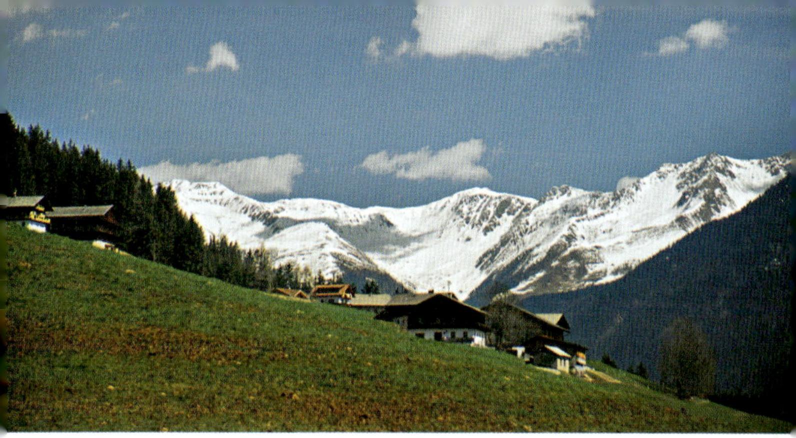

Im zeitigen Frühjahr bilden die tief verschneiten Gsieser Berge eine großartige Kulisse.

rechts, um die Talstraße zu überqueren (Bushaltestelle, Tourabbruch oder -einstieg möglich). Auf der schmalen, alten Dorfstraße wandern wir nun talaus und halten auf den kleinen Ortskern von **Oberplanken (8)**, 1245 m, zu. Am Ortsende ignorieren wir das nach links hinaufweisende Schild »Talblickweg« (es gilt für den hier nicht näher beschriebenen talein führenden Abschnitt des Talblickweges).
Nach einer Brücke nehmen wir bei einer spitzwinkligen Verzweigung den rechten Weg. Auf unbefestigtem Fahrweg wandern wir über eine Wiese und schauen auf die Dreifingerspitze, die rechts über die Bäume lugt. Wir wandern nun auf der alten Gsieser Talstraße. Hier ist es jetzt so ruhig, weil im Zuge der Begradigung des Pidigbachs (nach schweren Überschwemmungsschäden) auch gleich die Talstraße auf die andere Seite des Bachs verlegt wurde – seit 1971 rauscht der Verkehr dort vorbei. In **Unterplanken (9)**, 1230 m, gehen wir an der Kreuzung unter dem Hotel Stoll geradeaus weiter. Wir passieren dann auch das Hotel-Restaurant Waldheim, lassen den Sportplatz rechts liegen und folgen nun der befestigten Straße.
Im nächsten Weiler, in **Durnwald (10)**, 1212 m, gehen wir bei einer kleinen Kirche geradeaus und auf jetzt wieder unbefestigtem breitem Wanderweg. Beim nächsten Gehöft (Prünster Sinne), 1190 m, wieder geradeaus, beim folgenden Bauernhof – dem Untersinner – links vorbei und leicht aufwärts zum Wald. Nun folgt ein längerer schattiger Wegabschnitt neben dem alten Bett des Pidigbaches. Bald nachdem wir auf eine Lichtung hinausgetreten sind, verzweigt sich der Weg: Geradeaus ginge es noch 3 km oder knapp 1 Std. weiter nach Welsberg (lohnend vor allem, wenn man mit dem Linienbus von dort gekommen ist), nach rechts gehen wir über die **Brücke**, der das ehemalige Wirtshaus am Ausgangspunkt seinen Namen verdankt.

39 Ratsbergwiesen und Peterkirchl

3.30 Std.

Wald und Wiesen über dem Pustertal

Wer gerne durch mittelgebirgsartige Waldlandschaften wandert, den Blick aber trotzdem immer wieder mal über steile Felszinnen schweifen lassen will, ist hier richtig: Der Ratsberg ist ein sanfte Berglandschaft mit Dolomitenkulisse. Ein richtig steiler Bergpfad überrascht jedoch unterhalb der Kapelle St. Peter am Kofl. Sie steht an einer Stelle, an der es wahrscheinlich schon in vorchristlicher Zeit eine Kultstätte gab. Um das Jahr 600 entstand hier dann die erste Kirche des Hochpustertals. Das heutige Gebäude wurde 1329 erstmals erwähnt. 1985-1987 wurde die Kirche dann restauriert, zehn Jahre später wurde schließlich der Besinnungsweg angelegt, über den diese Tour zum Abschluss nach Aufkirchen hinabführt.

Ausgangspunkt: Aufkirchen, 1310 m, Parkplatz gegenüber dem Kirchenwirt etwas unterhalb der Kirche (Navi: I-39034 Aufkirchen 5–7;. 46° 44' 37.5'' N, 12° 12' 16.8'' O); Zufahrt von der Pustertal-Bundestraße nach Norden zum Ortskern von Toblach. Dort der Ausschilderung folgend nach Aufkirchen; bei der Kirche links hinab. Bus 448 Toblach – Aufkirchen.

Die barocke Pfarrkirche St. Johannes der Täufer im Talort Toblach.

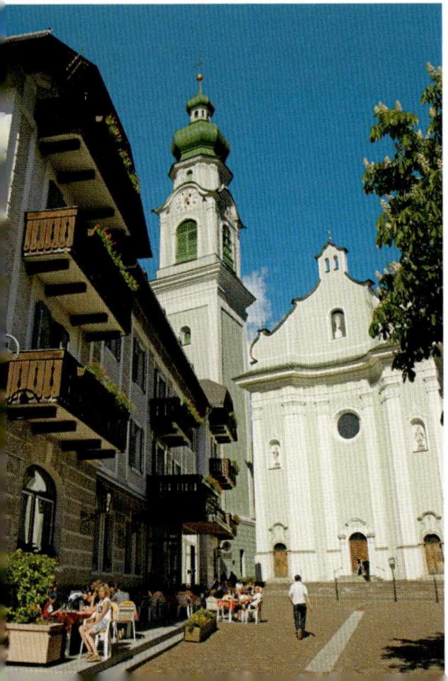

Höhenunterschied: 600 m.

Anforderungen: Orientierungsvermögen und ein aufmerksamer Blick für die Wegweiser und Markierungen.

Einkehr: Jörgerhof im Weiler Ratsberg; Alpenhotel Ratsberg 100 m neben der beschriebenen Route; Kirchenwirt am Ausgangspunkt in Aufkirchen.

Varianten: 1) Kürzester Weg von der Zufahrtsstraße zur Kapelle St. Peter am Kofel: Nach dem Rechtsabzweig hinter Aufkirchen bei einer Brücke parken (Platz für nur wenige Autos), auf dem beschilderten Besinnungsweg steil hinauf und auf gleichem Weg wieder zurück; knapp ¾ Std.

2) Ausgangspunkt Ratsberg; Zufahrt durch Aufkirchen und den höher gelegenen Weiler Ratsberg; nach der folgenden Rechtskehre ist der öffentliche Parkplatz, 1620 m, erreicht. Wenn man dort parkt, verlässt man die Hauptroute am Rückweg oberhalb von Mellaten nach links auf den Weg 7A. Der führt mit überschaubaren Zwischenanstiegen direkt zurück zum Parkplatz unter dem Ratsberghof.

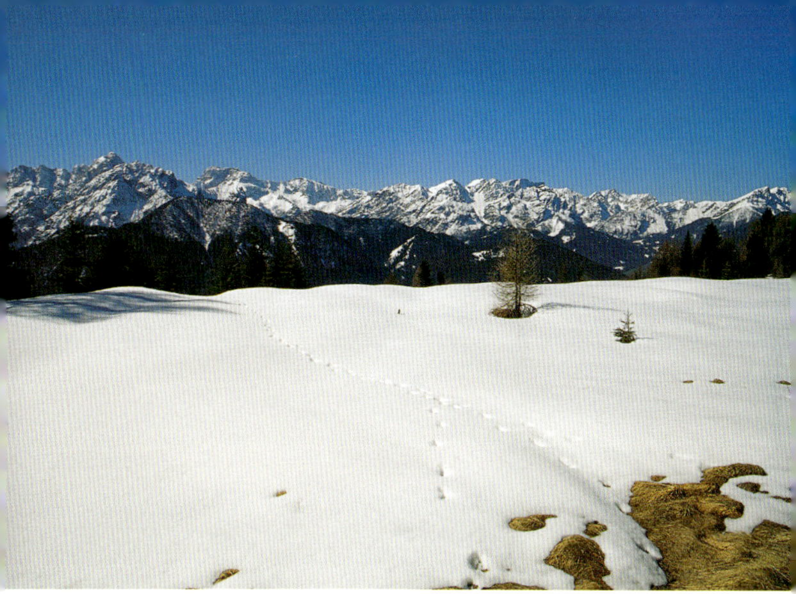

Auf den flachen Ratsbergwiesen kann man schon früh im Jahr wandern.

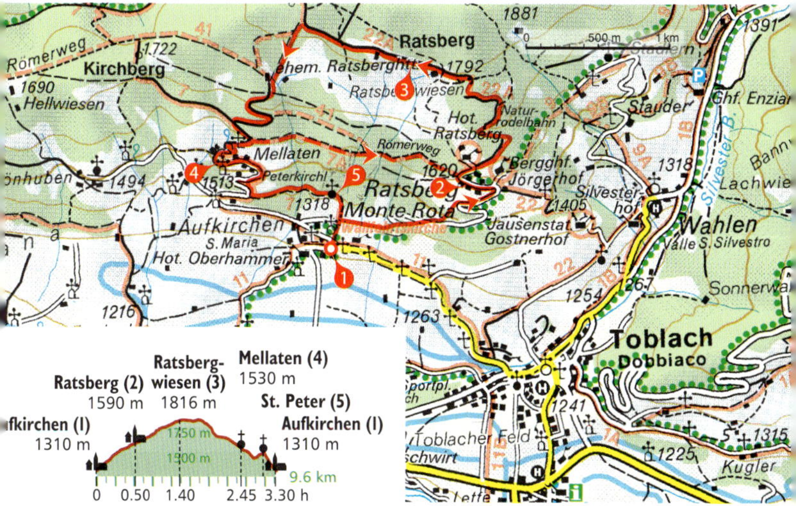

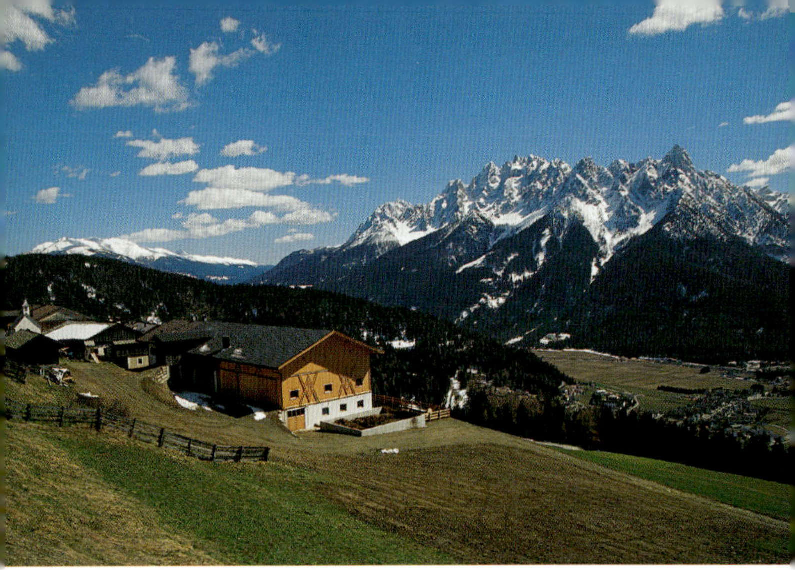

Aussichtsreich: Blick über Toblach und das Toblacher Feld auf die Sextener Dolomiten.

Wir starten beim Kirchenwirt in **Aufkirchen (1)** und folgen dem Besinnungsweg, der zwischen der Pfarrkirche und dem Bach ansetzt. Nach einem Brückerl nehmen wir den rechten Weg und gehen gleich nach einem Bienenstock links (nicht am Waldrand weitergehen). Der Weg trifft dann auf eine Asphaltstraße, der wir aufwärts folgen. Auf dem beschilderten **Abkürzungspfad »7B«** verlassen wir die Straße gleich danach nach links und kreuzen sie kurz darauf. Sobald wir erneut auf die Straße treffen, folgen wir ihr kurz nach rechts, bevor uns ein Schild wieder nach links in den Wald schickt. Oberhalb des Waldes gehen wir letztendlich doch entlang dem Sträßchen: durch **Ratsberg (2)**, 1590 m, dann nach rechts und am Parkplatz, 1620 m (Variante 2), vorbei.
Der nächsthöheren Straßenkehre (ein Linksbogen) folgen wir nicht, sondern gehen mit der Wegweisung »Ratsberger Wiesen« (Wegnummer 60) geradeaus auf eine Forststraße. Dieser folgen wir durch ein größeres Waldgebiet; untergeordnete Abzweigungen ignorieren wir. Unsere Kiesstraße vollzieht bald eine weite Linkskehre und führt dann lange geradeaus. Nachdem der Weg einen Rechtsbogen vollzogen hat, folgen wir einer beschilderten Abzweigung rechtwinklig nach links. Kurz darauf schickt uns ein Schild auf einen Waldweg nach rechts. Wo wir wieder auf einen Fahrweg treffen, halten wir uns links und gehen schnurstracks auf den Waldrand zu. Nun öffnet sich oberhalb des reizvollen Biotops der **Ratsbergwiesen (3)** bald ein umwer-

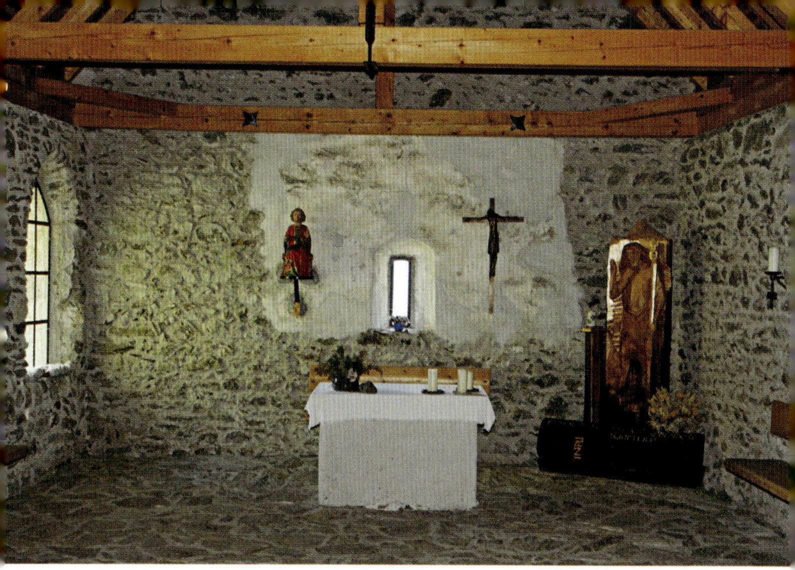

Schlicht und schön: Innenansicht der mittelalterlichen Kapelle St. Peter am Kofel.

fender Blick auf die Dolomiten. Nach einem leichten Gefälle zweigt eine Kurzversion des Rundwegs links ab (Wegweiser Ratsberg 20 Min.). Mit dem **Römerweg** (Nr. 41) gehen wir geradeaus ansteigend weiter. Bei der nächsten Verzweigung folgen wir dem Weg 41 nach links. Wir wandern nun (untergeordnete Wege ignorierend) auf dem Römerweg bergab. Dieser führt bei einer Verflachung mit Wegweiser in einer Rechtskurve weiter. Wir folgen hier jedoch dem geradeausführenden Forststräßchen, das bald darauf kräftig an Höhe verliert. Einer querenden Forststraße folgen wir nach links. Die kurz darauf nach links hinauf abzweigende Forststraße ist der Weg 7A (Variante 2) zum Parkplatz oberhalb von Ratsberg.
Die Hauptroute führt weiter bergab. Wir folgen der Richtung Aufkirchen ausgeschilderten Forststraße. Die geht im Weiler **Mellaten (4)**, 1530 m (sehenswerte Kapelle), in ein Asphaltsträßchen über. Diesem folgen wir, bis ein Stück nach einer Rechtskehre unterhalb einiger Gebäude eine Aussichtsbank zur Rast lädt – dort scharf links auf einen Fußweg abzweigen. Wo wir die Straße erneut treffen, verlassen wir sie gleich darauf wieder bei der folgenden Rechtskehre. Dort zweigt ein Karrenweg ab. Er steigt zunächst an, verliert aber nach einer Verzweigung wieder etwas an Höhe und bringt uns zur Kapelle **St. Peter am Kofel (5)**, 1492 m.
Von dort führt der Besinnungsweg durch bewaldetes, teils ziemlich steiles Gelände hinab zur Straße und geradeaus weiter nach **Aufkirchen (1)**, 1310 m.

40 Golfen, 2493 m

4.15 Std.

Leichter Aussichtsgipfel zwischen Gsieser- und Pustertal

Zum Golfen, also zum Golfspielen, werden die meisten Bergfreunde wohl eher nicht ins Pustertal fahren (obwohl man in Reischach bei Bruneck den Schläger schwingen könnte). Zum Golfen, also auf den Berg mit diesem Namen, kann man aber eine nette Wanderung unternehmen, die schöne Einblicke in die Gsieser Berge und herrliche Fernblicke auf die Dolomiten bietet.

Ausgangspunkt: Frondeigen, 1650 m (Navi: 46° 45' 49.7'' N, 12° 13' 48.2'' O), Parkmöglichkeit beim Kurterhof (bitte rücksichtsvoll und platzsparend parken). Zufahrt von Toblach (I-39034 Dobbiaco) Richtung Silvestertal, dann zweimal links abbiegen. Wo die Straße aus dem Wald herausführt, gibt es eine tiefergelegene Parkmöglichkeit (nutzen, falls in der Hochsaison mit Überfüllung der oberen Parkmöglichkeit zu rechnen ist); nach zwei weiteren Kurven über einen Wiesenhang erreicht das schmale Sträßchen den Kurterhof.

Höhenunterschied: 850 m.

Anforderungen: Orientierungssinn (bei Nebel genau auf dem Weg bleiben!); sonst keine besondere Schwierigkeiten.

Einkehr: Keine.

Variante: Wer höher hinaus will, kann vom Golfen auf dem weiterführenden Rücken zum Hochhorn, 2623 m gehen; dann ist man hin und zurück gut 1 Std. länger unterwegs.

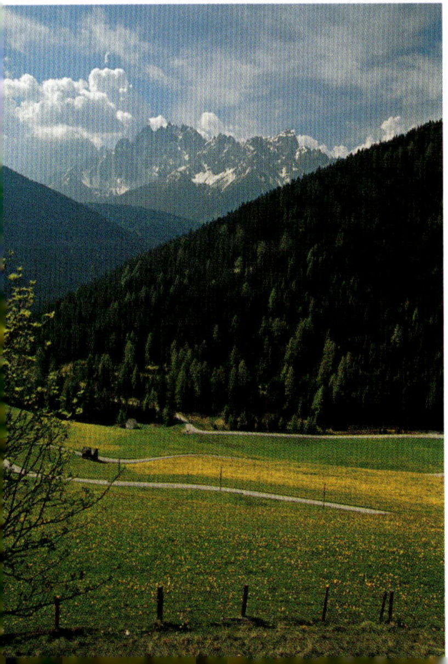

Wir folgen dem vom **Kurterhof (1)**, 1650 m, aufwärts führenden Fahrweg und halten uns beim nächsten Bauernhof (Stalper) links. Es folgen einige Kehren, wobei wir bei der zweiten und fünften die jeweils geradeausführenden Wege ignorieren. Unser Hauptfahrweg verliert zwischendurch etwas an Höhe und quert durch einen Waldhang, bis wir auf einen Pfad wechseln, der aus dem Wald über eine Lichtung kurz nach Westen leitet. Nahe einer Hütte am Fellasboden geht es dann nach rechts. Auf einem flachen Ge-

Blick vom Kurterhof auf die Sextener Dolomiten im Süden. Durch die blühenden Bergwiesen schlängelt sich die Zufahrtsstraße. Unten, am Waldrand, gibt es alternative Parkmöglichkeiten.

länderücken namens **Stacher Riedel (2)** wendet sich unser Pfad nochmal etwas nach rechts und führt hinauf zum Südwestrücken unseres Gipfelziels. An und auf dem Rücken zieht ein deutlicher Bergpfad hinauf zum Gipfelkreuz auf dem **Golfen (3)**, 2493 m.
Am Anstiegsweg – oder ab Fellasboden auf dem Fahrweg der Hütte – kehren wir zurück zum **Kurterhof (1)**.

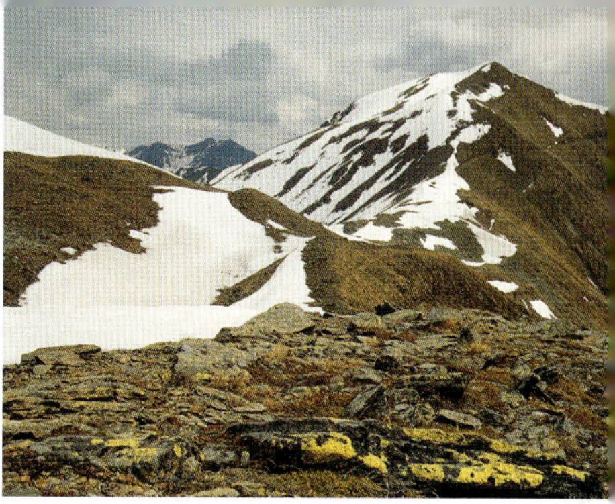

Am Golfen. Rechts dahinter das Hochhorn (Variante).

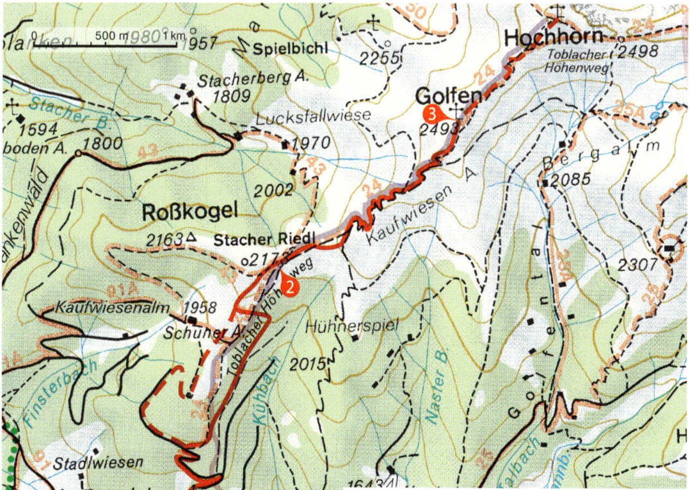

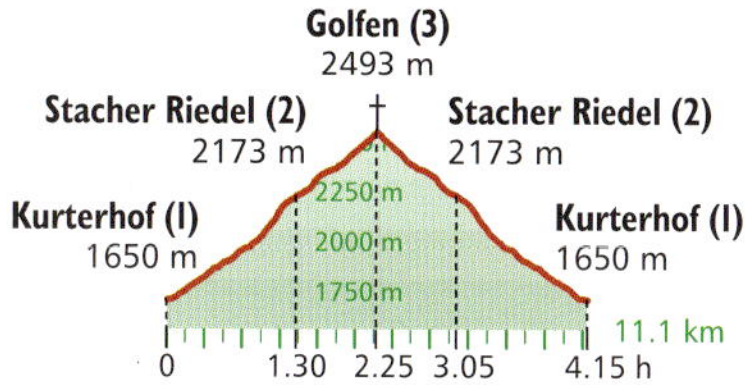

41 Toblacher Pfannhorn, 2663 m

4.45 Std.

Traumhafte Aussichtsloge gegenüber den Sextener Dolomiten

Einer der beliebtesten Aussichtsberge über dem Pustertal ist das Toblacher Pfannhorn. Seit die Bonner Hütte an seinem Südhang nach jahrzehntelangem Siechtum mit viel Engagement wiedereröffnet wurde, gibt es neben dem sagenhaften Panoramablick noch einen kulinarischen Grund, auf den aussichtsreichen Grasberg zu gehen.

Ausgangspunkt: Kandellen, Parkplatz, 1580 m (Navi: 46° 45' 42.2'' N, 12° 14' 59.6'' O), zwischen Seiterhof und Kapelle. Zufahrt von Toblach (I-39034 Dobbiaco, Bhf.) Richtung Silvestertal, bei Verzweigung, 1391 m mit vielen Wegweisern nach links, gleich darauf Linksabzweigung nach Frondeigen ignorieren, bei der zweiten Abzweigung nach rechts hinauf.
Höhenunterschied: 1080 m.
Anforderungen: Ausdauer, bei Sommerwetter Hitzeresistenz (kaum Schatten, Sonnenhut!); bei trockenem Boden keine nenneswerten Schwierigkeiten.

Einkehr/Übernachtung: Bonner Hütte, 2307 m, Tel. +39 340 9428264, www.bonnerhuette.it; am Ausgangspunkt der Seiterhof, 1590 m.
Variante: Nach der Brücke über den Golfenbach links abzweigen. Durch das Golfental und an der Bergalm vorbei hinauf zum Pfanntörl, 2511 m. Von dort führt ein stellenweise etwas rauerer Bergpfad nach rechts über den Nordrücken und über einige Schrofen zum Gipfelkreuz am Toblacher Pfannhorn (knapp ½ Std. länger). Abstieg am beschriebenen Hauptweg über die Bonner Hütte.

Von **Kandellen (1)** spazieren wir auf einem Sträßchen erst durch Bergwiesen, dann durch Wald. Gleich nach der Brücke über den **Golfenbach (2)** zweigt der Weg über die Bergalm links ab (Variante). Für den Direktanstieg bleiben hier erstmal auf dem nach rechts weiterführenden Kiessträßchen. Gleich danach halten wir uns links und steigen in vielen Kehren durch die obere Waldzone. Anschließend geht es über einen freien Grasrücken. Dort thront die **Bonner Hütte (3)**, 2307 m – der richtige Platz für eine Erfrischung und zum Studieren der Speisekarte; dann können wir die Vorfreude auf das Essen genießen,

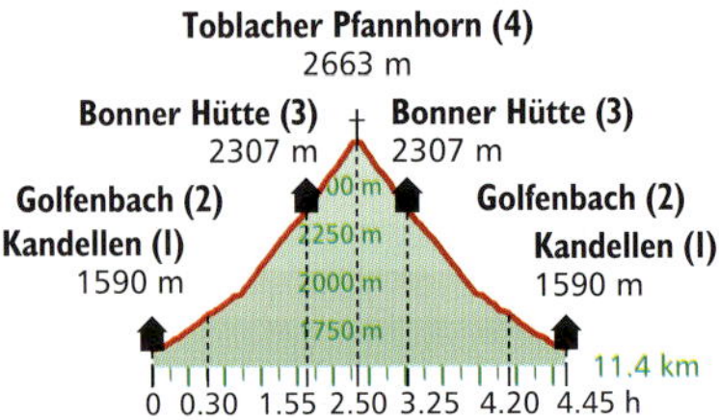

Blick vom Toblacher Pfannhorn nach Osttirol – auf die Berge um Innervillgraten.

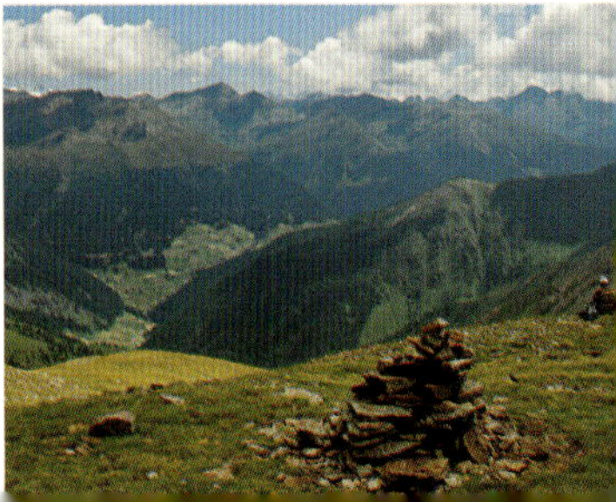

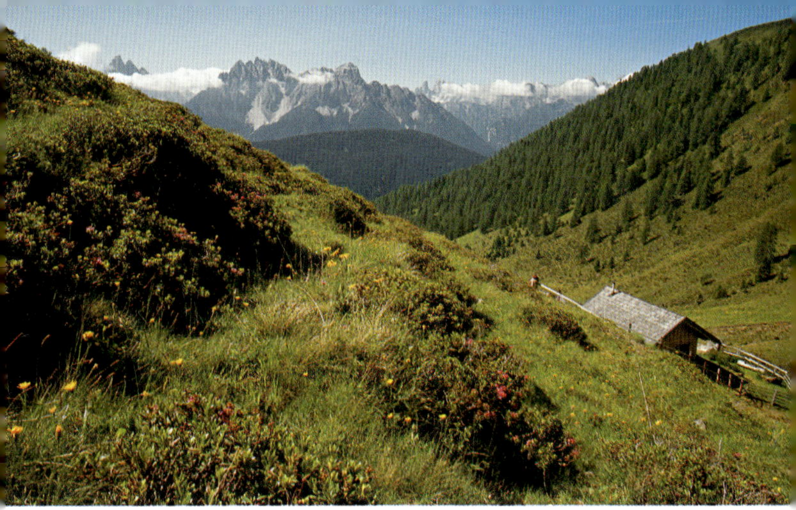

Die Bergalm im Golfental. Sie liegt an der Route übers Pfanntörl (Variante).

während wir auf problemlosem Bergpfad über einen geschwungenen Rücken auf das **Toblacher Pfannhorn (4)**, 2663 m, steigen – und auf demselben Weg zur Hütte zurückkehren. Und nun: guten Appetit! Genießen Sie Essen und Aussicht ruhig ausgiebig, denn der Talabstieg auf bekanntem Weg geht zwar etwas in die Knie, ist aber hinsichtlich des Zeitbedarfs recht überschaubar.

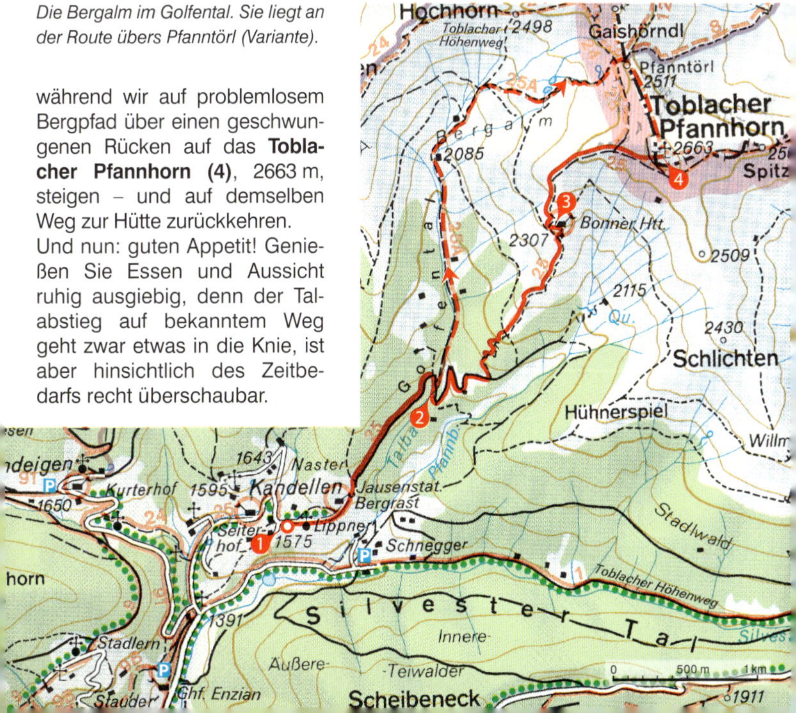

42 Silvesterkapelle, 1897 m

3.30 Std.

Spaziergang durch ein stilles Tal

Dies ist eine besonders beschauliche Talwanderung mit zweierlei Einkehrmöglichkeiten: die im 12. Jahrhundert erstmals erwähnte Silvesterkapelle zur inneren Einkehr und die gleichnamige Alm zur stärkenden.

Ausgangspunkt: Parkplatz Schönegger Säge, 1495 m (Navi: 46° 45' 31.8'' N, 12° 15' 22.0'' O), im Silvestertal. Zufahrt von Toblach (I-39034 Dobbiaco, Bhf.) ins Silvestertal, bei Verzweigung, 1391 m, mit vielen Wegweisern nach rechts.

Höhenunterschied: 420 m.

Anforderungen: Keine; ausgedehnter Spaziergang, der erst zum Schluss, zur Kapelle hinauf, mit steileren Wegabschnitten aufwartet.

Einkehr: Silvesteralm, 1798 m.

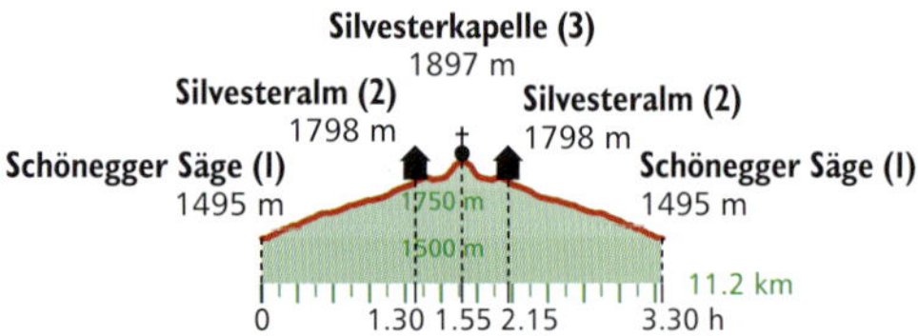

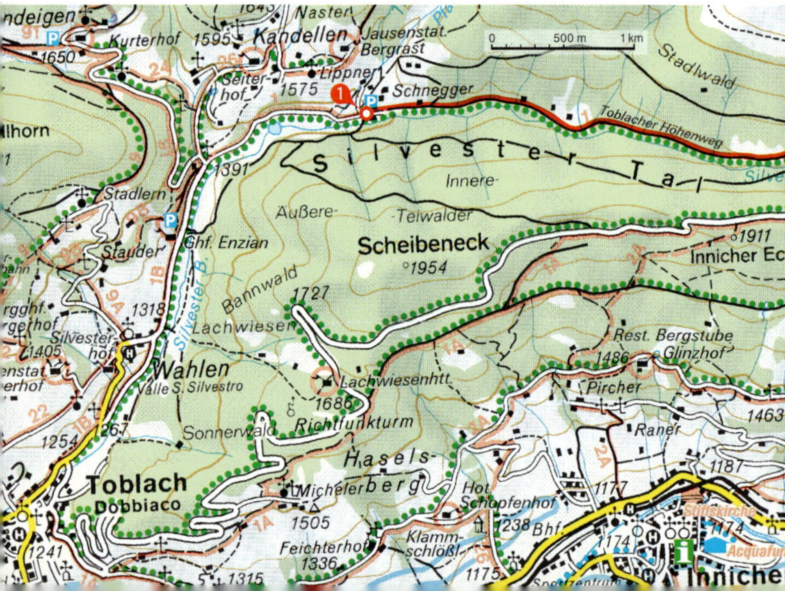

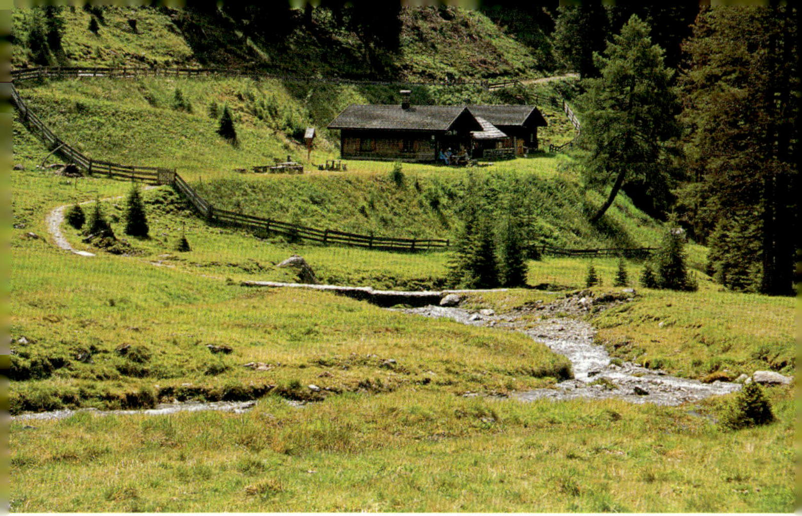

Am Silvesterbach: die alte Silvesteralm.

Die Wanderung beginnt mit einem gemütlichen Talspaziergang: Von der alten **Schönegger Säge (1)**, 1495 m, auf einem bequemen Kiessträßchen talein. Bald nachdem sich das Tal geweitet und sich das Sträßchen nach links gewendet hat, zweigen wir nach rechts zur schon sichtbaren **Silvesteralm (2)**, 1798 m, ab. Hinter der Alm führt ein Güterweg weiter. Darauf setzen wir unsere Tour fort und durchqueren einen Wald. Bei einer Verzweigung nehmen wir den linken Forstweg und gleich darauf den rechts abzweigenden, beschilderten Weg zur unserem Ziel. Nun wird es doch noch steil und anstrengend – aber nur kurz, denn 10 Minuten später haben wir die **Silvesterkapelle (3)**, 1897 m, erreicht, in der Fresken aus dem 15. Jahrhundert erhalten sind.
Rückkehr am Anstiegsweg.

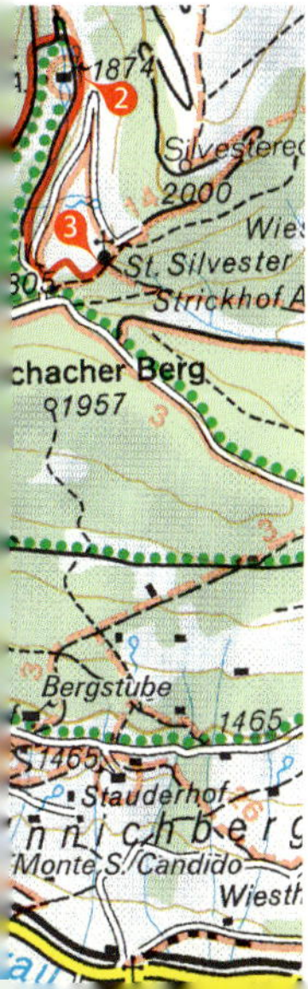

Versteckt im Wald (Silva): die Silvesterkapelle.

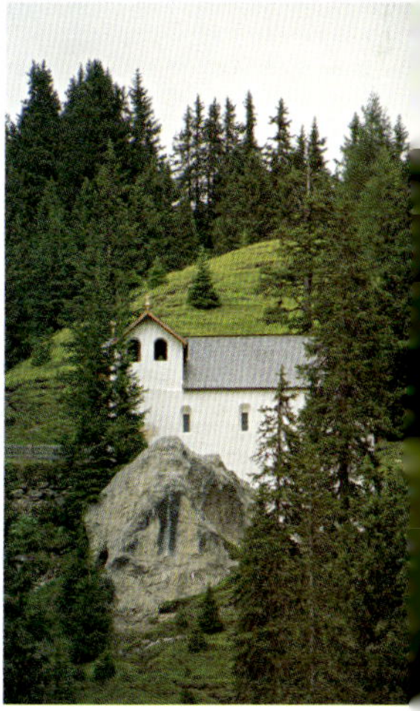

43 Toblacher Höhenweg, über das Toblacher Pfannhorn, 2663 m

8.30 Std.

Lange Bergwanderrunde an der Grenze zu Osttirol

Über die hohen Grasberge oberhalb von Toblach verläuft mit dem gleichnamigen Höhenweg eine ausgewachsene Tagesrunde für Bergwanderer, die den Blick auf die steilen Felszinnen der Dolomiten gerne genießen, aber selbst lieber ohne Luft unter den Sohlen unterwegs sind.

Ausgangspunkt: Silvestertal, parken bei einer Straßenverzweigung, 1391 m (Navi: 46° 45' 22.7'' N, 12° 14' 30.8'' O), mit vielen Wegweisern, bei großem Andrang auf Kiesflächen kurz davor; oder weiterfahren zum Parkplatz Schönegger Säge im Silvestertal.
Höhenunterschied: 1500 m.
Anforderungen: Ausdauer, bei Sommerwetter Hitzeresistenz (kaum Schatten, Sonnenhut!); an einigen Schrofen ist etwas Trittsicherheit angenehm, sonst bei trockenem Boden und guter Sicht keine nennenswerten Schwierigkeiten.
Einkehr: Silvesteralm, 1798 m (minimal abseits des Weges); Steinbergalm, 1927 m.

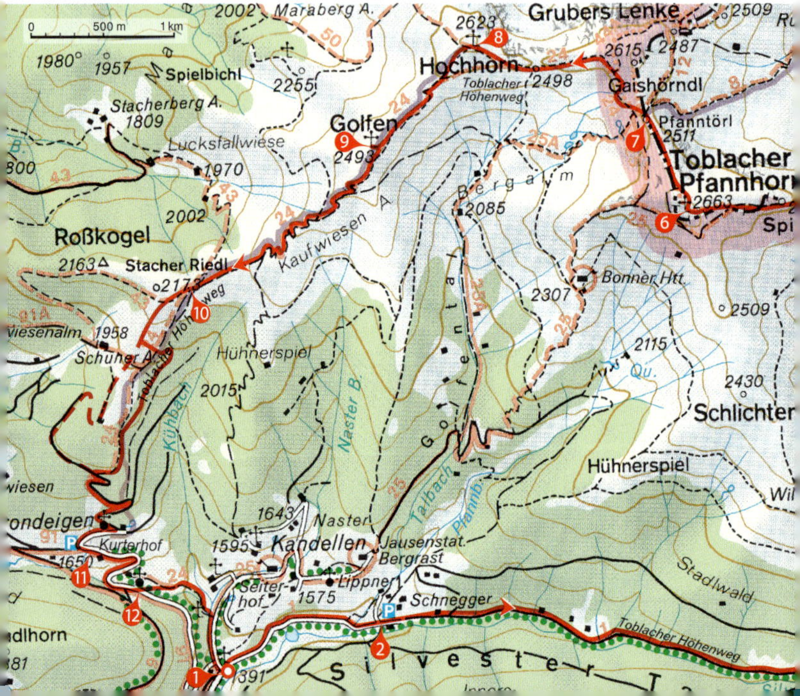

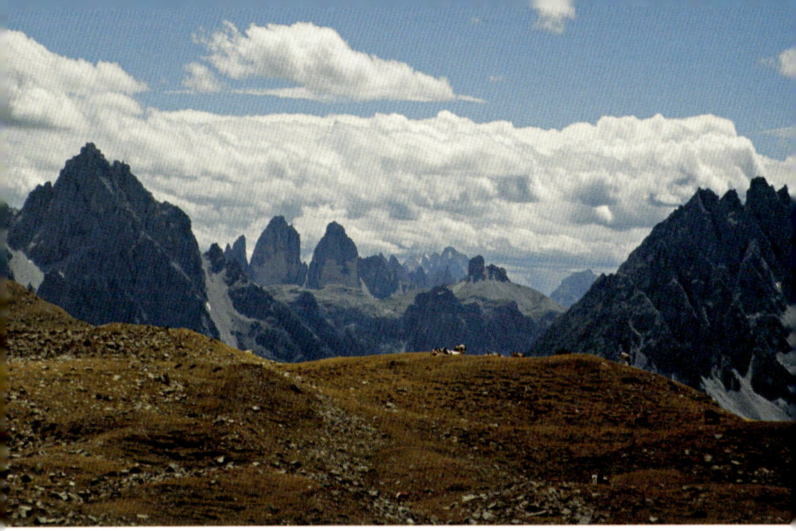

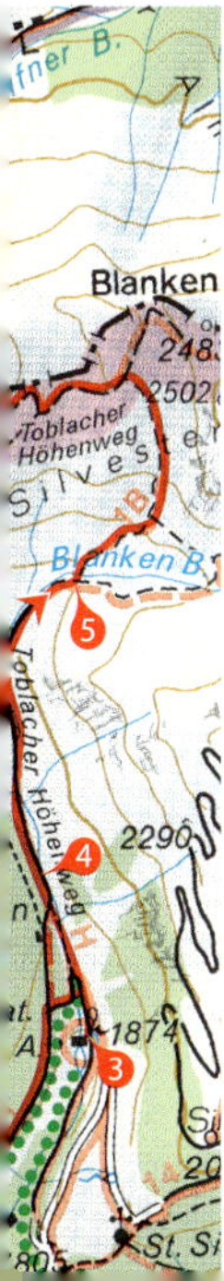

Blick vom Toblacher Höhenweg auf die Sextener Dolomiten. Links die Dreischusterspitze, im Bildmitte die Drei Zinnen, rechts der Haunold.

Von der **Verzweigung (1)** gehen wir auf der rechten Straße ins Silvestertal und passieren nach 20 Minuten geradeausgehend den Parkplatz **Schönegger Säge (2)**, 1495 m (ggf. am Ende der Tour nur für den Fahrer, ab dort Kfz-Fahrverbot). Wo der Weg später nach links – also nach Norden – biegt, taucht rechts die bewirtschaftete **Silvesteralm (3)**, 1798 m, auf; ein Abstecher dorthin ist nicht weit. Unser direkter Weg verläuft geradewegs talein und beginnt nun etwas stärker anzusteigen. Kurz vor der **Steinbergalm (4)**, 1927 m, wechselt der Weg die Talseite. Bald nach zwei Kehren verzweigt sich der Weg, 2115 m. Wir halten uns hier links und steigen nun auf dem schmaleren Wanderpfad 1B Richtung Blankenstein auf. Den erreichen wir jedoch nicht, da wir uns davor bei einer **Verzweigung (5)**, 2115 m, im Bereich eines relativ ebenen Geländes nach links wenden. Nach einem Abschnitt mit nur geringen Höhenunterschieden steigt der Höhenweg wieder an. Nach dem Spitzkinkele-Rücken geht es schließlich aufs **Toblacher Pfannhorn (6)**, 2663 m.

Über den stellenweise leicht schrofigen Nordrücken steigen wir hinab zum **Pfanntörl (7)**, 2511 m. Dort folgen wir dem Weg, der durch den linken Hang des gegenüber ansteigenden Rückens quert. Auch bei der gleich folgenden Verzweigung

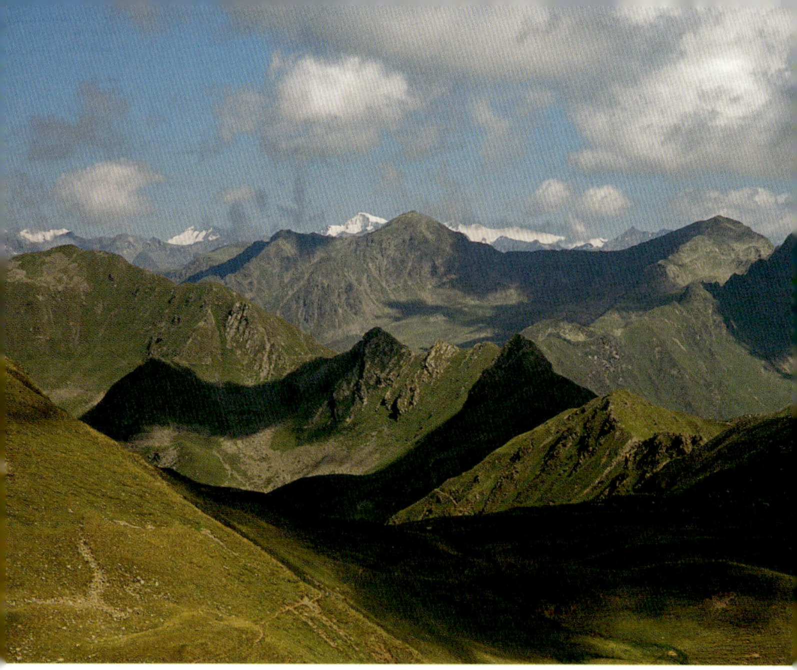

Blick über die Villgrater Berge zu den Tauern. Links der Bildmitte der Großvenediger.

bleiben wir auf dem hangquerenden (linken) Weg. Ab der nächsten Verzweigung könnte man ohne Anstrengung durch die grasige Südflanke des Hochhorns queren. Wegen der Aussicht auf die Gsieser Berge lohnt es sich aber, den rechten Weg zu nehmen und das **Hochhorn (8)**, 2623 m, zu überschreiten. An dessen Südwestgrat vereinigen sich beide Wege wieder. Der Bergrücken gibt die weitere Richtung vor. Nachdem wir den **Golfen (9)**,

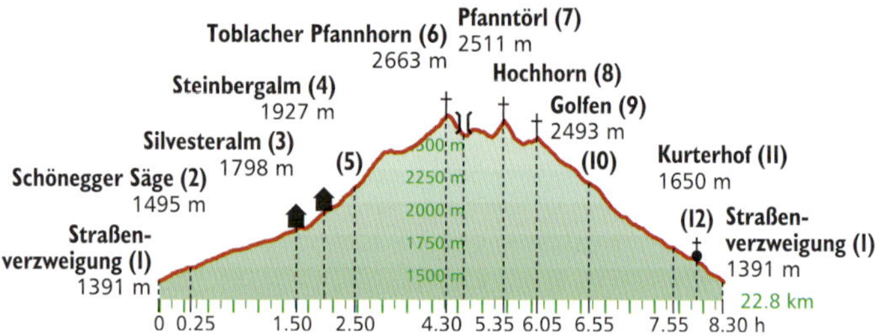

2493 m, etwas unterhalb seines Gipfelkreuzes passiert – oder ihn mit einem minimalen Umweg »mitgenommen« haben –, gehen wir noch ein Stück am Rücken weiter, um dann nach rechts auf das flachere Gelände am **Stacher Riedel (10)** zuzuhalten.
Dort linkshaltend geht man am Fellasboden auf eine Hütte zu, auf deren Zufahrtsstraße man weitergehen kann. Ansonsten nach links über eine Wiese und einen kurzen Waldhang hinab zu einer Forststraße, der wir nach rechts folgen. Nach einer kurzen Zwischensteigung senkt sie sich in einigen Kehren hinab zu einem Bauernhof (Stalper).
Dort nach rechts, erreicht man gleich darauf den **Kurterhof (11)**, 1650 m. Der restliche Weg zurück zum Ausgangspunkt ist überschaubar: über die Zufahrtsstraße hinab zum Waldrand und dort bei einer **Kapelle (12)**, 1550 m, nach links auf den Fußweg wechseln, der durch den Wald hinabführt. Zum Schluss treffen wir auf eine Straße, auf der noch ein kurzes Bergabstück zu bewältigen ist.

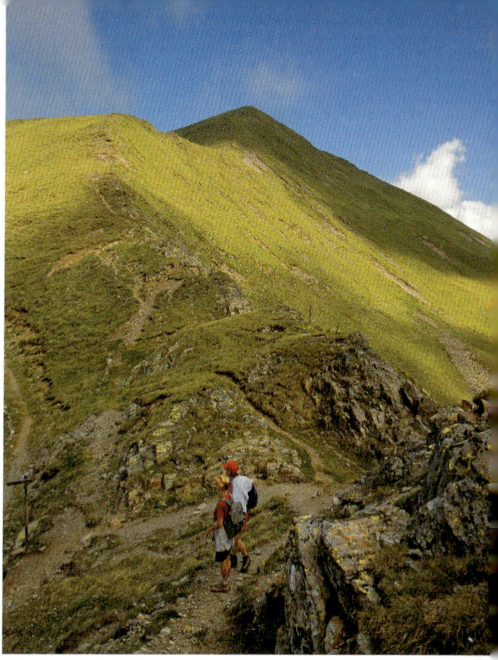

Am Pfanntörl. Blick auf das Gaishörndl.

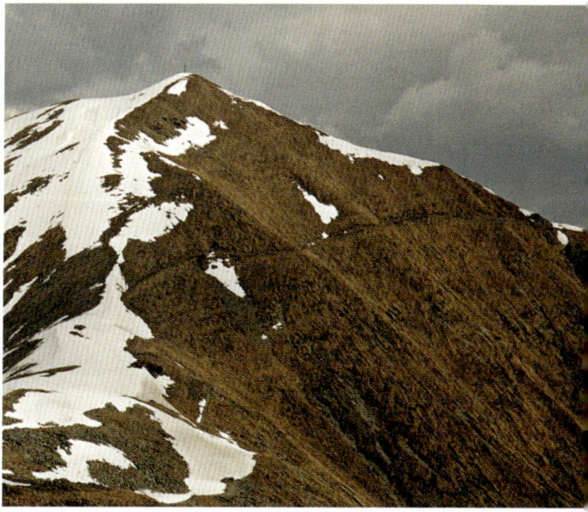

Das Hochhorn mit der Wegtrasse durch die Flanke.

44 Strickberg, 2553 m, und Marchkinkele, 2545 m

7.00 Std.

Abwechslungsreiche Rundtour über leichte Gipfel

Am Marchkinkele ducken sich in den Gipfelhang ehemalige Soldatenunterkünfte, eine Art Mahnmal, das an die bitteren Auseinandersetzungen im 20. Jahrhundert erinnert. Albin und Andreas Innerhofer haben die Gebäude für friedliche Nutzung wieder hergerichtet und bieten dort seit 2021 aussichtsreiche Einkehr sowie Übernachtungsmöglichkeiten an.

Ausgangspunkt: Parkplatz Schönegger Säge, 1495 m (Navi: 46° 45' 31.8'' N, 12° 15' 22.0'' O), im Silvestertal. Zufahrt von Toblach (I-39034 Dobbiaco, Bhf.) ins Silvestertal, bei einer Verzweigung, 1391 m, mit vielen Wegweisern nach rechts.
Höhenunterschied: 1120 m.
Anforderungen: Ausdauer; teils raue Bergpfade, bei trockenem Boden und guter Sicht aber ohne nennenswerte Schwierigkeiten.
Einkehr: Silvesteralm, 1798 m; Marchhütte, 2530 m, www.marchhuette.it, Tel. +39 320 320 7993; Steinbergalm, 1927 m.
Tipp: Die kehrenreiche Schotterstraße neben bzw. an der Aufstiegsroute ist eine attraktive Mountainbike-Strecke.

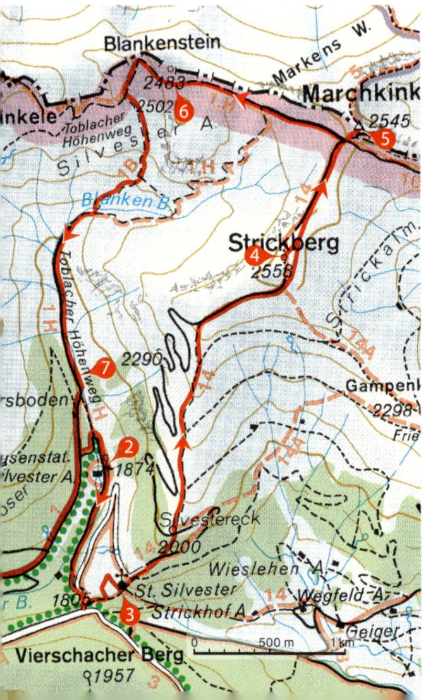

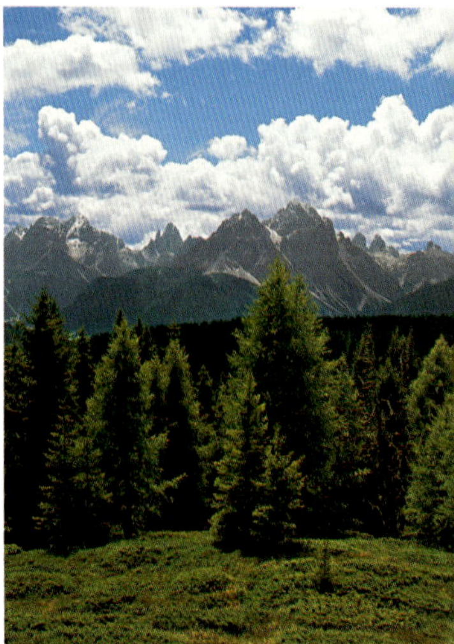

Am Anstiegsweg zum Strickberg – Blick auf die Sextener Dolomiten.

Wie bei Tour 42 gelangen wir von der **Schönegger Säge (1)**, 1495 m, über die **Silvesteralm (2)**, 1798 m, zur **Silvesterkapelle (3)**, 1897 m. Der weiterführende Fußpfad trifft etwas höher auf eine alte Militärstraße, der man nach rechts (aufwärts) folgen könnte. Zügiger steigt man auf dem gegenüber ansetzenden Abkürzungspfad an. Wo der den Wald hinter sich lässt, trifft er wieder auf die Militärstraße, die von hier aus mit eleganten Kehren zielstrebig an Höhe gewinnt. Man kann aber auch geradeaus und weiterhin auf dem steileren Abkürzungspfad bleiben, der über den Rücken rechts der Straße ziemlich geradlinig hochzieht. Auf ca. 2430 m treffen wir rechtwinklig auf die querende Militärstraße. Wir folgen ihr nach rechts, bis kurz vor einem Sattel Steigspuren scharf nach links abzweigen. Sie leiten in wenigen Minuten hinauf zum Gipfelkreuz auf dem **Strickberg (4)**, 2553 m.

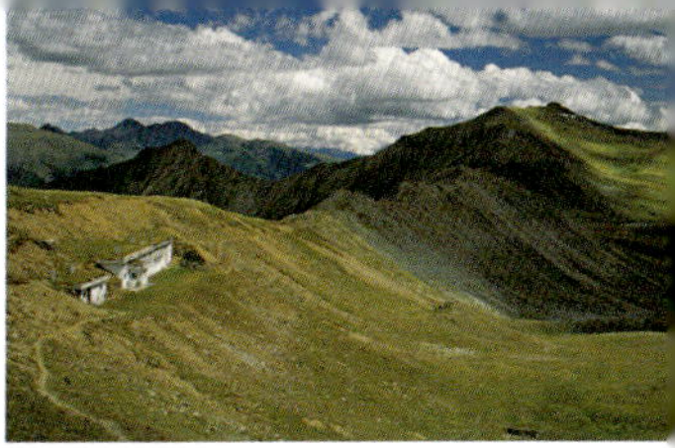

Am Blankenstein. Rechts das Marchkinkele.

Zurück am ehemaligen Militärsträßchen, wandern wir über einen Rücken direkt auf den nächsten Berg zu, der an der Marchhütte vorbei und über einige Schrofen in wenigen Minuten erreicht ist. Oben, auf dem **Marchkinkele (5)**, 2545 m, öffnet sich nun der Blick hinab ins österreichische Osttirol, genaugenommen in die Quelltäler des Villgratentals.
Nun folgt eine aussichtsreiche Gratwanderung: Ein Steig führt am Grenzkamm (meist knapp links davon) nach Westen zu einer weiteren verfallenen Stellung, 2455 m. Es folgt die Überschreitung des **Blankensteinrückens (6)**, dann geht es etwas steiler bergab. Nach einem Linksbogen und einer ebenen Strecke hält man sich an einer Verzeigung, 2382 m, links und steigt auf dem Weg 1B über eine Geländestufe ab. Talaus wandernd erreichen wir die **Steinbergalm (7)**, 1927 m (Einkehr empfehlenswert). In der folgenden Talweitung kann man links erneut die **Silvesteralm (2)**, 1798 m, ansteuern. Ideal, um es sich noch mal richtig gut gehen lassen, da der Rückweg über den Fahrweg zum Ausgangspunkt im Vergleich zum bisher geleisteten nur noch als Verdauungsspaziergang einzustufen ist.

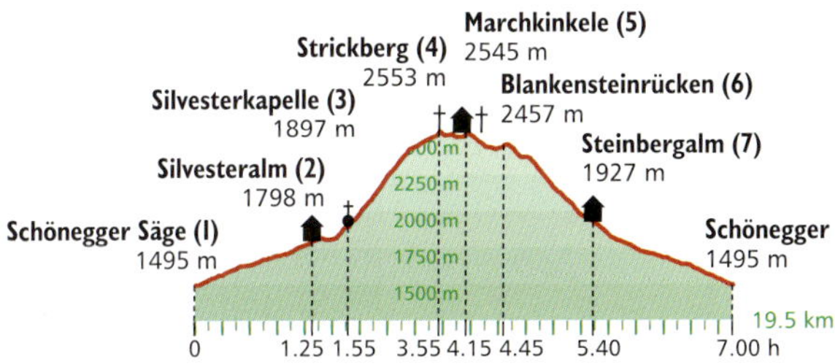

45 Thurntaler, 2407 m

2.45 Std.

Von hochgelegenem Ausgangspunkt zu reizvollen Kleinoden

Die auf der F&B-Karte noch »Thurnthaler« geschriebene Gipfelkuppe knapp östlich der Südtiroler Grenze musste mit dem Bau eines Skigebiets einige Eingriffe in die Landschaft über sich ergehen lassen. Damit zählt der Berg sicher nicht zu den attraktivsten Zielen in diesem Buch. Wenn man aber im Hochpustertal unter einer dicken Hochnebelsuppe leidet, ist man froh, per Auto oder Seilbahn mal eben auf rund 2000 m hinauffahren und am Thurntaler die Freiheit über den Wolken genießen zu können – mit einem Zeitaufwand von nur einem knappen halben Tag. Und wer ein Auge für die schönen Seiten der Natur hat (ebenso für die kleinen Dinge), wird auch am Thurntaler fündig: Die Seen östlich des Gipfels sind landschaftlich durchaus reizvoll. Wer auf dem Gipfel verzichtet und ihn stattdessen umrundet, bekommt von der Ski-Infrastruktur gar nicht so viel mit und kann seine Aufmerksamkeit noch besser den Blumen und der großartigen Aussicht auf die Dolomiten widmen.

Ausgangspunkt: Jausenstation Thurntaler Rast, 1978 m (Navi: A-9931 Außervillgraten 250; 46° 46' 38.5'' N, 12° 24' 23.6'' O). Beschilderte Zufahrt auf guter asphaltierter Bergstraße von Außervillgraten (Abzweigung nahe der Kirche); ins Villgratental gelangt man, indem man östlich von Sillian nach Norden abbiegt.
Höhenunterschied: 430 m.
Anforderungen: Leichtes Gelände; Orientierung bei Nebel schwierig.
Einkehr: Restaurant Gadein, 2089 m, bei der Seilbahn-Bergstation; Thurntaler Rast, 1978 m, am Ausgangspunkt.
Varianten: 1) Start an der Bergstation der Hochpustertaler Bergbahnen beim Restaurant Gadein, 2089 m (Talstation in Sillian, Tel. +43 4842 6011-0), 40 Min. kürzer. 2) Umrundung des Berges: Zunächst auf Weg 10 B nach Süden, dann durch die Südhänge und über den Rücken zwischen Thurntaler und Hochrast; vorübergehend mit Weg 4 auf der Villgrater Seite absteigen. Schließlich leitet unser Weg 10 B durch die Thurntaler-Nordseite zurück zum Ausgangspunkt (insgesamt knapp 5 Std.).

Vom Parkplatz vor der Jausenstation **Thurntaler Rast (1)**, 1978 m, folgen wir dem gekiesten Fahrweg, der in sanfter Steigung bergan führt. Bei einer Verzweigung mit vielen Wegweisern halten wir uns rechts. An den zwei folgenden Verzweigungen nehmen wir die jeweils linke Kiespiste. Nach einem Steilstück direkt vor uns wird schon der Gipfel sichtbar – und rechts der **Schafsee (2)**, 2280 m. Den kurzen Abstecher dorthin sollte

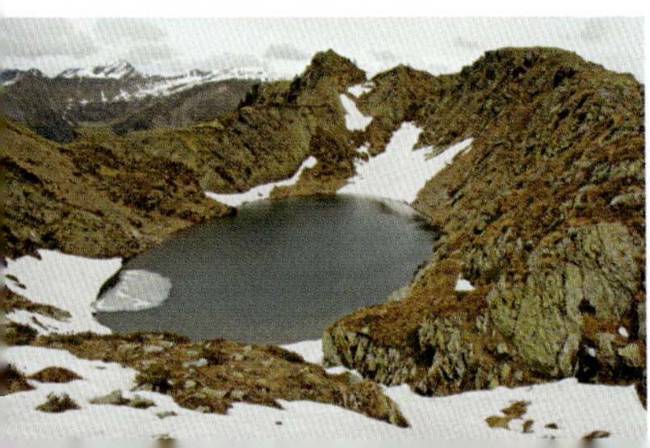

Der fast kreisrunde Klammsee.

man unbedingt machen, vor allem um dann links oberhalb noch ein Stück anzusteigen und einen beindruckenden Blick zum **Klammsee,** 2285 m, genießen zu können, der in einem wilden Geländekessel liegt. Weiter zum Gipfel hin wird es auf der Lifttrasse immer steiler. Wer nicht schnurgerade ansteigen will, weicht nach rechts (auf einen Fahrweg) oder halbrechts (über eine Pistenfläche) aus. Am Bergrücken wieder nach links, erreicht man gleich darauf den Gipfel des **Thurntaler (3)**, 2407 m.

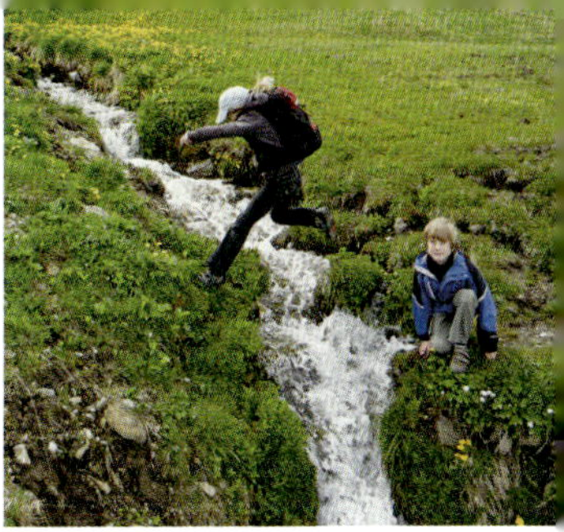

Viel Platz für kleine Abenteuer.

Beim Abstieg über den Südostrücken folgen wir zunächst einer Piste, passieren eine Liftbergstation und halten auf eine weiße Stange rechts der Piste zu. So finden wir den alten Bergpfad, der naturnah über den Rücken leitet. Einen Pistenwegweiser nach links ignorieren wir, erst später folgen wir einem links abzweigenden Wanderpfad. Er leitet in einen Bogen hinab zur Bergstation der Seilbahn und dem benachbarten Restaurant **Gadein (4)**, 2089 m. Von dort führt ein Kiesweg zurück zum Ausgangspunkt an der **Thurntaler Rast (1)**.

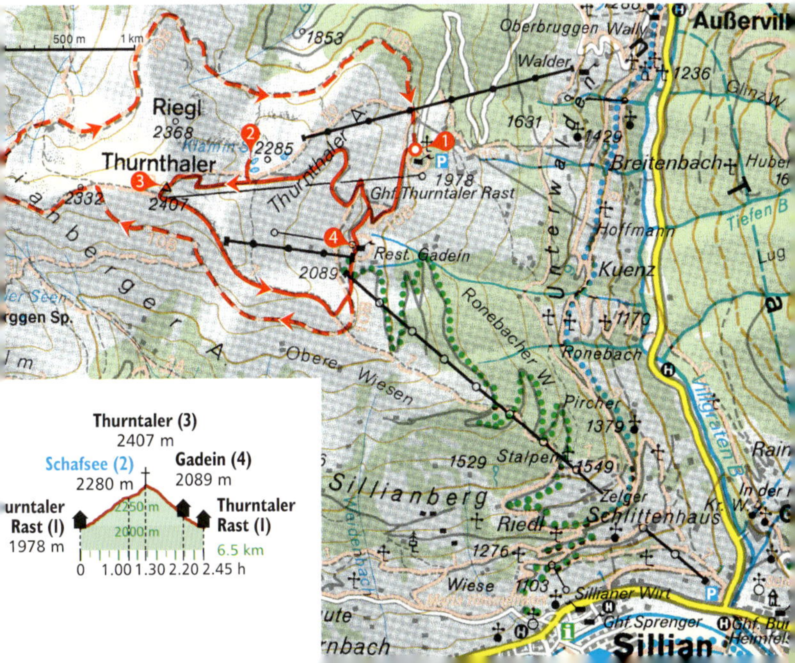

46 Hollbrucker Eck, 2574 m, und Hollbrucker Spitze, 2581 m

4.45 Std.

Von der Osttiroler Seite auf den Karnischen Hauptkamm

Eine der urwüchsigsten Gebirgsgruppen der Ostalpen ist der Karnische Hauptkamm. Er weist zahlreiche steile Felsgipfel auf, wovon einer seiner westlichsten das Hollbrucker Eck ist – eine wirkliche Spitze. Trotzdem hat auf den Karten sein etwas höherer, aber deutlich gedrungenerer Nachbar und Namensvetter den Beinamen »Spitze«. Diese Hollbrucker Spitze ist auf Ihrer flachen Seite für jeden Bergwanderer leicht zu besteigen, das Hollbrucker Eck bleibt felserfahrenen Bergfreunden vorbehalten.

Ausgangspunkt: Leckfeldalm, 1900 m (Navi: 46° 43' 10.9" N, 12° 24' 45.7" O); Zufahrt auf Schotterstraße von A-9920 Sillian/Osttirol (beschilderte Abzweigung westl. des Ortskerns), auch möglich mit Hüttentaxi (Tel. +43 664 3412813).
Höhenunterschied: 850 m.
Anforderungen: Relativ leichte Bergwanderung, abgesehen vom Hollbrucker Eck; dieser steile Zapfen als reizvollster Teil der Tour erfordert jedoch absolute Trittsicherheit sowie etwas Felsgewandtheit (Schwierigkeitsgrad I) und Schwindelfreiheit.
Einkehr/Übernachtung: Sillianer Hütte, 2447 m, ÖAV, Tel. +43 664 5323802; Leckfeldalm, 1900 m, Streichelzoo.

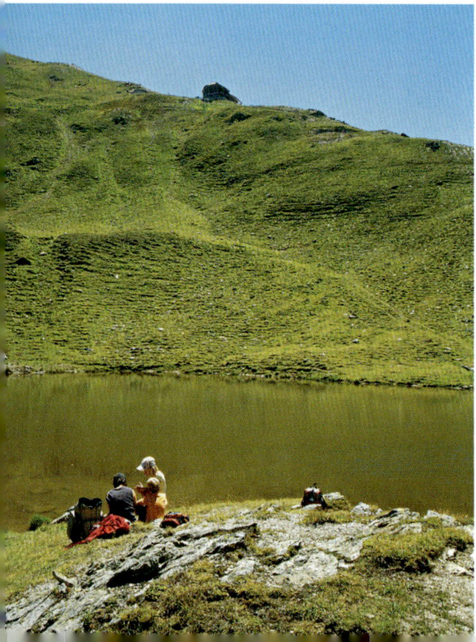

Bei der **Leckfeldalm (1)** folgen wir dem ansteigenden Karrenweg. Durch ein weites Hochtal wandern wir hinauf zum reizvollen **Füllhornsee (2)**, 2200 m. Bald darauf ist der **Leckfeldsattel (3)**, 2381 m, erreicht und ein herrlicher Blick auf die Sextener Dolomiten tut sich auf. Nach links hinauf gelangt man über einige Kehren zur **Sillianer Hütte (4)**, 2447 m. Ohne große Höhenunterschiede geht es dann am Karnischen Höhenweg weiter zum **Obermahdsattel (5)**, 2470 m. Den darüber

Rast am Füllhornsee. Auf dem Rücken darüber thront die Sillianer Hütte.

aufragenden Berg, das Hornischegg, passieren wir links. Auch bei den folgenden Verzweigungen halten wir uns links – und verlassen damit die Haupttrasse des Karnischen Höhenwegs. An einem Wiesenrücken wenden wir uns nach links und folgen einem Steig, der bald auf und an einem immer schmäleren Rücken verläuft. Nach einer exponierten und schrofigen Stelle rechts des Rückens leitet er direkt auf die Felsen zu. Die überwindet man zunächst über ein rinnenförmiges Wandl, dann rechts haltend – immer den Begehungsspuren folgend. Teils auf allen Vieren gelangt man hinauf zum Gipfelkreuz am **Hollbrucker Eck (6)**, 2574 m.

Der Abstieg erfolgt zunächst auf derselben Route und muss angesichts des abschüssigen Geländes mit großer Vorsicht erfolgen. Sobald wir wieder im grünen Bereich sind, steuern wir über Mattengelände auf direktem Weg den gegenüberliegenden höchsten Punkt der gar nicht spitz erscheinenden **Hollbrucker Spitze (7)**, 2581 m, an. Über den Westgrat steigen wir dann auf schwachen Trittspuren

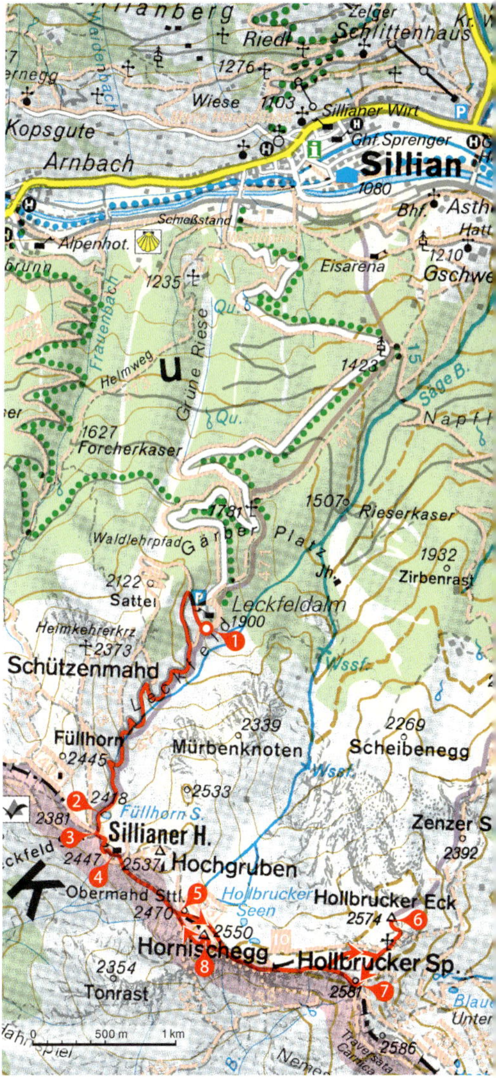

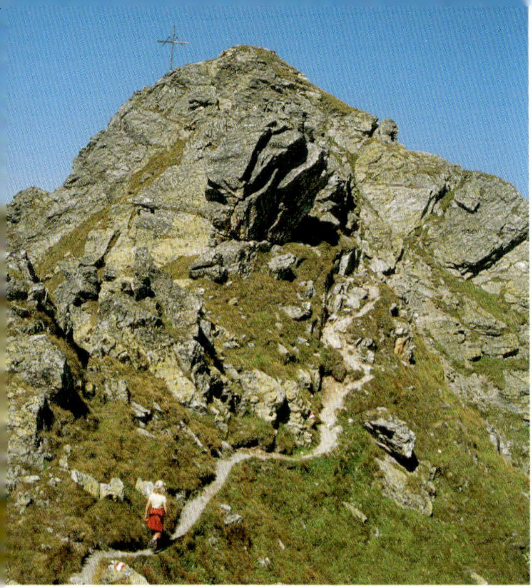

hinab zum Anstiegsweg. Dem folgen wir bis zum Fuß des nächsten Gipfels. Um den zu besteigen, zweigen wir links ab und steigen auf gutem Weg auf das **Hornischegg (8)**, 2550 m.

Beim Abstieg steuern wir zuerst eine alte Stellung auf der Südseite an, bevor wir nach rechts schwenken und nach Westen absteigen. Am Anstiegsweg wandern wir über die **Sillianer Hütte (4)** zurück zum Ausgangspunkt an der **Leckfeldalm (1)**.

Steil und oben auch felsig: das Hollbrucker Eck.

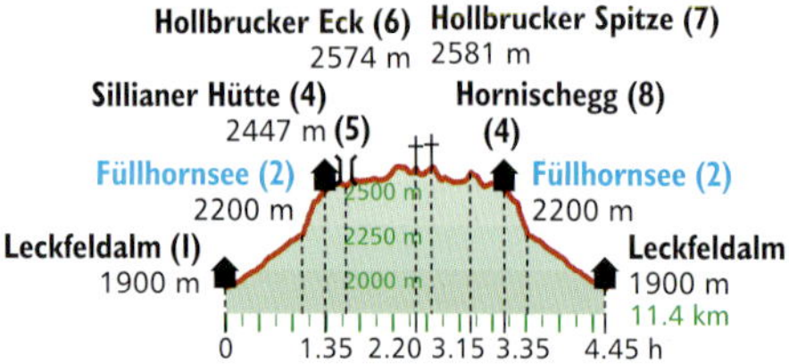

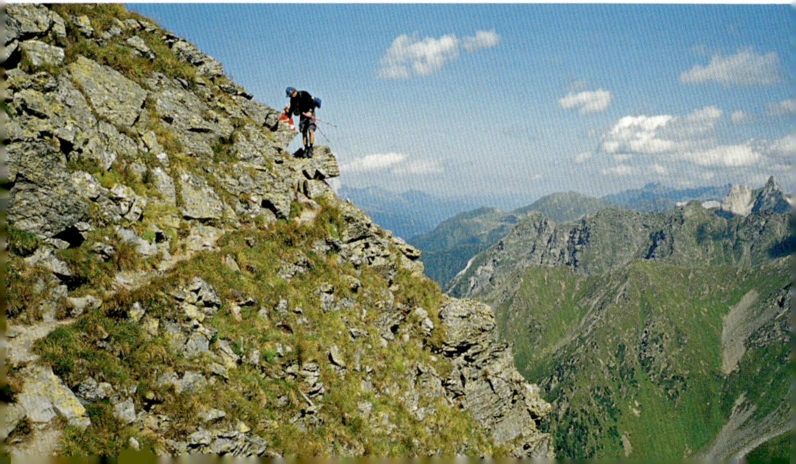

Einige Stellen am Hollbrucker Eck erfordern nicht nur Trittsicherheit, sondern auch etwas Schwindelfreiheit.

5.00 Std.

Hochgruben, 2537 m

47 TOP

Höhenwege an einer Frontlinie des 1. Weltkriegs

Die Helmbahn nimmt uns erst mal viele Höhenmeter ab. Dann erwartet uns eine ausgesprochen abwechslungsreiche Runde – eine sehr aussichtsreiche noch dazu, ist man doch ständig vor der großartigen Kulisse der Sextener Dolomiten unterwegs. Bei aller Euphorie über die Aussicht, einige Reste von Stellungen aus dem 1. Weltkrieg stimmen auch nachdenklich.

Ausgangspunkt: Bergstation, 2060 m, der Helmbahn, Tel. +39 0474 710355, www.helmbahnen.com, Parkplatz an der Talstation am südöstlichen Ortsrand von Sexten, 1310 m (Navi: I-39030 Sexten, Dolomitenstraße 45; 46° 41' 49.2" N, 12° 21' 23.4 O); Hst. der Buslinie 446 von Innichen.
Höhenunterschied: 500 m aufwärts, 1250 m abwärts.
Anforderungen: Etwas Ausdauer sowie Trittsicherheit für Bergpfade.
Einkehr/Übernachtung: Helm-Restaurant, 2060 m; Hahnspielhütte, 2150 m, Tel. +39 0474 830046 oder +39 340 3934231; Sillianer Hütte, 2447 m, ÖAV, Tel. +43 664 5323802; Klammbachalm, 1944 m; Rest. Panorama, 1565 m.
Variante: Das Hornischegg liegt so ideal am Weg, dass man es – in Form einer Überschreitung – leicht noch »mitnehmen« kann (1 Std. zusätzlich). Dazu nimmt man den Weg, der vom Obermahdsattel halbrechts aufwärts quert. Bei einer Stellung aus dem 1. Weltkrieg geht es dann nach links hinauf zum Gipfel, 2550 m. Für den Abstieg wählt man den nach Osten hinabführenden Weg. Dort trifft man wieder auf den Höhenweg und folgt ihm nach rechts. Bei der folgenen Verzweigung, 2480 m geht es wiederum nach rechts; der Weg 133 leitet nun hinab zur Klammbachhütte.

Geräumige »Liegewiese« auf dem Hochgruben-Gipfel. Blick auf die Sextener Dolomiten.

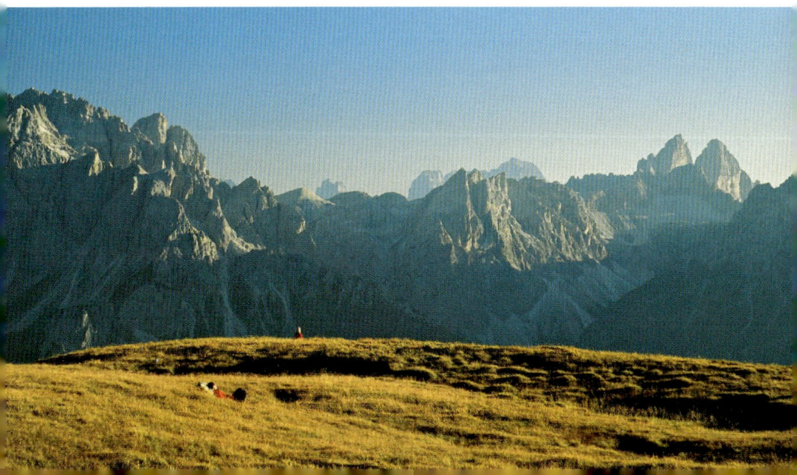

Mit der Helmbahn geht es von der **Talstation (1)** hinauf zur **Bergstation (2)**, 2060 m. Von dort wandern wir an der **Hahnspielhütte (3)**, 2150 m, vorbei und durch den Westhang des Helm. Am Westrücken ignorieren wir die Abzweigung zum Helm und queren weiter den Hang. Am **Leckfeldsattel (4)**, 2381 m, treffen wir auf das Versorgungssträßchen, das von der Osttiroler Seite heraufkommt und folgen ihr zur **Sillianer Hütte (5)**, 2447 m, hinauf.
Über dem Unterkunftshaus setzt der überschaubare Gipfelabstecher an; er führt ohne Probleme auf die flachwellige Kuppe des **Hochgruben (6)**, 2437 m. Zurück bei der Hütte, wandern wir am Karnischen Höhenweg ohne große Höhenunterschiede weiter zur Verzweigung am **Obermahdsattel**, 2470 m, am Fuß des nächsten Gipfels, dem Hornischegg (den man auch noch mitnehmen könnte – siehe Variante).
Unser Hauptweg wendet sich beim Obermahdsattel nach rechts und führt über reizvolles Mattengelände direkt hinab zur **Klammbachalm (7)**, 1944 m.
Nach der Einkehr nicht dem Fahrweg folgen, sondern entlang einem Zaun auf den südlich vorgelagerten Rücken und gleich darauf rechtwinklig nach rechts. Jetzt folgt eine richtig lange Querung durch liebliche Alm- und Waldlandschaft, durchsetzt mit Skigebietsinfrastruktur. Nachdem unser Weg in einen breiten Fahrweg gemündet ist, halten wir die Grundrichtung bei und ignorieren die Wegweisung zur Helmhanghütte. Nach Querung eines weiteren Tälchens kommen wir zum **Restaurant Panorama (8)**. Unterhalb des Gebäudes

Die Sillianer Hütte. Am Horizont Zillertaler Alpen, Rieserfernergruppe und Hohe Tauern.

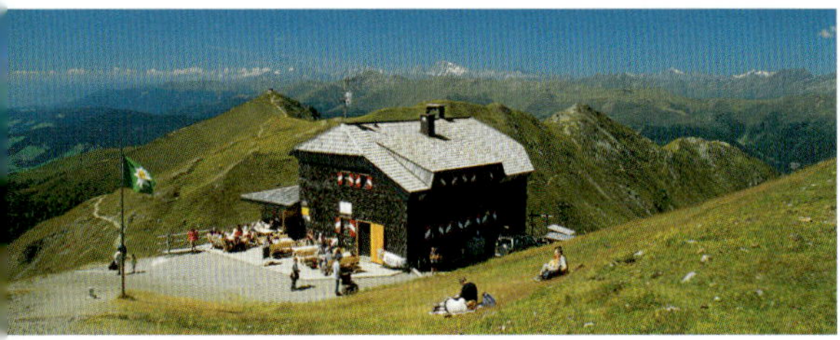

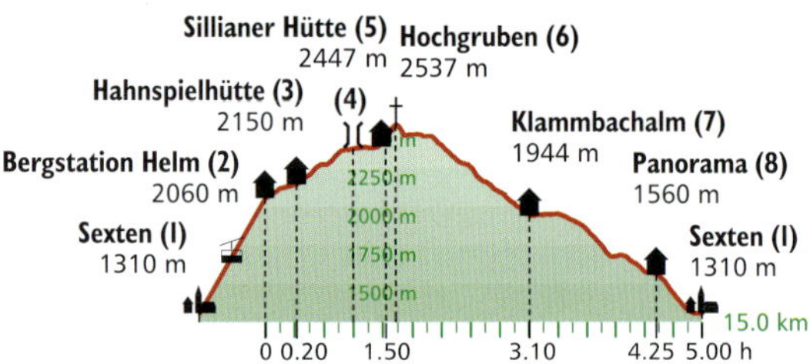

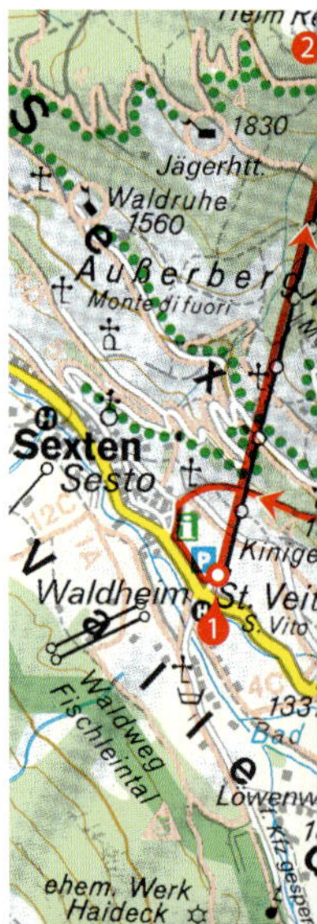

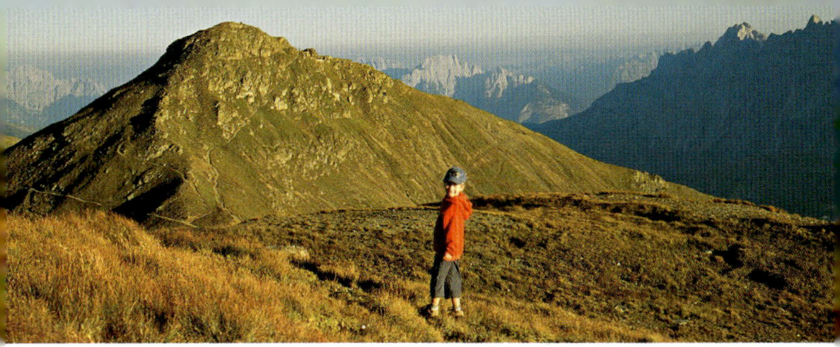

Blick vom Hochgruben zum Hornischegg (Variante sowie Tour 46). Im Hintergrund die Dolomiten Venetiens.

schickt uns ein Wegweiser über einen Wiesenweg zur kleinen Kapelle beim darunter gelegenen Gehöft. Ein beschilderter, romantischer Pfad leitet schließlich durch eine bewaldete Steilstufe zurück nach **Sexten (1)**.

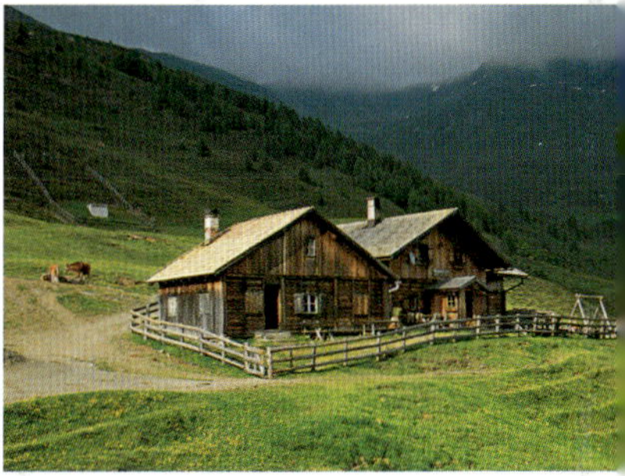

Am Abstiegsweg: die Klammbachalm.

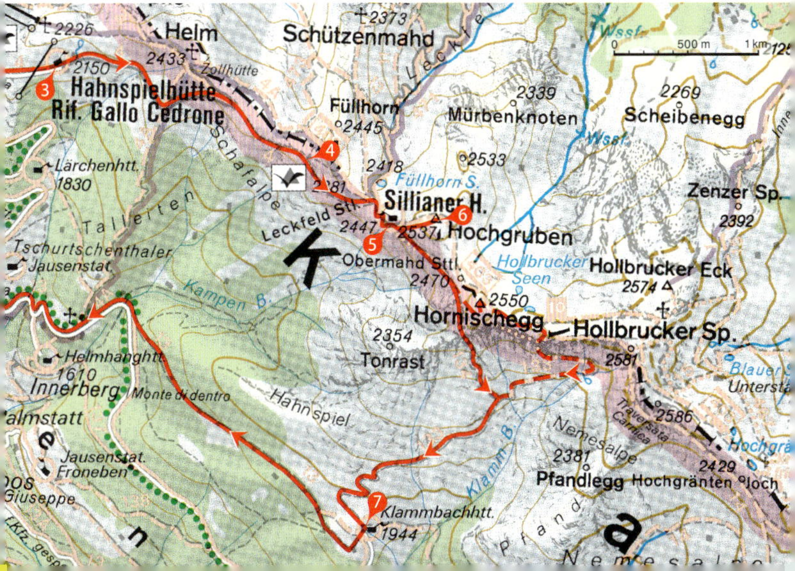

48 Helm, 2433 m

2.25 Std.

Kurz und doch äußerst aussichtsreich

Die Form dieses Berges erinnert aus manchen Perspektiven tatsächlich an einen Helm. Ganz oben auf dem Gipfel steht ein Steinbau, der einst vom italienischen Militär errichtet wurde und heute aus der Nähe betrachtet keine Augenweide darstellt. Also lässt man bei der Gipfelrast seine Blicke besser in die Ferne schweifen – der Fernblick nach Süd- und Osttirol ist nämlich sagenhaft!

Ausgangspunkt: Bergstation, 2050 m, der Helmbahn, Tel. +39 0474 710355, www.helmbahnen.com, Parkplatz an der Talstation am südöstlichen Ortsrand von Sexten, 1310 m (Navi: I-39030 Sexten, Dolomitenstraße 45; 46° 41' 49.2'' N, 12° 21' 23.4 O), Hst. der Buslinie 446 von Innichen.

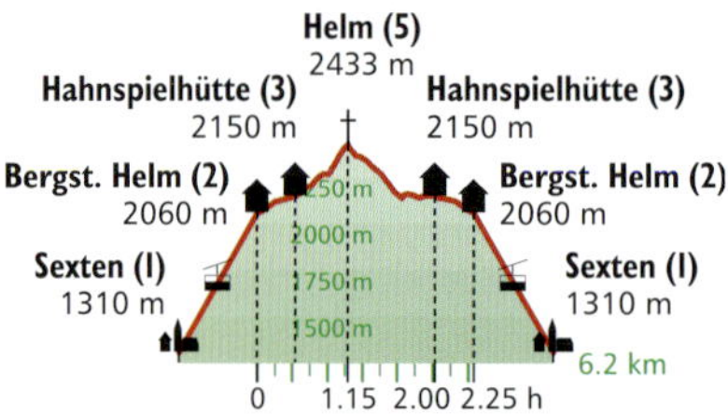

Höhenunterschied: 380 m.

Anforderungen: Ausdauer sowie etwas Trittsicherheit für die Bergpfade.

Einkehr/Übernachtung: Helm-Restaurant, 2060 m; Hahnspielhütte, 2150 m, Tel. +39 0474 830046 oder +39 340 3934231.

Variante/Abkürzung: Man kann vom Gipfel auch direkt zur Hahnspielhütte absteigen (nur bei guter Sicht): Auf Pfadspuren an alten Stellungen nordwestlich des Gipfels vorbei und über einige Schrofen (»rot«) halblinks nach Westen über Weidegelände absteigen; eine Abzweigung nach rechts wird ignoriert und geradewegs die Hütte angesteuert.

Blick über die Hahnspielhütte auf Dreischusterspitze (links) und Haunold (rechts).

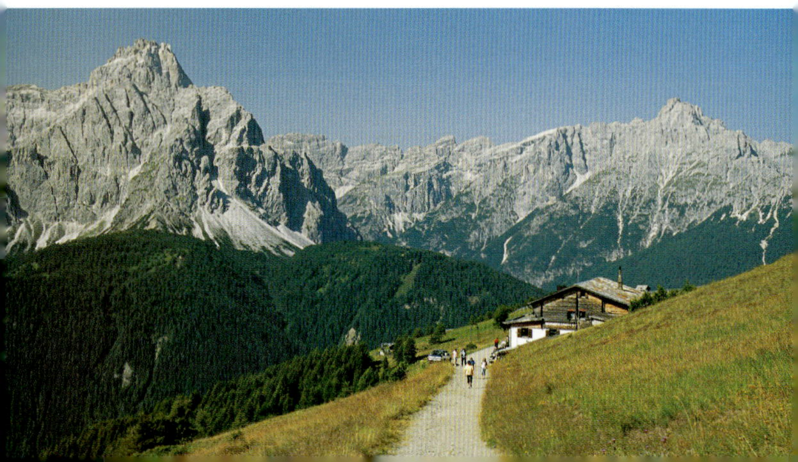

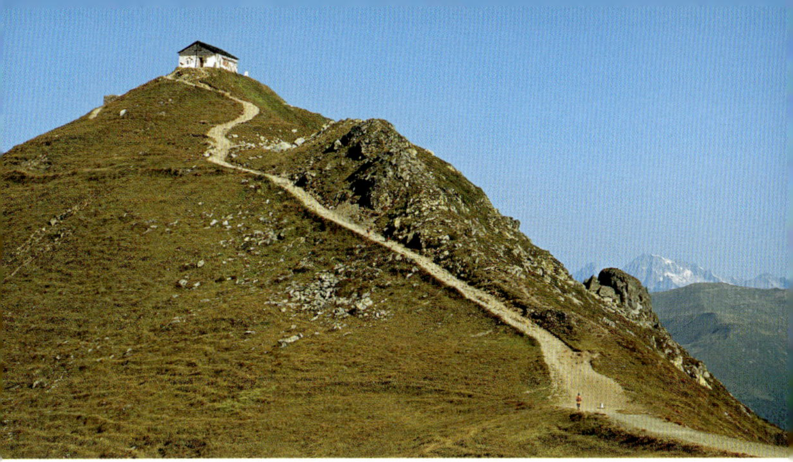

Der Helm von Osten. Über den breiten Weg erfolgt der beschriebene Abstieg vom Gipfel. Rechts im Hintergrund erkennt man den tausend Meter höheren Hochgall.

Mit der Helmbahn geht es von der **Talstation (1)** hinauf zur **Bergstation (2)**, 2060 m. Von dort wandern wir auf breitem Weg ohne starke Steigungen Richtung Südosten, passieren die **Hahnspielhütte (3)**, 2150 m, und queren die Westflanke unseres Gipfelziels bis zu dessen **Südwestrippe (4)**. Über die geht es nun auf einem deutlichen Pfad merklich steiler und in recht direkter Linie hinauf zum Gipfel des **Helm (5)**, 2433 m.
Für einen möglichst knieschonenden Abstieg wählen wir den Weg, der nach Südosten Richtung Leckfeldsattel führt. Noch vor diesem breiten Joch können wir nach rechts auf unseren Rückweg einschwenken; dabei genießen wir einen sagenhaften Blick auf die Dolomiten.

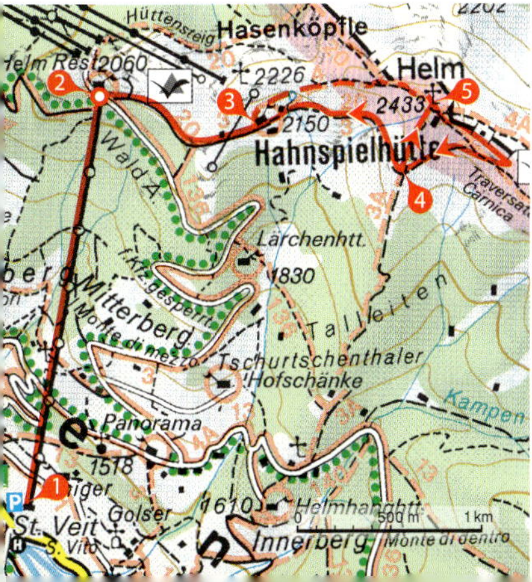

Nun wandern wir auf einem breiten Weg ohne jegliche Schwierigkeiten durch die Südflanke zur **Südwestrippe (4)** und schließlich am Anstiegsweg weiter zur **Hahnspielhütte (3)**, 2150 m. Diese erreichen wir nun kurz vor der Rückkehr zur Seilbahn, also zum optimalen Zeitpunkt für eine genussvolle Einkehr.

49 Seikofel, 1908 m, Nemesalm, 1877 m

2.40 Std.

Klein, aber oho!

Zwischen den Sextener Dolomiten und dem Karnischen Hauptkamm liegt der Kreuzpass. Von der Passhöhe kann man ohne Schwierigkeiten und ohne große Anstrengungen auf den Seikofel wandern, einen kleinen Berg in dieser buckeligen Passlandschaft, der einen hervorragenden Überblick gibt. Nicht weit davon liegen ein reizvolles Moor und eine einladende Alm.

Ausgangspunkt: Wanderparkplatz am Kreuzbergpass, 1636 m (Navi: 46° 39' 21.5'' N, 12° 25' 13.3'' O). Zufahrt von Sexten (Bus 446 vom Bahnhof Innichen).
Höhenunterschied: 400 m.
Anforderungen: Relativ leichte Bergwanderung.
Einkehr: Alpe Nemes Hütte, 1877 m; Hotelrestaurant am Ausgangspunkt.
Variante: Wanderer, die nicht mehr zum Kreuzjoch zurück müssen (weil sie z. B. per Bus dorthin gefahren sind), können auf dem gekiesten Versorgungssträßchen der Nemesalpe in gut 1½ Std. nach Moos bei Sexten hinabschlendern (Hst. Bus 446).

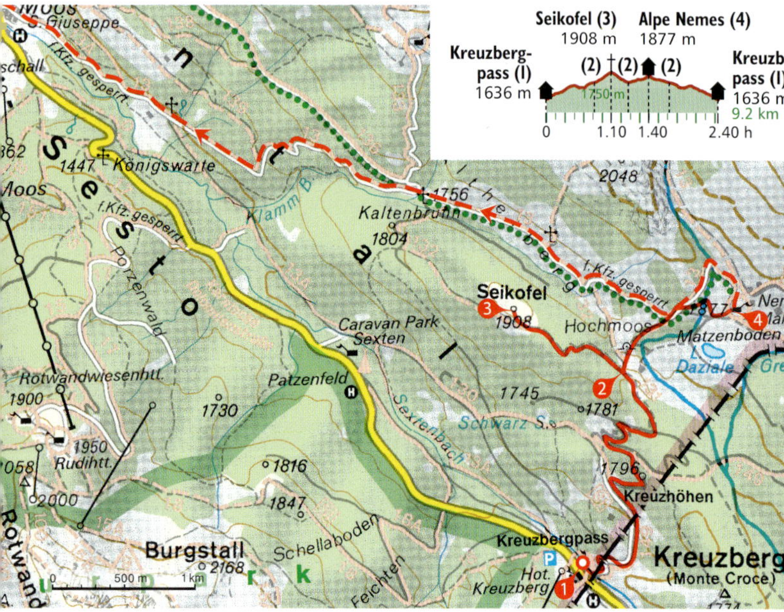

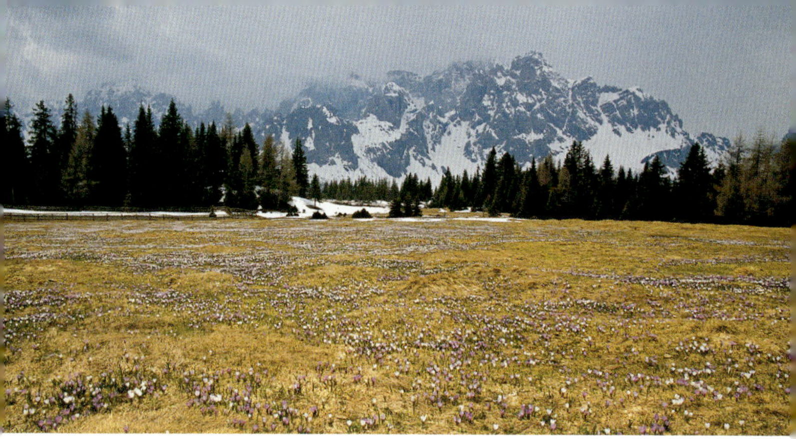

Krokusblüte auf der Nemesalm. Dahinter die noch tief verschneiten Sextener Dolomiten.

Am **Kreuzbergpass (1)**, 1636 m, folgen wir dem Fahrweg (Nr. 131), der gegenüber dem **Hotel** ansetzt. Wir wandern durch Waldstücke und über Lichtungen und ignorieren dabei mehrere Abzweigungen. Nach einer knappen halben Stunde geht es über einen flachen **Sattel**, 1778 m, und danach rund rund 30 Höhenmeter bergab. Eine querende Forststraße bleibt unberücksichtigt, dann wird ein steiles Wegstück überwunden. Der Weiterweg ändert nun den Charakter und wird zu einem reizvollen Wanderpfad. Das Gelände wird flacher und bald zeigt ein nach links weisendes Schild, 1805 m, die **Abzweigung (2)** des Weges an, der in mäßiger Steigung zum **Seikofel (3)**, 1908 m, hinaufführt.

Nach ausgiebiger Gipfelschau kehren wir zurück zur Abzweigung und halten uns dort links, nehmen also die alte Gehrichtung wieder auf. So kommen wir zu einem **Moor**, das wir rechts haltend auf einem Holzbohlenpfad trockenen Fußes überqueren. Kurz darauf treffen wir auf eine Kiesstraße, der wir nach rechts folgen – aber nur kurz, denn zum Finale nehmen wir den Fußweg, der nach rechts abzweigt und direkt zur **Alpe Nemes (4)**, 1877 m, führt.

Auf bekanntem Weg kehren wir zurück.

Der Holzbohlenweg übers Moor.

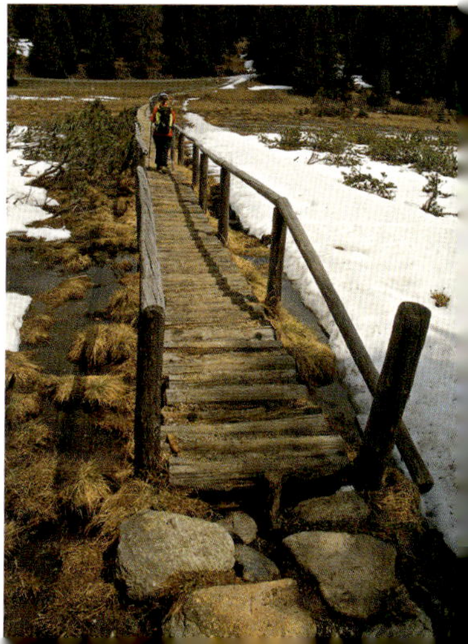

50 Zum Rifugio Carducci über die Forc. Giralba, 2431 m

6.30 Std.

Vom betriebsamen Fischleintal ins einsame Venetien

Die Tour zur Carducci-Hütte ist ein kontrastreicher Weg in die Bergeinsamkeit. Er führt vom stark frequentierten Fischleintal am majestätischen, über dreitausend Meter hohen Zwölferkofel vorbei in einen wirklich einsamen Karkessel im venetianischen Teil der Sextener Dolomiten.

Ausgangspunkt: Großer Parkplatz bei der Fischleinbodenhütte, 1454 m (Navi: I-39030 Sexten, Fischleintalstraße 33; 46° 40' 0.2'' N, 12° 21' 14.1'' O). Zufahrt von Innichen über Sexten und Moos; Buslinie 446 von Innichen (Bhf. der Pustertalbahn) über Sexten, Endhaltestelle nahe dem Dolomitenhof.
Höhenunterschied: 1190 m.
Anforderungen: Trittsicherheit für rauere Wegabschnitte (teils Tendenz zu »rot«).
Einkehr/Übernachtung: Talschlusshütte, 1526 m; Zsigmondy-Comici-Hütte, 2235 m, CAI, Tel. +39 0474 710358, www.zsigmondyhuette.com; Rifugio Carducci, 2297 m, CAI, Tel. +39 0435 400485, +39 347 6861580, www.rifugiocarducci.eu.
Variante: Wer trittsicher ist und reichlich Pfadfindergeist mitbringt, kann beim Rückweg an der Hütte vorbei abkürzen (»rot«): Bei der abfallenden Querung unter dem Zwölfer setzt rechts ein unbeschilderter, nicht durchwegs eindeutiger Pfad an, der unterhalb der Zsigmondy-Hütte vorbeiführt und mit einer Querung zum Hüttenweg führt.

Kurz vor der Forc. Giralba. Blick zurück zur Zsigmondy-Hütte und zum Bacherntal (rechts).

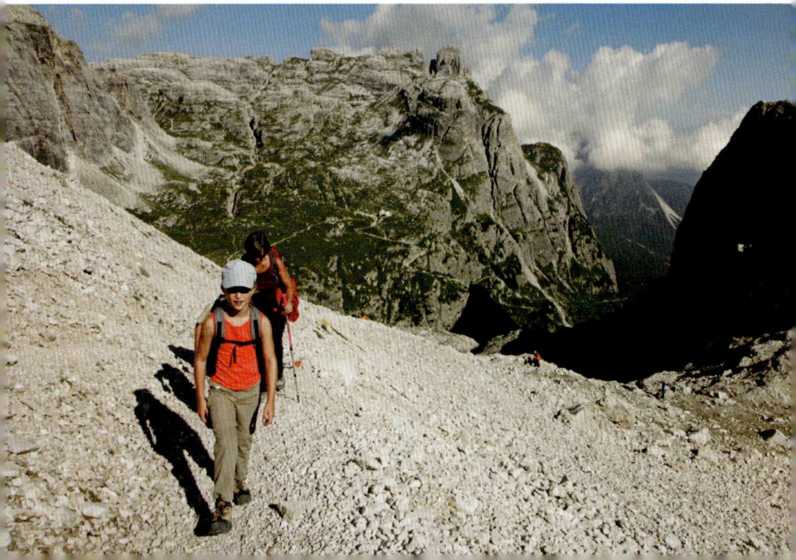

Vom Parkplatz bei der **Fischleinbodenhütte (1)**, 1454 m, spazieren wir auf breitem Kiesweg talein. Bald nach der großen Wiese beim Hotel Dolomitenhof zweigt ein beschilderter schmalerer Wanderweg links ab – er führt auf einer reizvolleren Variante in gleicher Zeit wie der breite Weg zur **Talschlusshütte (2)**, 1526 m. Dort beginnt der Weg dann etwas anzusteigen. Die folgende Wegverzweigung wurde tiefergelegt, um den Beginn des Wegs zur Zygmondyhütte außerhalb der Gefahrenzone des Felssturzes von 2007 führen zu können. Den Weg zur Drei-Zinnen-Hütte lassen wir also rechts liegen und steigen auf

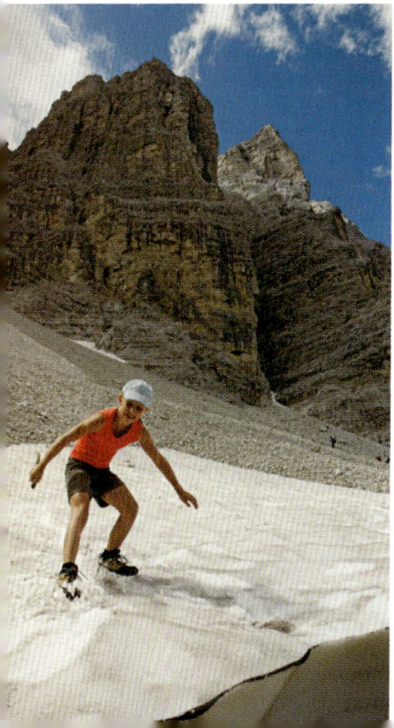
Abfahrtsspaß unterm Zwölferkofel.

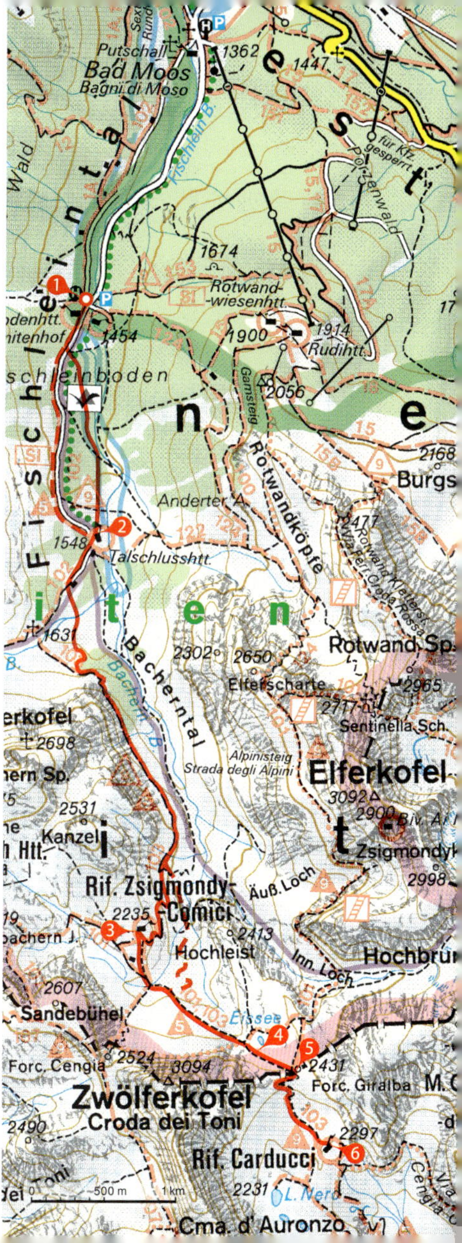

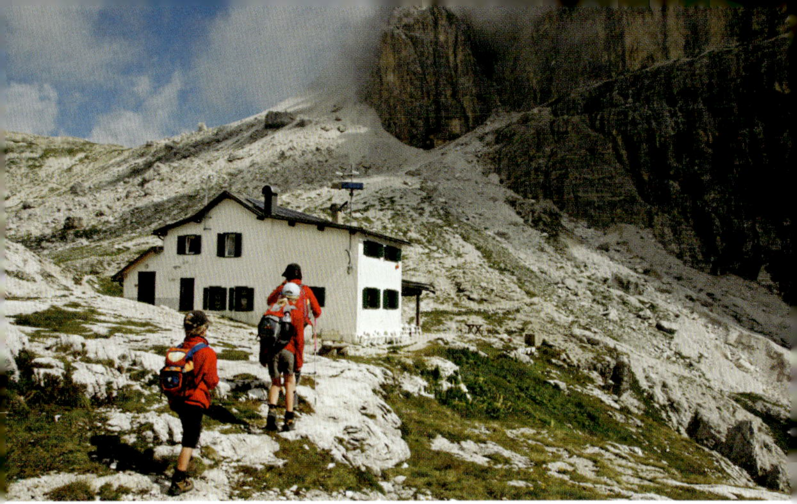

Am Rifugio Carducci. Links darüber die Südabdachung der Forc. Giralba.

eindeutigem Weg bergan. Der leitet nach einer steileren Geländestufe am Hang des Bachertals gen Süden, bevor er sich über eine wieder steilere Flanke zur **Zsigmondy-Hütte (3)**, 2235 m, hinaufschraubt.
Von dort geht es erstmal ohne große Höhenunterschiede auf den Zwölferkofel zu, unter dessen Schutthalden der Weg nach links hinaufquert zum Becken des – im Spätsommer manchmal ausgetrockneten – **Eissees (4)**, 2327 m. Daran rechts vorbei, gelangt man bald darauf zur **Forc. Giralba (5)**, 2431 m, wo sich ein eindrucksvoller Blick in den großen Geländekessel auf der venetianischen Seite auftut. Darin lädt das **Rifugio Carducci (6)**, 2297 m, zur Einkehr; der Weg dorthin wendet sich am Joch nach rechts und leitet nach einer kurzen Querung direkt auf das Schutzhaus zu.
Am Anstiegsweg wandern wir zurück zum Parkplatz bei der **Fischleinbodenhütte (1)**.

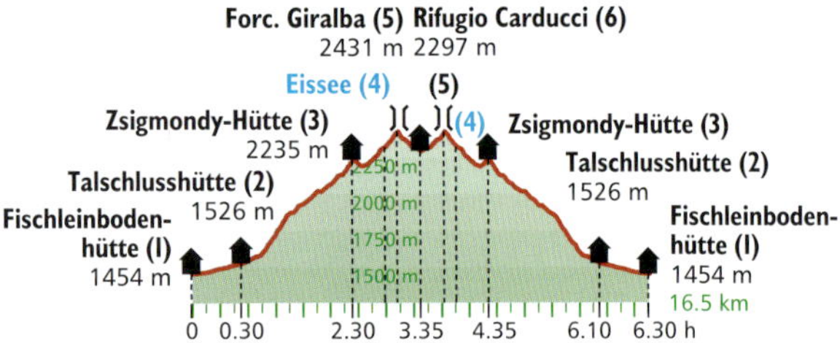

8.00 Std.

Oberbachernspitze, 2675 m

51 TOP

Zum schaurigsten Tiefblick für Wanderer in den Ostalpen

Im Jahr 2007 brach ein spektakulärer Felssturz vom Einserkofel ins Fischleintal hernieder. Gleich neben dem Einser ragt nicht minder steil die Oberbachernspitze auf. Von ihrem Gipfel zieht eine viele hundert Meter hohe senkrechte Felswand in die Tiefe. Der Höhenunterschied zum Talboden des Fischleintals direkt zu Füßen des Berges beträgt fast tausend Meter – den Tiefblick vom Gipfel vergisst man so leicht nicht! Um an diesen exponierten Platz zu kommen, muss man kein Kletterer sein: Ausdauernde und trittsichere Bergwanderer können der Oberbachernspitze von Süden relativ bequem aufs Haupt steigen. Besonders attraktiv ist dies im Rahmen einer großzügigen Rundtour über Zsigmondy- und Drei-Zinnen-Hütte.

Ausgangspunkt: Großer Parkplatz bei der Fischleinbodenhütte, 1454 m (Navi: I-39030 Sexten, Fischleintalstraße 33; 46° 40' 0.2'' N, 12° 21' 14.1'' O). Zufahrt von Innichen über Sexten und Moos; Buslinie 446 von Innichen (Bhf. der Pustertalbahn) über Sexten, Endhaltestelle Dolomitenhof.

Höhenunterschied: 1330 m.

Anforderungen: Trittsicherheit für Wege und Steige in rauem Felsgelände. Am Gipfel Abstand von der Felskante halten, v. a. bei starkem bzw. böigem Wind; den Blick über die Kante in den jähen Abgrund sollte man sicherheitshalber nur liegend wagen.

Einkehr/Übernachtung: Talschlusshütte, 1526 m; Zsigmondy-Comici-Hütte, 2235 m, Land/CAI, Tel. +39 0474 710358, www.zsigmondyhuette.com; Büllelejochhütte, 2528 m, Tel. +39 337 451517, +39 0474 710258, www.buellelejoch.it; Drei-Zinnen-Hütte, 2405 m, CAI/Land, Tel. +39 0474 972002, www.dreizinnenhuette.com.

Variante: Abstieg am Anstiegsweg (1¼ Std. kürzer).

Kaum zu glauben: Der rechte der beiden sonnenbeschienen Gipfel ist unser Bergwanderziel – die Oberbachernspitze. Die helle Stelle am frei stehenden Einser (links daneben) markiert die Stelle, von der 2007 ein Felssturz ausging. Im Hintergrund der breite Elfer.

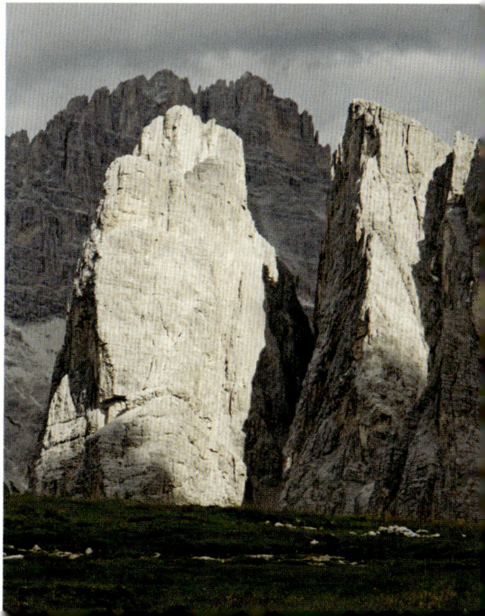

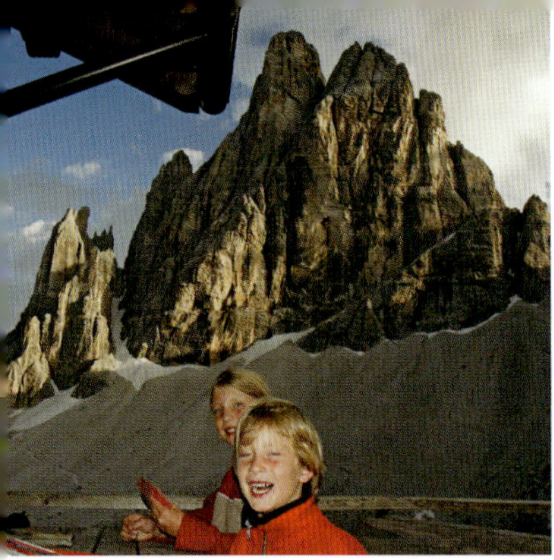

Spieleabend auf der Terrasse der Zsigmondyhütte, dahinter der Zwölferkofel.

Klein und gemütlich: die Büllelejochjütte.

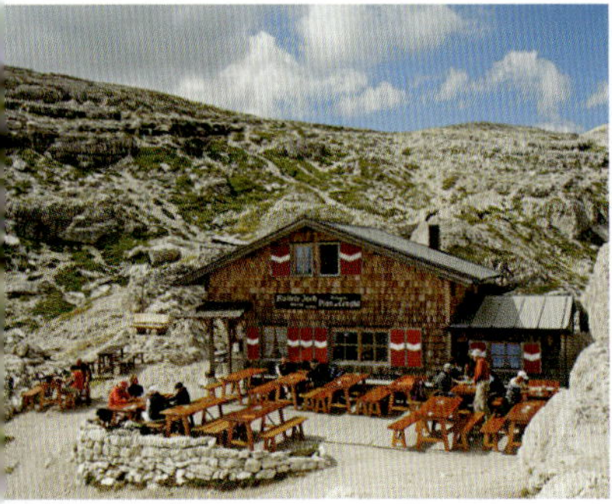

Wie bei Tour 50 wandern wir zur **Zsigmondy-Hütte (3)**. Weiter geht es dann auf dem Richtung Westen berganführenden Weg. Der leitet über einige felsige Partien hinauf zum **Oberbachernjoch (4)**, 2519 m. Von dort queren wir auf gut ausgebautem Felsenweg nach rechts zur **Büllelejochhütte (5)**, 2528 m.

Die Grundrichtung beibehaltend passieren wir die Hütte und folgen einem spärlich markierten Pfad über ein flach ansteigendes Felsplateau. Noch vor der Geländekante folgen wir dem wieder deutlicheren Steig nach rechts. Bald nach ersten Tiefblicken ins Altensteiner Tal gehen wir durch einen **Tunnel (6)**, der zwar unbeleuchtet, aber kurz genug ist, um vorsichtigen Schrittes auch ohne Taschenlampe durchzukommen. In der folgenden Flanke wendet sich der Steig dann nach links und endet am Gipfelkreuz der (Östlichen) **Oberbachernspitze (7)**, 2675 m. Den letzten Meter zur Felskante legt man am besten kriechend zurück – wer weiß schon, wie schwindelfrei man sich fühlt, wenn es vor den eigenen Zehenspitzen fast tausend Meter in die Tiefe geht …

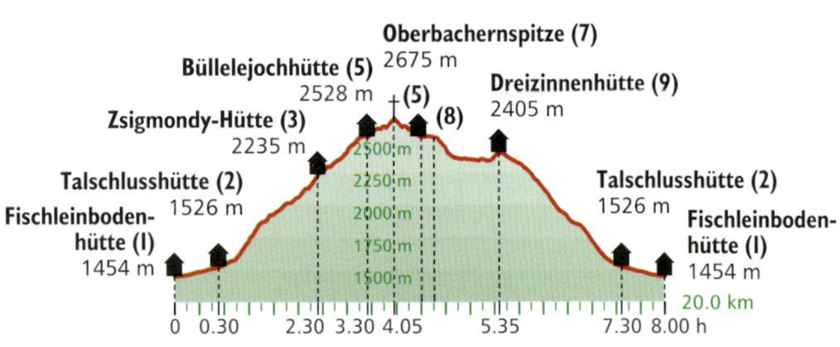

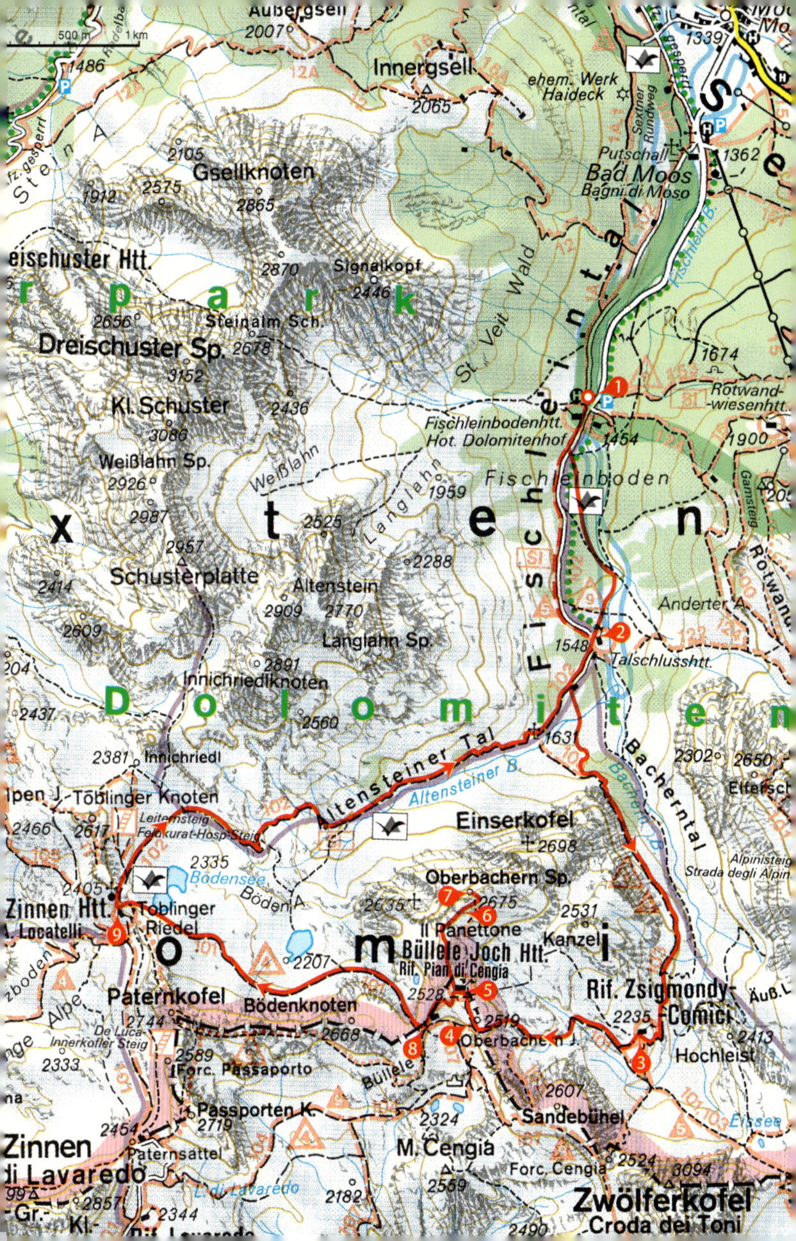

500 m
1 km
Innergsell
2065
ehem. Werk Haideck
Putschall
Bad Moos
Bagni di Moso
1339
1362
Gsellknoten
2865
2575
2105
1912
Signalkopf
2446
2870
Steinalm Sch.
2678
Dreischuster Sp.
3152
2656
Kl. Schuster
3086
2436
Weißlahn Sp.
2926
2987
Weißlahn
Langlahn
1959
2525
2288
Schusterplatte
2957
2414
2609
Altenstein
2909
2770
Langlahn Sp.
2891
Innichriedlknoten
2560
2437
2381
Innichriedl
Töblinger Knoten
2466
2617
Leiternsteig
Feldkurat-Hosp-Steig
2335
Bödensee
Böden A.
2405
Zinnen Htt.
Locatelli
Töblinger Riedel
2207
Paternkofel
2744
Bödenknoten
2668
De Luca-Innerkofler Steig
2333
2589
Forc. Passaporto
Passporten K.
2719
2454
Paternsattel
Zinnen
di Lavaredo
L. di Lavaredo
2857
2344
2182
2324
M. Cengia
2559
Forc. Cengia
2524
3094
Zwölferkofel
Croda dei Toni
2490
Sandebühel
2607
Bülleie
Oberbachern J.
2519
2528
Büllele Joch Htt.
Rif. Pian di Cengia
Il Panettone
Oberbachern Sp.
2675
2635
2531
Kanzel
Einserkofel
2698
Altensteiner Tal
Altensteiner B.
1631
Bacherntal
Bachern B.
Rif. Zsigmondy-Comici
2235
Hochleist
2413
Eissee
2302
2650
Elfersch
Alpinisteig
Strada degli Alpini
Talschlusshtt.
1548
Anderter A.
Fischleinboden
Fischleinbodenhtt.
Hot. Dolomitenhof
1454
Rotwand-wiesenhtt.
1674
1900
Gamssteig
Rotwand
St. Veit Wald
Fischleintal
Fischlein B.
Sextner Rundweg
Sexten Dolomiten
Naturpark
Dreischuster Htt.
1486
2007

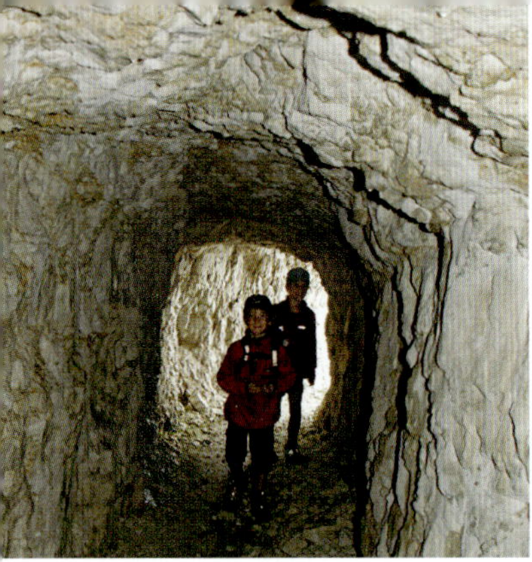

Tunnel an der Oberbachernspitze.

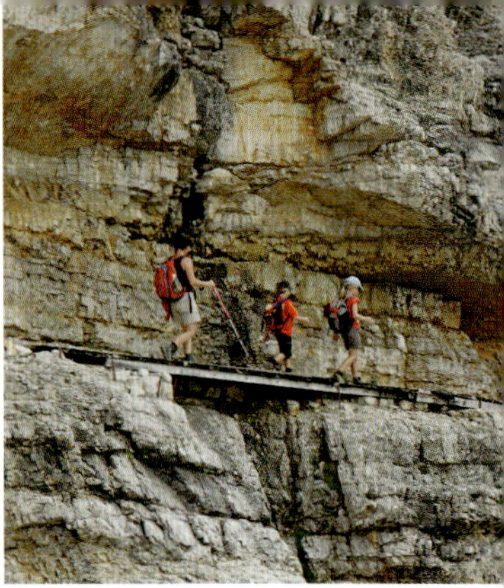

Solider Felsenweg nahe dem Büllelejoch.

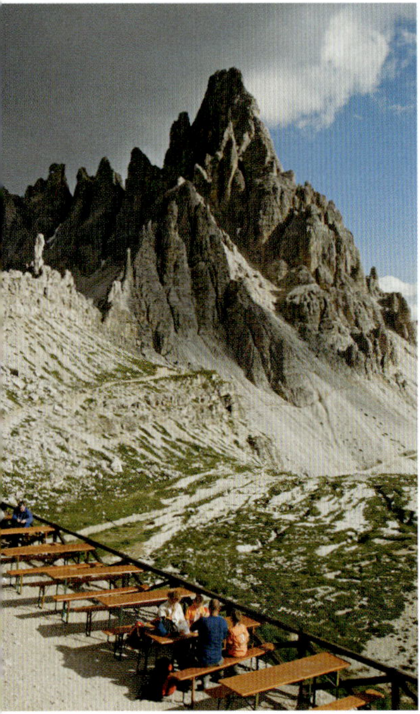

Am Anstiegsweg geht es zurück, wobei man den Wegknick nicht verpassen sollte, an dem es nach links zur **Büllejochhütte (5)**, 2528 m, geht.

Nach verdienter Stärkung gehen wir nach Westen weiter und auf spektakulär angelegtem, aber breitem Felsenweg zum **Büllelejoch (8)**, 2526 m, von wo ein Schuttsteig auf die rechte Seite hinabquert. Unter dem mächtigen Paternkofel vorbei wandern wir hinüber zur **Drei-Zinnen-Hütte (9)**, 2405 m. Dort wird es sich kaum jemand entgehen lassen, mit Blick auf eine der berühmtesten Bergkulissen der Welt zu rasten.

Zwischen der Felsbastion des Toblinger Knotens zur Linken und den Bödenseen zur Rechten leitet die Abschlussetappe auf dem Weg 102 ins Altensteiner Tal hinab und schließlich über die **Talschlusshütte (2)** und das **Fischleintal** zur **Fischleinbodenhütte (1)**.

Blick über die Terrasse der Drei-Zinnen-Hütte auf den Paternkofel.

2 Tage

Rund um die Drei Zinnen, über den Paternsattel, 2454 m

52 TOP

Das Dolomitenwahrzeichen von allen Seiten

Die Drei Zinnen zählen zu den berühmtesten Bergen der Welt. Das liegt nicht an ihrer – gar nicht so großen – Höhe, sondern vielmehr an ihrer unverwechselbaren und spektakulären Gestalt sowie an den schwierigen Nordwandrouten, an denen immer wieder Alpingeschichte geschrieben worden ist.

Ausgangspunkt: Landro, 1406 m, im Höhlensteintal, Parkplatz links der Straße (Navi: 46° 38' 25.1'' N, 12° 13' 54.7'' O) nach dem Hotel Restaurant Drei-Zinnen-Blick (Hst. Bus 445). Zufahrt von Toblach Richtung Cortina d'Ampezzo.
Höhenunterschied: 1150 m.
Anforderungen: Relativ leichte Bergwanderung; etwas Trittsicherheit für rauere Wegabschnitte schadet aber nicht (stellenweise Tendenz zu »rot«).
Einkehr/Übernachtung: Drei-Zinnen-Hütte, 2405 m, CAI, Tel. +39 0474 972002, www.dreizinnenhuette.com; Rif. Lavaredo, 2344 m, Tel. +39 349 6028675; Auronzohütte, 2320 m, CAI, Tel. +39 0435 39002; Lange Alpe (Langalm), 2280 m.
Varianten: 1) Umrundung der Drei Zinnen in ca. 3 Std. vom Ausgangspunkt Auronzohütte; dazu fährt man früh morgens Richtung Misurinasee und zweigt beim Albergo Dolomiti nach links ab zur (teuren) Mautstraße, die an der Auronzohütte endet (Sperrung, sobald Parkplatz voll).
2) Fahrt mit dem Bus-Shuttle vom Bhf. Toblach (Buchung unter www.drei-zinnen.bz) bis zur Auronzohütte; dann passiert man mit wenig Aufstiegshöhenmetern westlich (über die Langalm) oder östlich (über die Drei-Zinnen-Hütte) das Felsmonument und steigt zur Bushaltestelle nach Landro ab (3¾ Std.).

Bei der Drei-Zinnen-Hütte. Die Drei Zinnen und der Paternsattel (links) im Abendlicht.

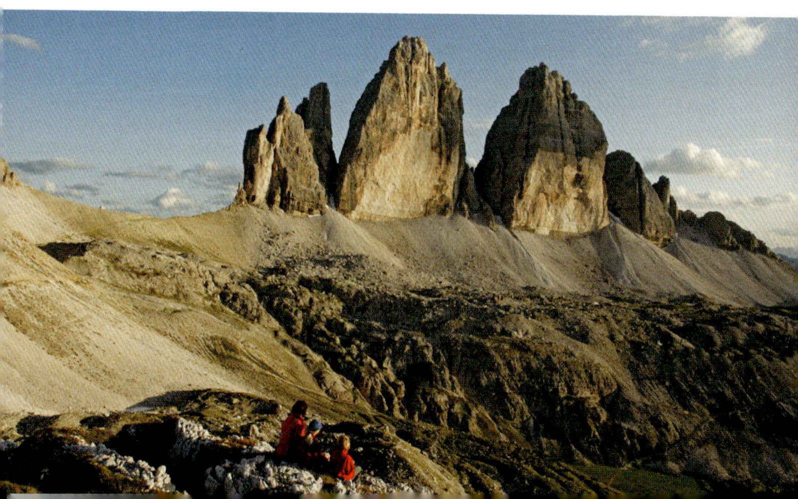

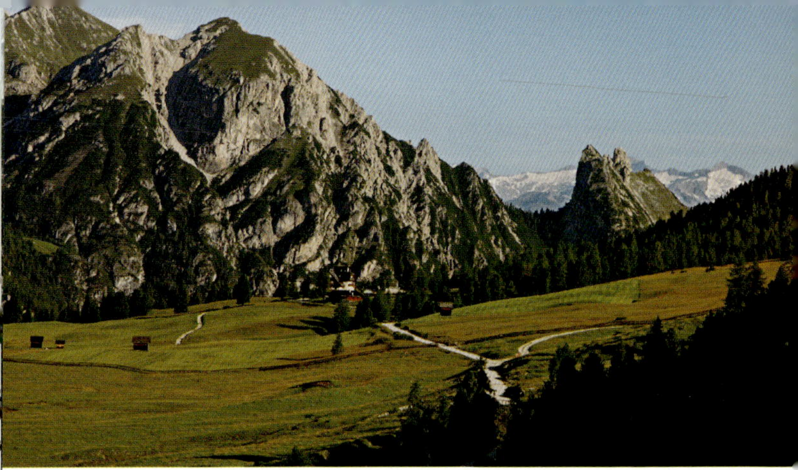

Blick von der Dürrensteinhütte über die Plätzwiese nach Nordwesten. Am Horizont erkennt man einige der Gletscher- und Schneeflächen in den Zillertaler Alpen.

zweigung nach Schluderbach. Zum Schluss geht es noch ein bisschen bergauf – gerade recht, um zur Einkehr bei der **Dürrensteinhütte (3)**, 2040 m, einen g'scheiten Durst zu entwickeln.
Für den Rückweg bietet sich eine höher verlaufende, etwas rauere Trasse an: Für diese nehmen wir den oberen, nach Norden führenden Karrenweg. Der quert zunächst an einigen Felsen entlang. Wo er dann eine Rechtskehre, 2070 m, beschreibt, zweigen wir nach links auf den Wanderpfad Richtung Dürrenstein ab. Eine Viertelstunde später verlassen wir den Dürrensteinweg an einer **Wegverzweigung (4)**, 2110 m, nach links und wandern hinab zum **Berggasthof Plätzwiese (2)** neben der Kapelle. Auf bekanntem Weg geht es zurück zum **Parkplatz (1)** bzw. zum Bus.

Spannender Abstecher: der Durchgangsstollen unmittelbar hinter der Dürrensteinhütte.

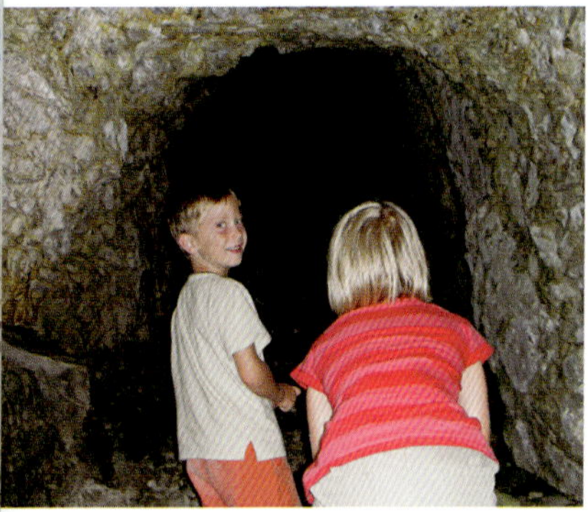

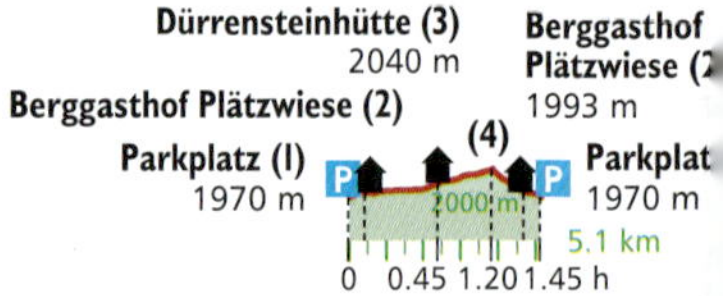

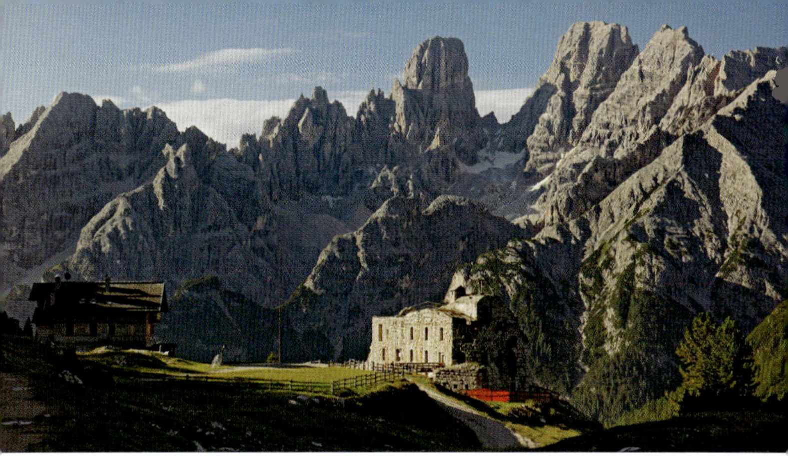

Links die Dürrensteinhütte, daneben eine Festung (mit aufgesetzter Kapelle) aus dem 1. Weltkrieg. Dahinter die Cristallogruppe mit dem Monte Cristallo (rechts der Scharte).

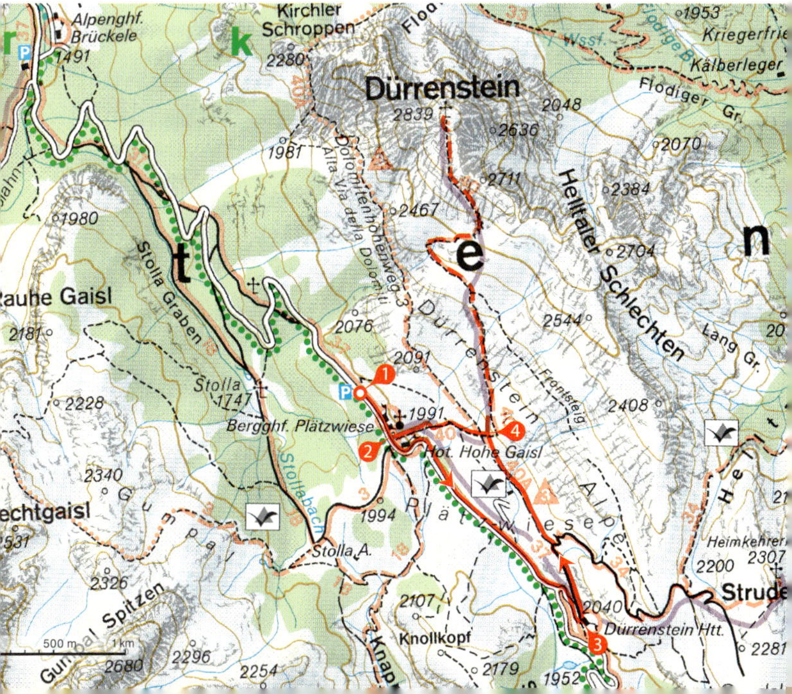

56 Großer Jaufen, 2480 m

5.45 Std.

Streckenwanderung vom Pragser Wildsee ins Altpragser Tal

Mit einer Fläche von 31 Hektar gilt der Pragser Wildsee als größter natürlicher Dolomitensee. Umgeben von steil aufragenden Felswänden, ist er eines der großartigsten Naturwunder Südtirols. Unsere Tour beginnt an den wildromantischen Ufern des von Bergsturzablagerungen aufgestauten Sees und führt über ein karges, aber überaus reizvolles Karsthochland. Zum höchsten Punkt der Tour, dem im Sommer selten besuchten Großen Jaufen (ein beliebtes Skitourenziel), führt ein teilweise wegloser Abstecher.

Ausgangspunkt: Pragser Wildsee, Parkplatz, 1494 m (Navi: 46° 42' 3.7'' N, 12° 5' 8.0'' O); Zufahrt mit dem Bus der Linie 442 von Toblach über Säge oder per Pkw von der Pustertaler Straße (Abzweigung zwischen Welsberg und Niederdorf) über Säge (ab dort zwischen 10 und 15 Uhr für Privatfahrzeuge gesperrt).
Endpunkt: Gasthof Brückele, 1491 m, Haltestelle der Buslinie 443 über Bad Altprags nach Säge, dann entweder weiter nach Toblach oder umsteigen in den Bus zum Pragser Wildsee.
Höhenunterschied: 1000 m.
Anforderungen: Gute Kondition, Trittsicherheit auch in weglosem Gelände; für den Gipfelabstecher braucht man Orientierungsvermögen (zum höchsten Punkt nur bei guter Sicht gehen!).
Einkehr: Roßalm, 2164 m; am Ende der Tour Gasthof Brückele, 1491 m.
Varianten: 1) Start auf dem Ostuferweg, 10 Minuten länger und einige Höhenmeter mehr, landschaftlich reizvoller. 2) Spaziergang um den Pragser Wildsee, leicht, knapp 1 Std.

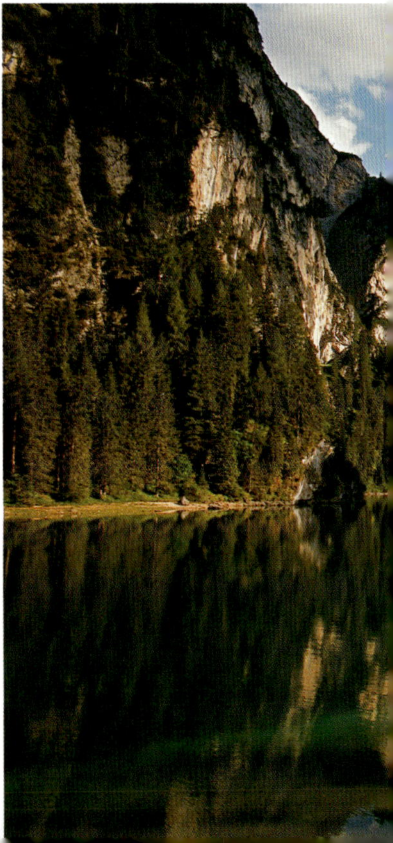

Einer der schönsten Plätze Südtirols: der Pragser Wildsee, im Hintergrund überragt vom mächtigen Seekofel.

Vom **Parkplatz (1)** wandert man zum Hotel und weiter zum südlichen Ende des **Pragser Wildsees**. Am schnellsten geht das, indem man am westlichen Ufer (also rechts herum) zur Mündung des Grünwaldtals geht. Die Abzweigung in dieses Tal lassen wir rechts zurück, wir bleiben noch ein Stück am See. Erst ganz im Süden zweigt unser Weg (Nr. 1, 4) etwas unscheinbar nach rechts ab.

Auf einem mit einzelnen Bäumen bestandenen Schuttfächer gewinnt er zunächst nur langsam an Höhe. Weiter talein scheint sich der Weg zu verzweigen: Alte Pfadspuren bleiben nahe der Talkerbe, wir folgen dem neueren Weg nach links hinauf und gelangen so an eine **Felsstufe**. Darunter queren wir auf stellenweise gesichertem Steig wieder nach rechts hinüber. Nach einem kurzen Zwischenabstieg gelangen wir zum **Na(r)bigen Loch (2)**, 2034 m, und

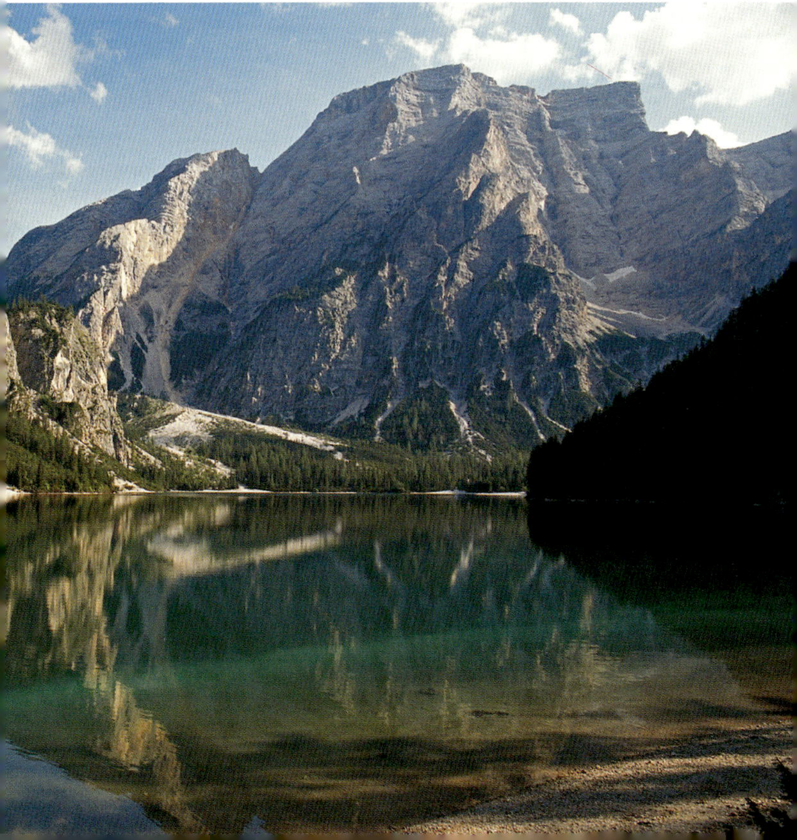

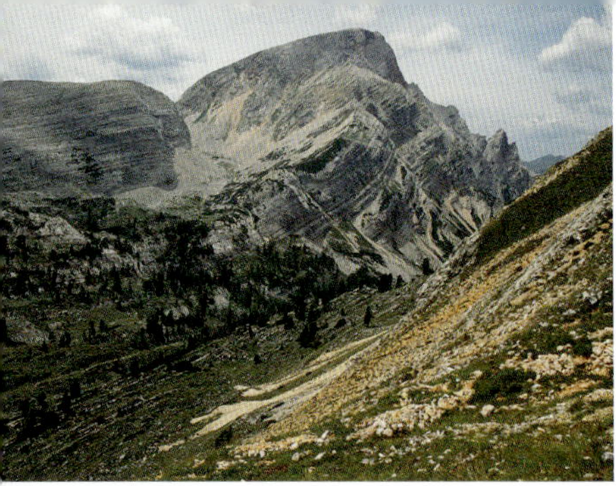

Blick vom Jaufen-Südostrücken zum wuchtigen Seekofel. Eine karge Karstlandschaft mit ausgeprägter Gesteinsschichtung prägt die Aussicht.

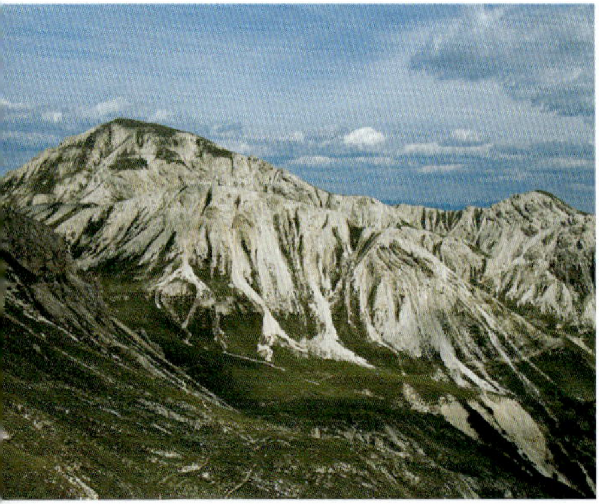

Von der Erosion gezeichnet: der Große Roßkopf nördlich von unserem Weg.

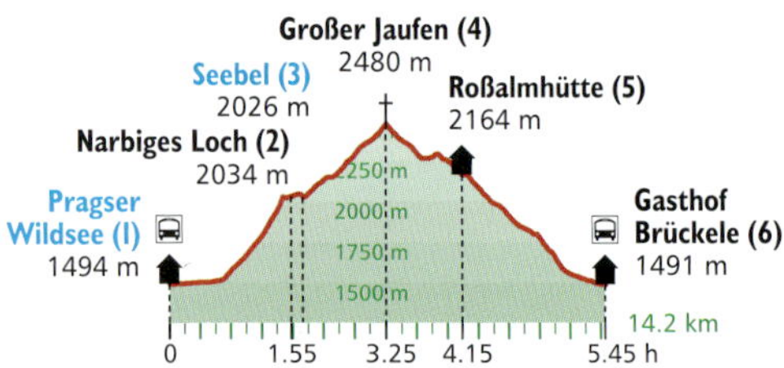

zur Abzweigung des Weges zur Seekofelhütte. Den lassen wir rechts zurück und wandern talein. Zum **Seebel (3)**, 2026 m, einem oft ausgetrockneten kleinen See, geht es kurz bergab, dann leitet der Weg durch eine urtümliche Karstlandschaft. Bei zwei kurz aufeinanderfolgenden Wegverzweigungen halten wir uns jeweils links (wer auf den Gipfelabstecher verzichtet, geht bei der zweiten Verzweigung gleich rechts Richtung Roßalm).

Beim Gipfelabstecher am Südostrücken des Jaufen heißt es dann aufpassen: Dort gibt es einige verwirrende Pfadspuren. Wir ignorieren hier die rechts abzweigenden Pfadspuren und halten auf der vor uns ansteigenden Geländerampe direkt auf deren höchsten Punkt zu, den **Großen Jaufen (4)**, 2480 m.

Am Anstiegsweg gehen wir zurück zum Weg 3/4. Dem folgen wir nun nach Südosten, passieren den Kleinen Jaufen und gelangen kurz darauf zur **Roßalmhütte (5)**, 2164 m, wo einfache Almkost angeboten wird.

Unsere Abstiegsroute auf dem Weg 4 führt über die Untere Roßalm, 1832 m, und die Kaserlewiesen hinunter zur Bushaltestelle beim **Gasthof Brückele (6)**, 1491 m.

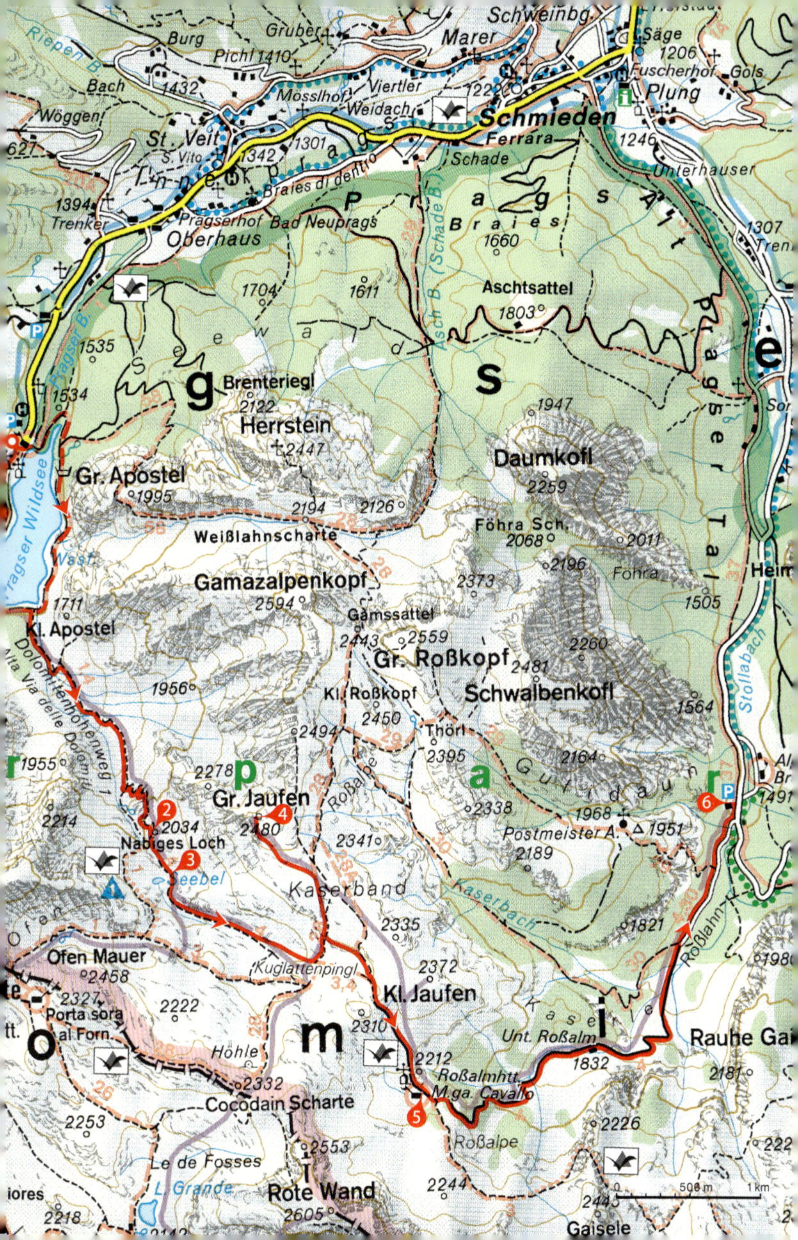

Schweinbg.
Burg
Gruber
Marer
Säge
1206
Fuscherhof
Gols
Plung
Pichl 1410
Bach
1432
Mosslhof
Viertler
Weidach
Schmieden
Ferrara
Schade
Wöggen
St. Veit
S. Vito
1342
1301
Braies di dentro
1246
Unterhauser
1394
Trenker
Pragserhof
Bad Neuprags
Oberhaus
P r a g s
B r a i e s
1660
1307
1704
1611
Aschtsattel
1803
Asch B. (Schade B.)
Pragser B.
1535
1534
S e w a d
g
s
e
Brenteriegl
2122
Herrstein
2447
1947
Daumkofl
2259
Gr. Apostel
1995
2194
2126
Pragser Wildsee
Weißlahnscharte
Föhra Sch.
2068
2011
Gamazalpenkopf
2594
2373
2196
Föhra
1505
Pragser Tal
Heim
1711
Kl. Apostel
Gamssattel
2443
2559
2260
Gr. Roßkopf
2481
Dolomitenhöhenweg 1
Alta Via delle Dolomiti
1956
Kl. Roßkopf
Schwalbenkofl
2450
1564
Stollabach
1955
2494
Thörl
2395
2164
2278
p
a
r
Gr. Jaufen
Roßalpe
G u f i d a u n
2214
2034
2480
2338
1968
1951
1491
Nabiges Loch
2341
Postmeister A.
2189
Seebel
Kaserband
Kaserbach
1821
2335
Ofen Mauer
2458
Kuglattenpingl
2372
Roßlahn
2327
Porta sora al Forn
2222
Kl. Jaufen
Kasel
Rauhe Ga
2310
Unt. Roßalm
1832
2181
m
o
Höhle
2212
Roßalmhtt.
M.ga. Cavallo
2332
Cocodain Scharte
2253
2226
2553
Roßalpe
Le de Fosses
L. Grande
2244
Rote Wand
2605
2218
2443
Gaisele
0
500 m
1 km

57 Lanzwiesenalm, 1823 m

3.45 Std.

Schattige Wanderung mit sonniger Einkehr

Die ideale Tour für heiße Tage: Solange wir unterwegs sind, bietet der Wald angenehme Beschattung, sobald wir es uns auf der Hüttenterrasse der Lanzwiesenalm gut gehen lassen (für kulinarisches Wohlergehen empfehle ich die Hirtenmacceroni), können wir den freien Blick nach Süden genießen und die Felsflanken der Dolomitenkette vom Hochalpenkopf bis zum Piz da Peres studieren.

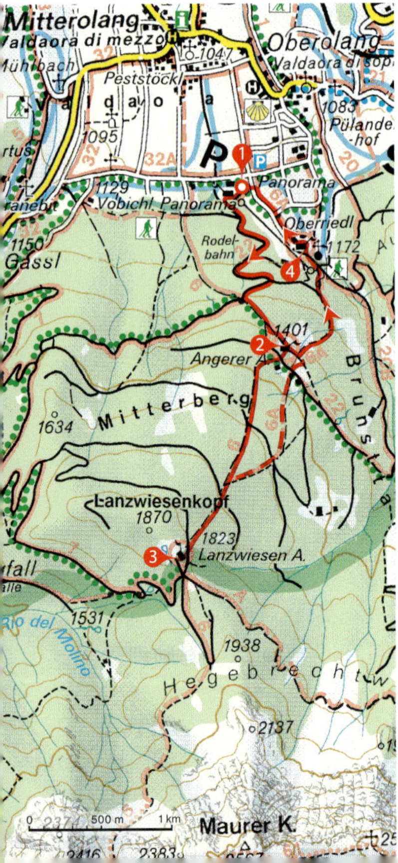

Ausgangspunkt: Olang, Restaurant Pizzeria Panorama, 1110 m (Navi: 46° 45' 9.1'' N, 12° 2' 9.0'' O). Zufahrt: Vom Zentrum in Mitterolang auf der Hans-von-Perthaler-Straße kurz Richtung Oberolang, gegenüber dem Gasthof Petrus rechts ab und auf dem Rodelbahnweg geradewegs bergan.

Höhenunterschied: 720 m.

Anforderung: Leichte Bergwanderung mit Mittelgebirgscharakter.

Einkehr: Lanzwiesenalm, 1823 m; Angerer Alm, 1401 m; Gasthaus Oberriedl, 1180 m; Restaurant Panorama, 1110 m.

Variante: Gleich nachdem wir beim Abstieg die Quellfassung mit der »präzisen« Zeitangabe passiert haben, zweigt rechts der Weg 6 A ab, der etwas direkter und über etwas mehr Wurzeln nach Oberriedel hinabführt; ¼ Std. kürzer und etwas rauer (teilweise Tendenz zu »rot«).

An der Olanger Naturrodelbahn.

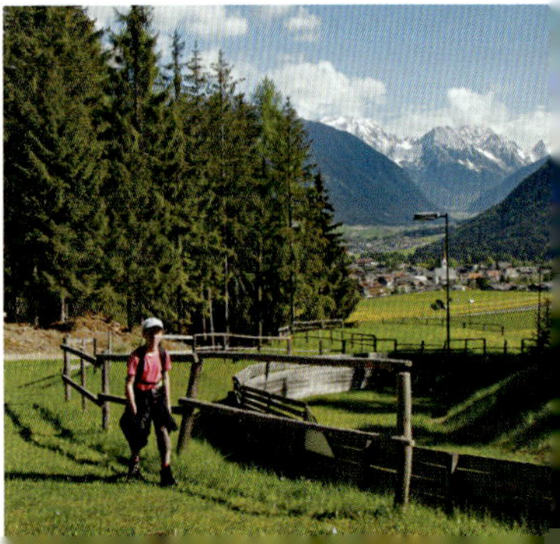

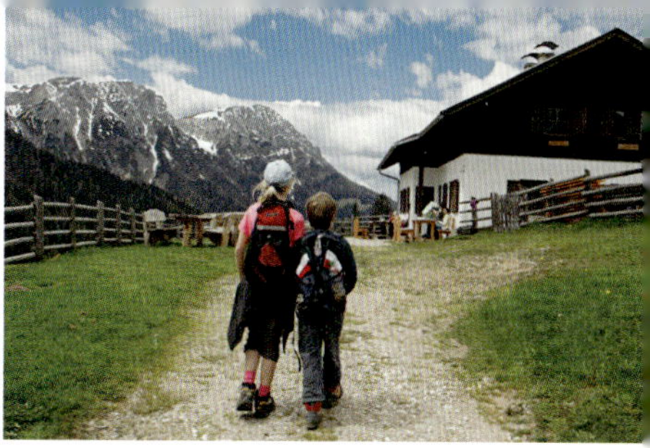

Geschafft: Die Lanzwiesenalm ist erreicht. Im Hintergrund links die Dreifingerspitze (Tour 58), in Bildmitte der Piz da Peres (Tour 59).

Genau, genauer, am Genauesten – wirklich?

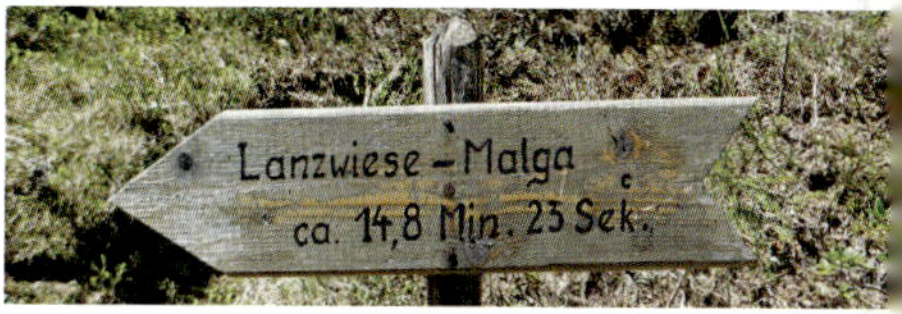

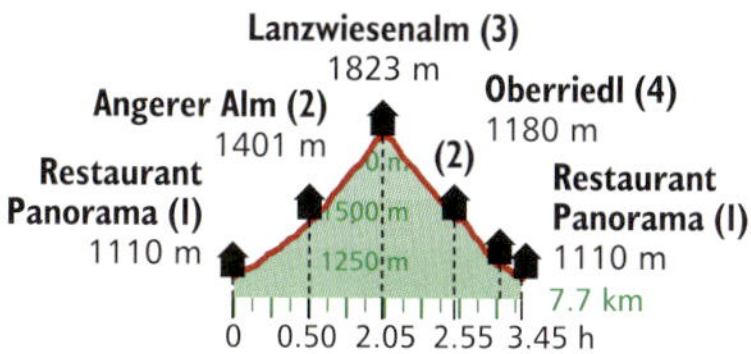

Zwischen **Restaurant (1)** und Spielplatz folgen wir dem Pfad, der zu einem Wegweiser hinaufführt. Dort links, geht es auf einem Fahrweg neben der Olanger **Naturrodelbahn** entlang aufwärts. Zwei links abzweigende Fahrwege werden ignoriert, erst wo wir auf den Weg Nr. 6 treffen, wenden wir uns nach links. Ein steiler Karrenweg leitet nun hinauf zur **Angerer Alm (2)**, 1401 m. Die bewirtschaftete Almhütte liegt etwas links des Karrenwegs, oberhalb einer großen Lichtung. Von der Hütte nach oben folgen wir dem Wegweiser zur Lanzwiesenalm. Nun geht es ziemlich geradewegs bergan, wobei mehrere Forstraßen überquert werden. Bei einem **Brunnen** gaukelt ein Schild vor, dass uns nur noch die im Bild angegebene Zeit von unserer Alm trennt. Wer kein Bergläufer ist, stellt sich besser auf das Doppelte ein (soweit sich diese Zahl mathematisch verdoppeln lässt …). Es folgt nämlich noch ein ziemlich steiler Wegabschnitt. Nach einer letzten Forststraßenüberquerung ist bald die **Lanzwiese** und damit die gastliche **Almhütte (3)**, 1823 m, erreicht.
Am Anstiegsweg kehren wir zurück zur **Angerer Alm (2)**, 1401 m, um dort nochmal mit schönem Ausblick einzukehren (ansonsten können wir schon vorher die Variante über Weg 6 A wählen). Vom Angerer Albl nach rechts, queren wir 5 Minuten nach Südosten zum Weg 6 A, über den es zum Weiler **Oberriedl (4)**, 1180 m, mit gleichnamigem Gasthaus) hinabgeht. Dort ignorieren wir einen nach rechts hinabführenden Weg und wandern zwischen den Gebäuden durch zum Zufahrtssträßchen des Weilers. Nun haben wir den Olanger Talkessel und die gegenüber aufragenden Berge rund ums Antholzer Tal bis zum Schluss der Wanderung immer ganz frei vor uns im Blick – genussvolles Schauen zum Finale!

58 Dreifingerspitze, 2479 m

4.15 Std.

Dolomiten light

Gegenüber der Mündung des Antholzer Tals ragt am Nordrand der Dolomiten die Dreifingerspitze in den Himmel. Sie ist ein Berg mit zwei Gesichtern: Im Süden Gras, im Norden Fels – und dieser Fels zeigt aus manchen Perspektiven mit etwas Fantasie drei Finger.

Ausgangspunkt: Furkelpass, 1789 m, Parkplatz, 1780 m (Navi: 46° 43' 21.6'' N, 11° 58' 7.4'' O) westlich der Passhöhe, ggf. großer Parkplatz westlich vom Speichersee; Zufahrt von Olang.

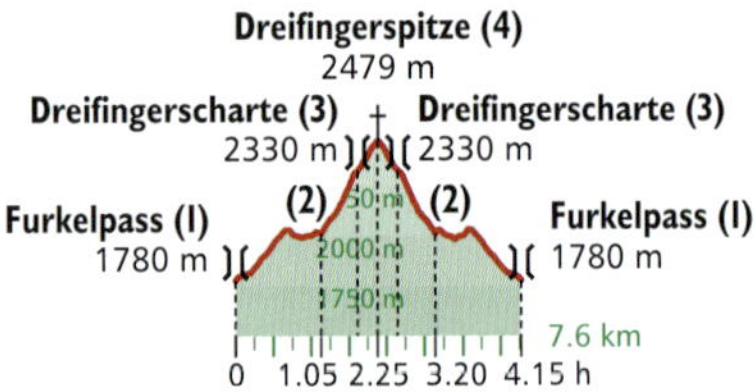

Höhenunterschied: 780 m.
Anforderungen: Trittsicherheit, v. a. für den mit Felsgrus übersäten Schrofensteig unter der Dreifingerscharte.
Einkehr: Nur an der Variante: die Fojedöra-Alm (Hochalpenhütten), 2118 m.
Variante: Beim Abstieg kurz vor der Dreifingerscharte links und auf dem Weg 3 am Hochalpensee vorbei zum Kreuzjoch; dort links zur Fojedöra-Alm (Hochalpenhütten), 2118 m. Nach einer Stärkung dort über die Lapedurscharte Richtung Olang. Wer sein Auto am Furkelsattel hat, zweigt beim Abstieg auf gut 1700 m links auf den Weg 3B ab, darauf zum Pass (Gesamtgehzeit knapp 6 Std.).

Blick aus dem Antholzer Tal auf die Dreifingerspitze (rechts). Unten in der Sonne: Olang.

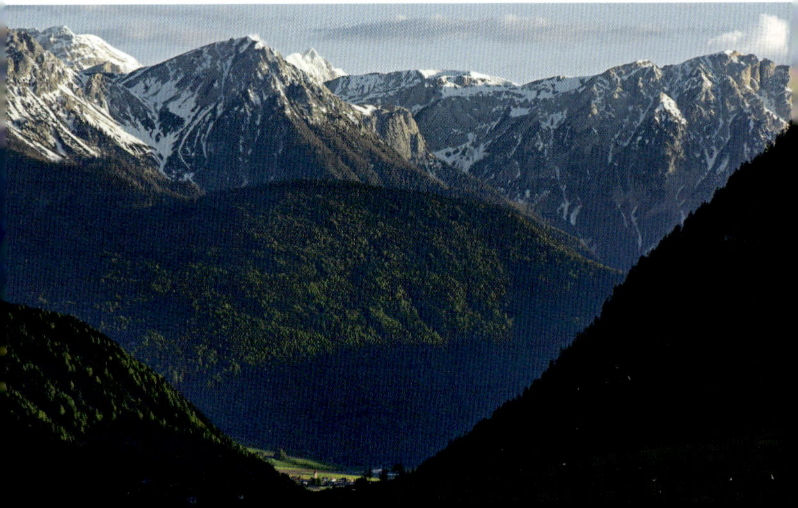

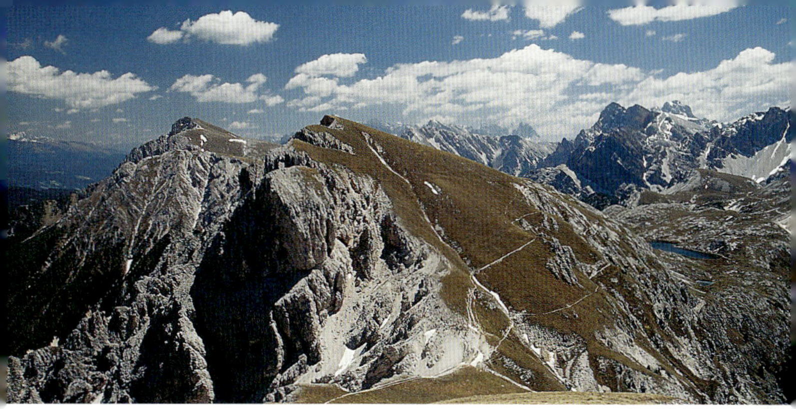

Die Dreifingerspitze von Westen. Rechts dahinter der Hochalpensee (an der Variante).

Oberhalb vom Südufer des kleinen **Stausees** am **Furkelsattel (1)** gehen wir auf dem Weg Nr. 3 in den Wald. Den bald rechts abzweigenden Weg zur Ücia Picio Pré ignorieren wir, ebenso direkt nach einer Bachdurchquerung den unteren (linken) Weg Richtung Lapedurscharte. Auf unserem Weg 3 kommen wir nach einer längeren Hangquerung mit einigem Auf und Ab zu einer weiteren **Verzweigung (2)**. Auch dort halten wir uns rechts. So passieren wir bald eine Rutschung und wandern zunehmend steil bergauf. Zum Schluss geht es mühsam über steilen Schutt und Schrofen hinauf zur **Dreifingerscharte (3)**, 2330 m. Dort auf steinigem Pfad links hinaufqueren. Über eine sonnige Bergwiese steigen wir schließlich hinauf zum Gipfel der **Dreifingerspitze (4)**, 2479 m. Abstieg am Anstiegsweg.

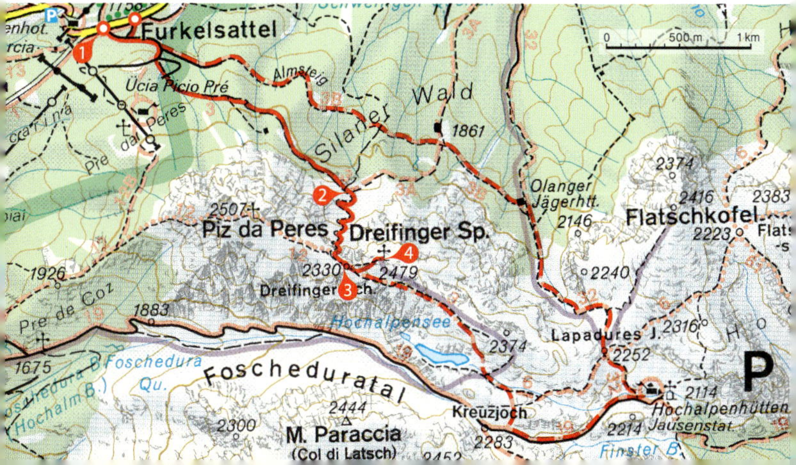

TOP **59**

Piz da Peres, 2507 m

4.00 Std.

Über die Westroute auf den Olanger Charakterberg

Wenn man durchs untere Antholz talaus blickt, scheint aus manchen Perspektiven der Piz da Peres den Abschluss des Tals zu bilden. Auch wenn er das nur optisch ist (da er südlich des Pustertals liegt), passt es somit ganz gut, dass dieser Gipfel nun auch die Bergtouren in diesem Buch abschließt. Der Anstieg durch die Schrofenzonen seiner Westseite bietet den Händen stellenweise Kontakt mit rauem, griffigem Kalkgestein und damit einen reizvollen Kontrast zu den Schiefer-, Gneis- und Tonalitbergen ums Antholzer Tal, die man vom Gipfel des Piz da Peres beim Blick nach Norden perfekt studieren kann.

Ausgangspunkt: Furkelpass, 1789 m, Parkplatz, 1780 m (Navi: 46° 43' 21.6'' N, 11° 58' 7.4'' O) westlich der Passhöhe, ggf. großer Parkplatz westlich vom Speichersee; Zufahrt von Olang.
Höhenunterschied: 750 m.
Anforderungen: Sicherheit in grusübersätem Schrofengelände, einige wenige Stellen verlangen etwas Kraxelei (knapp I) – deshalb die Einstufung als »schwarze« Tour, ansonsten auf weite Strecken »rot«, bis zur Hütte »blau«.

Einkehr: Úcia Picio Pré, 1952 m.
Variante: Ca. 45 Min längerer Abstieg über leichtes Mattengelände hinab in die Dreifingerscharte, 2330 m. Von dort auf schmalem Pfad steil nach Norden hinab. Im Latschenbereich rechts vorbei an einer Rutschung. Bei einer Bank treffen wir auf einen Weg, dem wir nach links folgen. Mit kurzem Zwischenaufstieg und durch einige Lawinenrinnen queren wir schließlich zurück zum Furkelpass.

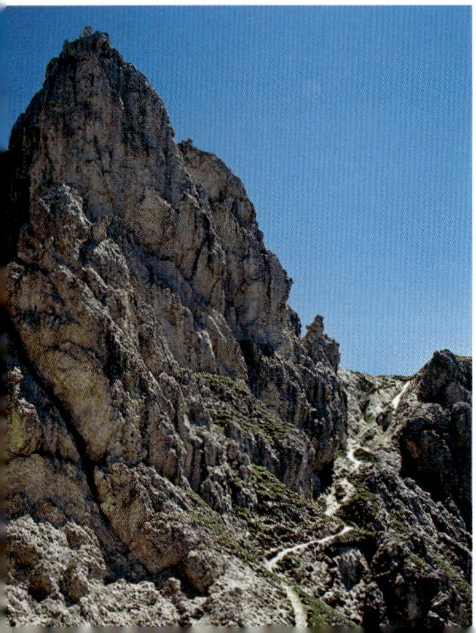

Die hier beschriebene Westroute auf den Piz da Peres schlängelt sich durch eine spektakuläre Felsszenerie.

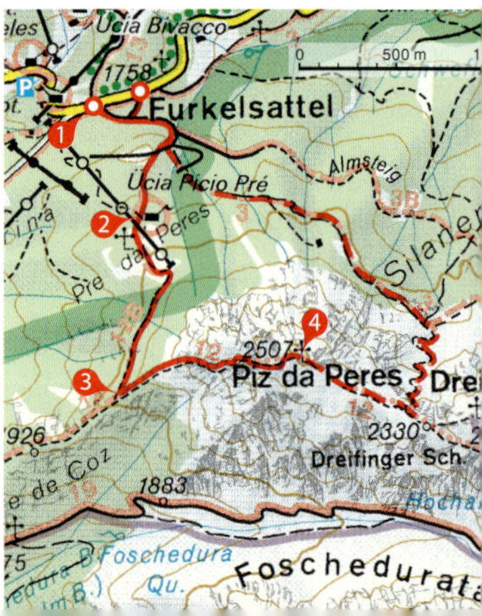

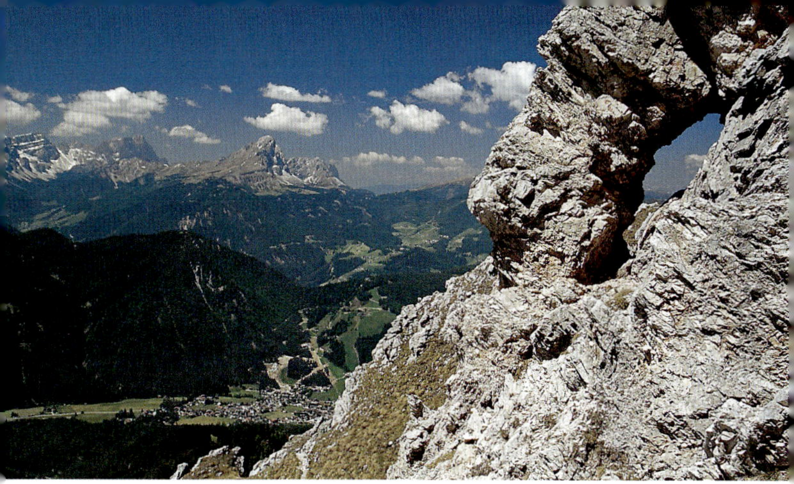

Blick von der felsigen Westroute über St. Vigil auf den Peitlerkofel.

Oberhalb des Südufers des Staubeckens am **Furkelsattel (1)** verlassen wir die Straße und gehen auf den Weg Nr. 3 in den Wald. Bald zweigen wir nach rechts auf den Weg 12 ab. Dieser führt zur Jausenstation **Ücia Picio Pré (2)**, 1952 m. Von dort folgen wir – vorübergehend auf Pistengelände – einem Skilift bergan. An dessen Bergstation rechts vorbei, nehmen wir den Pfad, der in den Wald darüber leitet. Dort geht es ziemlich steil bergan, bis der Pfad nach rechts quert. Nach einer Mur-Rinne (im Frühjahr lange schneegefüllt) erreichen wir ein **Kreuz**, 2140 m, auf einem **Geländerücken (3)**, über den der Weg Nr. 12 von St. Vigil heraufführt. Dem folgen wir nach links. Nahe einem **Felsfenster** brauchen wir im rauen Kalkgestein zum ersten Mal die Hände. Etwas höher scheint sich der Weg vor einem großen Felsbug zu teilen. Wir halten uns links und folgen einer roten Markierung über eine kurze **Schrofenzone**. Auf einem breiten Band gelangen wir in den oberen Ansatz einer Schuttrinne, die wir nach rechts hinauf verlassen. Nun folgt die Querung einer spektakulär gegliederten Fels-/Graszone. Aus einer grusübersäten Rinne hilft ein mit Holzbohlen gesicherter Weg heraus. Über einen Schrofenrücken gelangen wir nach links hinüber zu einem großen Grashang. An dessen linkem Rand ziehen wir hinauf zum großen Gipfelkreuz am **Piz da Peres (4)**, 2507 m.
Abstieg am Anstiegsweg.

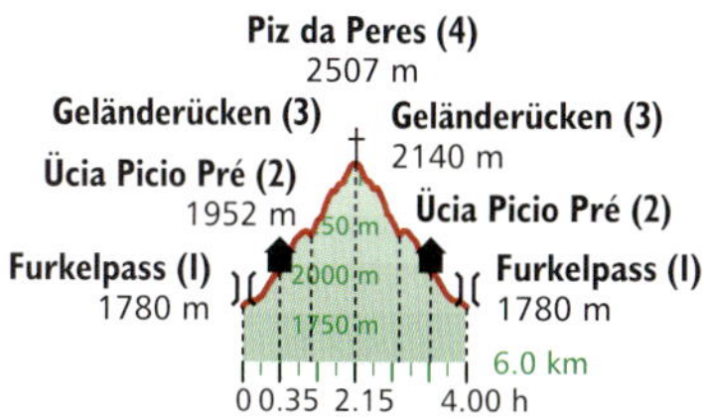

TOP **60**

Grenzüberschreitende Radwanderung übers Klammljoch, 2288 m

2 Tage

Drauradweg Toblach – Lienz, Nationalpark Hohe Tauern – Tauferer Tal

Durchs ganze Pustertal, also zwischen Mühlbach in Südtirol und Lienz in Osttirol, verläuft eine attraktive Radroute, die größtenteils auf eigenen, autofreien Trassen geführt wird. Besonders beliebt ist der bergabführende Abschnitt zwischen Toblach/Innichen und Lienz – insbesondere bei italienischen Radfreunden. Diese fahren fast alle mit dem Zug wieder zurück. Wer Kondition, ein Mountainbike und Zeit für einen zusätzlichen Tag hat, dem sei eine Rückfahrt empfohlen, die auf einer Schotterstraße durch den Nationalpark Hohe Tauern, über einen fast 2300 m hohen Pass und durch den Naturpark Rieserferner-Ahrn ins Tauferer Tal und zurück ins Südtiroler Pustertal führt.

Ausgangspunkt: Parkplätze beim Bahnhof Toblach, 1210 m (Navi: I-9034 Toblach, Bahnhofstraße; 46° 43' 27.8" N, 12° 13' 38.7" O).

Postbus-Transfer Lienz – Defereggental: Gruppen sollten sich anmelden beim ÖBB Postbus Kundenbüro, Bahnhofplatz 2, A-9900 Lienz, Montag bis Freitag: 8.30–15.30 Uhr, Tel. +43 4852 64945-15, robert.indrist@postbus.at.

Zug-Transfer im Pustertal: Rückfahrt vom Bhf. Bruneck, 835 m (Tel. +39 0471

Am Stadtplatz in Lienz (Osttirol). Am nahen Bahnhof steigen wir vom Radl in den Bus um.

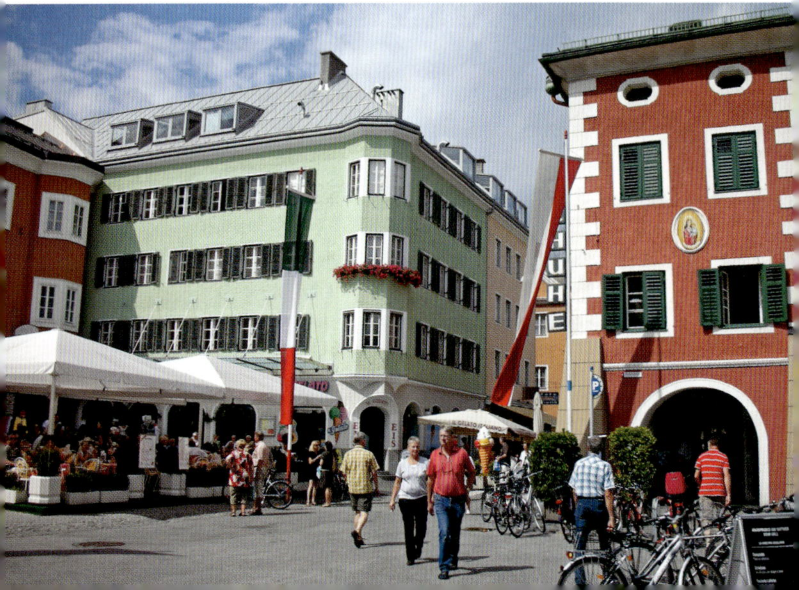

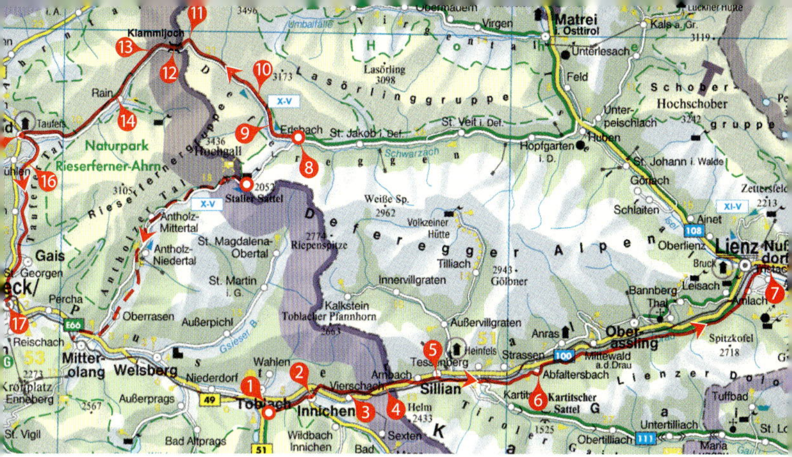

220880), nach Toblach, 1210 m.

Streckenlängen: Toblach – Lienz 48 km, Erlsbach – Klammljoch 17 km, Klammljoch – Sand i. T. 21 km, Sand i. T. – Bruneck 18 km; gesamt 104 km auf dem Rad.

Höhenunterschiede: Toblach – Lienz 550 m überwiegend abwärts; Erlsbach – Klammljoch 750 m Auffahrt; Klammljoch – Sand i. T. 1450 m Abfahrt, Sand i. T. – Bruneck 50 m unmerklich bergab.

Anforderungen: Kondition für längere Steigungsstrecken, Sicherheit im Befahren stellenweise abschüssiger Naturstraßen mit losem Kies.

Planung/Übernachtung: Wer am ersten Tag zeitig in Lienz ankommt, kann um 14:05 Uhr gleich den Bus 951/953 über Huben nach Erlsbach nehmen und dort übernachten (Ghf. Alpenrose, 1555 m, Tel. +43 4873 5423) oder noch ½ Std. zum Alpengasthof Patsch, 1675 m (www.alpengasthof-patsch.at, Tel. +43 676 5299148) hinaufradeln. Ansonsten verbringt man den Abend in Lienz (Unterkunftsmöglichkeiten: Tel. +43 50 212212, www.osttirol.com). Am zweiten Tag startet man um 9:05 Uhr mit dem Bus und steigt in Erlsbach um 10:16 Uhr aufs Rad.

Einkehr an der Passroute: Alpengasthof Oberhaus, 1793 m; Jagdhausalmen, 2009 m; Arventalalm, 2189 m; Knuttenalm, 1922 m.

Variante: Wer nur auf asphaltiertem Untergrund und nicht nennenswert bergauf radeln will, verzichtet auf die Königsetappe übers Klammljoch und lässt sich vom Bus 951/953 bis zur Endstation Oberseehütte bringen. Von dort ist in wenigen Minuten der Staller Sattel erreicht. Auf die kehrenreiche, recht schmale Passstraße zum Antholzer See hinab startet man am besten mit etwas Abstand zum wartenden Auto- und Motorrad-Pulk. Anschließend auf der Hauptstraße fast durchgängig bergab nach Niedertal, weiter ggf. auf unbefestigtem Radweg nach Oberrasen. Am Bhf. Olang kann man in den Zug nach Toblach steigen.

1. Tag (48 km): Beim **Bahnhof Toblach (1)**, 1210 m, starten wir nahe der großen europäischen Hauptwasserscheide und rollen daher auf der gut ausgeschilderten Radroute – von einigen Zwischensteigungen abgesehen – überwiegend bergab. Nach 3½ km münden wir nahe einem Bahnübergang geradeausfahrend in eine normale Straße ein und lassen uns von zahlreichen Schildern geradewegs ins verkehrsberuhigte Zentrum von **In-**

nichen (2), 1170 m, leiten; dort auf jeden Fall einen Besichtigungsstopp einplanen! Über die Straße an der Botenbrücke verlassen wir das Zentrum, fahren nach links durch zwei Unterführungen und gleich darauf rechts in den Kranzhofweg.
Neben der Eisenbahn geht es weiter nach **Obervierschach (3)**. Beim nächsten Ort, **Winnebach (4)**, geht es kurz bergauf, bevor die Strecke nach rechts über die österreichische Grenze führt. In Arnbach wechselt die Radroute auf die Südseite der Bundesstraße. Kurz darauf passiert man **Sillian (5)**, 1075 m, in Tassenbach kreuzt man die B111 (auf Wegweisung achten!). Anschließend rollen wir am Fuß der steil aufragenden Lienzer Dolomiten entlang der Drau zügig bergab – mit viel Respekt vor unsicheren Gelegenheitsradlern. Bei **Abfaltersbach (6)** verläuft der Radweg vorübergehend am linken Flussufer. Wo sich das Pustertal zum Lienzer Talboden hin öffnet, lockt rechts die **Galitzenklamm** zu einem eindrucksvollen Abstecher zu Fuß. Nach Lienz hinein geht es rechts der Drau an diversen Sportanlagen vorbei zum Schwimmbad. Gleich danach biegen wir nach links ab und fahren über die Drau unter der Bahnstrecke durch zum **Bahnhof Lienz (7)**, 670 m. Schräg gegenüber, am Europaplatz 1, findet man die Tourist Info mit Zimmervermittlung.
2. Tag (56 km): Für die folgende Etappe legen wir unsere Bikes in den Unterflur-Kofferraum des am Bahnhofsvorplatz startenden Postbusses nach Huben. Dort steigen wir um und lassen uns von einem Bus der Linie 951 durchs Defereggental zur Katzleiterbrücke kurz nach **Erlsbach (8)** chauffieren. Unmittelbar vor der **Schwarzachbrücke**, 1549 m, setzt die asphaltierte Mautstraße an, auf der wir am **Alpengasthof Patsch (9)**, 1675 m, vorbei zum **Alpengasthof Oberhaus (10)**, 1793 m, hinaufradeln. Von dort ab radeln wir auf einer gut fahrbaren Schotterstraße talein, passieren die Seebachalm, 1879 m, und sehen – nach einer Überwindung einer kurzen Talstufe – die berühmten **Jagdhausalmen** auf der gegenüberliegenden Talseite. Nach einer Brücke, 2047 m, kann man nach rechts einen Abstecher zu den urigen Steinhäusern, 2009 m, einlegen. Die Passstraße zieht von der Brücke – anfangs mit einigen Kehren – ins Arvental. Bei einer einsamen Linkskehre sollte man es nicht versäumen, einen Einkehrabstecher zur

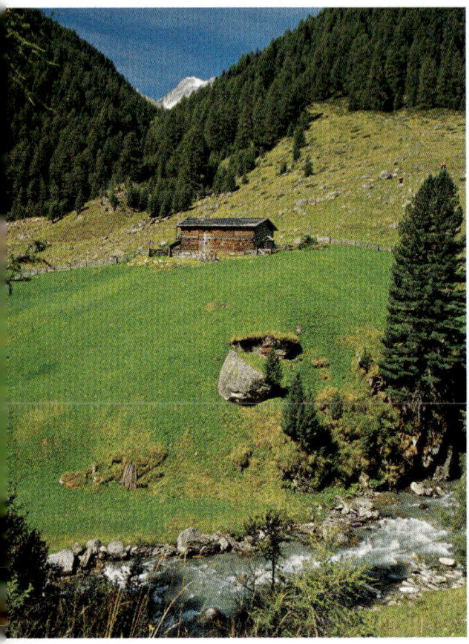

Bei der Patscher Alm in Osttirol.

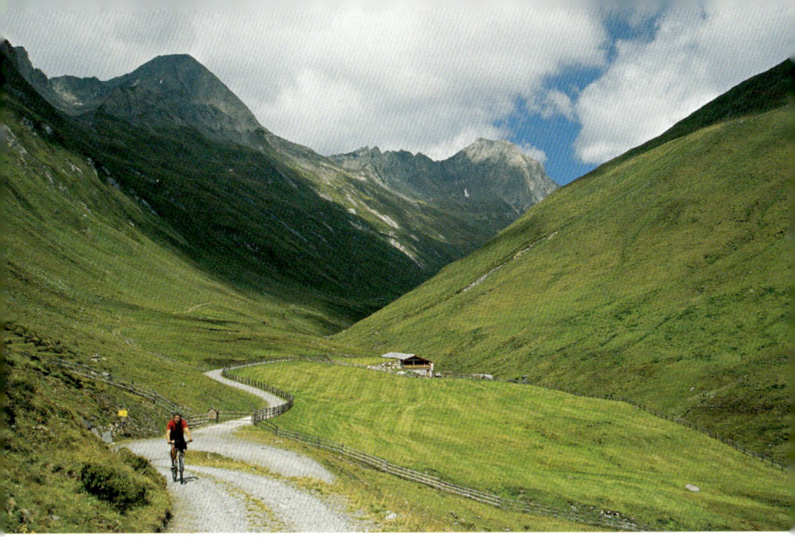

An der letzten Kehre vor der Staatsgrenze am Klammljoch. In Bildmitte die Arventalalm.

wenig talein gelegenen **Arventalalm (11)**, 2189 m, einzulegen – gerade passend, so kurz vor dem Scheitelpunkt der Tour, dem **Klammljoch (12)**, 2288 m.

Die Abfahrt führt (weiterhin auf Kiesfahrbahn!) am Klammlsee und an der **Knuttenalm (13)**, 1922 m, vorbei nach **Rein (14)**, 1574 m, hinab, von wo man einen Paradeblick auf den Hochgall genießen kann. Anschließend rollen wir auf der Straße nach **Sand in Taufers (15)**, 865 m, hinunter. Auf beschildertem, weitgehend ebenem Radweg fahren wir schließlich über Winkl nach **Kematen (16)** und ab dort immer links des Arnbachs über Uttenheim und Gais zum Bahnhof **Bruneck (17)**, 835 m. Vor der Zugrückfahrt nach Toblach lockt das einmalige Flair des Brunecker Ortskerns zu einem Stadtbummel.

Wieder in Südtirol: Von Rein hat man den spektakulärsten Blick auf den Hochgall.

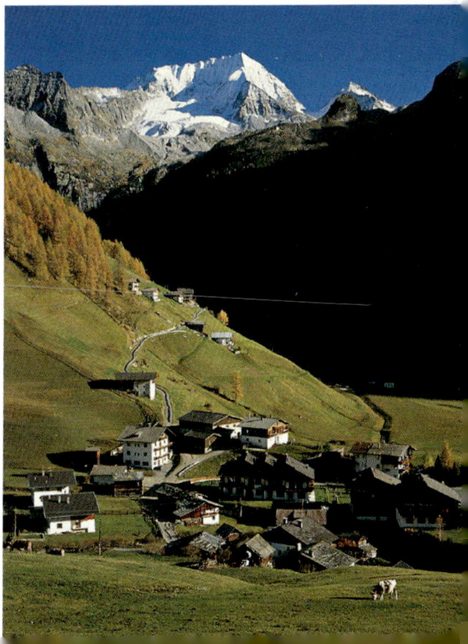

Stichwortverzeichnis

Umschlagbild: Im Gsieser Tal, nördlich von St. Martin (Tour 32, Variante). Blick talein auf die Höfe südöstlich von St. Magdalena in Gsies.

Bild im Innentitel: Am Antholzer See (Tour 15). Links die Ausläufer der Rieserfernergruppe, rechts davon der Staller Sattel.

Bild S. 19: Blick über das Obere Antholzer Tal (Tour 14). Links darüber ragen die Ohrenspitzen auf.

Alle Fotos von Gerhard Hirtlreiter, außer S. 106 (Georg Hofer).

Kartografie:
58 Wanderkärtchen im Maßstab 1:50.000,
1 Wanderkärtchen im Maßstab 1:75.000 (Seite 49),
1 Übersichtskarte im Maßstab 1:300.000 (Seite 6/7),
1 Übersichtskarte im Maßstab 1:500.000 (Umschlag),
1 Übersichtskarte im Maßstab 1:700.000 (Seite 171).

3., aktualisierte Auflage 2022

ISBN 978-3-7633-4325-6

FSC www.fsc.org MIX Papier aus verantwortungsvollen Quellen FSC® C021956

Wir freuen uns über jeden Korrekturhinweis zu diesem Wanderführer!
Bitte per E-Mail an: leserzuschrift@rother.de

ROTHER BERGVERLAG · München
D-82041 Oberhaching · Keltenring 17 · Tel. +49 89 608669-0 · www.rother.de